用脚步在大地上书写

YONG JIAOBU ZAI DADI SHANG SHUXIE
MAO ZEDONG YU WUQI CHEZHAN JISHI

毛泽东与五七车站纪事

朱希才 著

济南出版社

图书在版编目（CIP）数据

用脚步在大地上书写：毛泽东与五七车站纪事 / 朱
希才著 . —— 济南：济南出版社，2021.1（2024.7 重印）
　　ISBN 978-7-5488-4602-4

　　Ⅰ . ①用… Ⅱ . ①朱… Ⅲ . ①毛泽东（1893–1976）
– 生平事迹 Ⅳ . ① A752

中国版本图书馆 CIP 数据核字 (2021) 第 009806 号

用脚步在大地上书写：毛泽东与五七车站纪事
YONG JIAOBU ZAI DADI SHANG SHUXIE MAO ZEDONG YU WUQI CHEZHAN JISHI
朱希才　著

出 版 人 谢金岭
责任编辑 毕姗姗　姚齐湘
封面设计 朱希才　陈致宇

出版发行 济南出版社
地　　址 山东省济南市二环南路 1 号（250002）
总 编 室 0531-86131715
印　　刷 济南新科印务有限公司
版　　次 2021 年 1 月第 1 版
印　　次 2024 年 7 月第 4 次印刷
开　　本 170mm×240mm 16 开
印　　张 18.25
字　　数 214 千字
书　　号 ISBN 978-7-5488-4602-4
定　　价 49.80 元

如有印装质量问题 请与出版社出版部联系调换
电话：0531-86131716

序

◎ 唐洲雁

　　早闻知济南西部有个五七车站，是开国领袖毛泽东当年来山东济南巡视调研专列停靠之所。尚未去拜谒，便收到了希才先生《用脚步在大地上书写——毛泽东与五七车站纪事》厚厚一叠书稿，并嘱我作序。我虽不才，但出于对毛主席的感情，自然义不容辞。

　　希才先生这部新作，首次系统收集整理了开国领袖毛泽东自中华人民共和国成立后，以五七车站为落脚点在济南进行巡视调研的相关史料，具体详细地写明了毛泽东到济南巡视调研的时间、背景、内容、经过、成效及与之相关的重大历史事件等。更难能可贵的是，作者不是孤立地来写毛泽东在济南的巡视调研活动，而是将其放在了一个更宽的视野、更大的背景上来叙写，即中华人民共和国成立后，在这样一个人口众多、经济文化落后、各地发展极不平衡的东方大国，如何进行社会主义革命和建设的全新课题。毛泽东不断巡视，体察民情，了解民意，寻找建设和革命的办法。毛泽东在济南的巡视调研活动，是他对中国社会主义革命和建设艰辛探索的一部分。由此，读者通过

阅读本书不仅可以了解到毛泽东在济南开展巡视调研活动的相关情况，还可对中华人民共和国成立后毛泽东整个离京巡视调研活动的动因、脉络、思考、收获、影响等有些初步了解，进而感知毛泽东在各个时期思想的一些变化、发展及我们党各个时期政策制定的变化情况。

我过去一直在中共中央文献研究室从事毛泽东著作编辑和研究工作，与山东也有一定的缘分，曾审读过《毛泽东与山东》一书，写过《毛泽东为什么对山东情有独钟》等文章。我知道毛泽东的行踪在当时是党和国家的核心机密，知道的人很少。就是五七车站至今仍处封闭状态，未曾开放，也是保密原因所致。为写作此书，作者采访了包括毛泽东当年的警卫员、身边的工作人员、五七车站站长、济南火车站负责人、山东省警卫局退休干部等在内的许多相关人士和亲历者；查阅了大量档案史料；购置阅读了数十本有关毛泽东的书；吸纳了包括《毛泽东年谱》《毛泽东经济年谱》《驰骋版图——毛泽东专列纪事》《毛泽东离京巡视纪实 1949—1976》等一批权威出版社新近出版的专著成果。同时，还参阅了许多关于毛泽东生平思想研究的理论文章。因此，新作既保持了相关史料的真实性、准确性、严肃性，又论述清晰、语言生动、行文流畅，加之视角独特、选材新颖，十分耐读。

当前，全党上下正贯彻落实党中央决策部署，大兴调查研究之风。通过本书的出版，让大家重新学习、了解毛泽东在山东济南巡视调研的鲜活史实，有着不同寻常的意义。一代伟人毛泽东作为党的群众路线的主要创立者，把为人民谋幸福、做人民公仆作为自己一生的自觉追求和政治信条。他艰苦朴素，不谋私利，坚持从群众中来，到群众中去，从不脱离群众、从不脱离人民。为此，无论公务如何繁忙，他都坚持带着课题、带着思考走出中南海，让专列载着他，走走停停，停停走走，不断驰骋在中国的大地上。有道是，最大气磅礴的书写，是用脚步在大地上书写；最振奋人心的文章，是句句有民意，字字见世情。毛泽东就是一位一生用心用情、唯真求实调查研究的楷模，一位忠诚为民、坚持走群众路线的楷模。

用脚步在大地上书写

毛泽东与五七车站纪事

　　"没有调查，就没有发言权"是毛泽东同志的名言。而今，习近平总书记进一步深化了调查研究的思想，赋予了调查研究以时代意义，提出"调查研究是谋事之基、成事之道。没有调查，就没有发言权，更没有决策权"。五七车站，作为毛泽东当年到山东济南巡视调研的重要基地和窗口，必将在全党大兴调查研究之风的实践中，发挥愈来愈重要的作用。抑或说，五七车站，作为一方浸润着红色因子的神威圣土，来这里探索和追寻，更能引发我们的思考，提升我们的境界，增强我们砥砺前行的动力。

　　搁笔之余，忽然想到，结合本书的出版，济南市可否以"重走毛泽东在济南的调研路"为题，整合五七车站、英雄山、趵突泉、黑虎泉、解放阁、珍珠泉、大明湖、北园幸福柳、省农科院、泺口黄河大坝、济南饭店等毛泽东当年巡视调研过的红色资源，打造以五七车站为核心的红色旅游品牌，将其建成在济南、山东乃至全国有影响的党性实践活动和爱国主义教育基地呢？如此，则本书与教育基地相得益彰，那更将是一件可喜可贺、功德无量的事情了。

目　录

停放在五七车站的专列绿皮车车头（摄影　吴文华）

之 壹

爱坐专列搞调研
五七车站留足迹

中华人民共和国成立后，在这样一个人口众多、经济文化落后、各地发展极不平衡的东方大国，如何进行社会主义改造和建设，是一个全新课题。对此，开国领袖毛泽东率领全党和全国人民进行了极其艰辛且富有成效的探索。

中华人民共和国成立后的巡视调研，是毛泽东对社会主义革命和建设艰辛探索的一部分。毛泽东不愿把自己禁锢在高墙内。他奔走在各地，和各级地方领导、工人、农民、工商界人士、知识分子交谈、讨论、探索，体察民情，了解民意，寻找建设国家的办法。经统计，从1949年至1976年27年间，毛泽东在外地的时间有2943天，按一年365天计算，有8年多的时间在外地。所以，说毛泽东三分之一的时间在基层是有根据的。了解毛泽东的巡视活动，对于把握毛泽东在各个时期思想的变化、发展，了解我们党在中华人民共和国成立以后各个时期的政策变化及历史发展是有益的。[1]

---

[1] 袁小荣．毛泽东离京巡视纪实 [M]．北京：人民日报出版社，2016:1．

（一）"坐火车可以掌握主动权，想停就停，想走就走"

众所周知，毛泽东爱坐专列出行，做调查研究。所谓专列，就是专为中央主要领导视察工作安排的专用列车。专列实际上是一个流动的套房，卧室、卫生间、会客室、会议室、活动室、餐厅、警卫室、随从室、行李舱一应俱全。铁道部（2013年3月10日撤销）统称专列为"绿皮车"。这种专列外观和普通旅客列车一样，只是绿皮车上没有出厂车牌和出厂日期，也没有始发站和终点站的站牌。其时速在120公里以下，燃料使用的是负30号柴油。这种柴油一般是供空军战斗机使用的，其优点是在零下30摄氏度也不会冻结。

从1949年3月25日乘火车"进京赶考"，党中央驻地由西柏坡迁至北京，到1975年最后一次南方巡视，26年里，毛泽东无论是出国访问还是在国内视察，大多是乘坐专列。铁道部专运处的乘务记录甚为详尽：26年里，毛泽东乘坐专列共计72次，在专列上工作和生活了2148天，平均每年在专列上80天，累计6年10个月21天，总行程344.79万公里。

中华人民共和国成立初期，毛泽东使用的专列是用国产旅客列车改造而成的，设备条件很差，甚至没有空调。1957年，我国从民主德国（1949年10月1日-1990年10月3日）进口一列旅客列车，配备给毛泽东使用，设备条件略有改善。专列外形与普通旅客列车基本相同，为深绿色。毛泽东所用车厢是一间简朴的办公室和卧室，配有独立卫生间。卧室里除了一张硬板床别无他物。卫生间里的生活用品极为普通，都是国产货。办公室里摆有写字台、靠背椅、沙发、台灯和几个盛有各种书籍的大书箱，方便毛泽东读书办公、批阅文件。专列上的会议室车厢配有会议桌，毛泽东经常在那里召集会议，会见地方领导，听取工作汇报，像在中南海一样。其他车厢则由随

国防步在大地上书写

毛泽东与五七车站纪事

停放在五七车站的专列绿皮车车厢（摄影　吴文华）

行人员、警卫人员和乘务人员使用。

为了不给地方增加负担，除了到目的地考察外，毛泽东大多数时间是在火车上开会谈话、批阅文件、写文章的。在铁路沿线，毛泽东可以让乘务人员随时随地停车，同地方各级领导干部现场开会、办公，还能够随时随地接触基层干部、接近人民群众。在专列上和专列停车处会见外宾，也是常有的事。有不少外国客人都到过毛泽东的专列。对于专列的优点，毛泽东曾颇为自得地说过："坐火车可以掌握主动权，想停就停，想走就走。想停就找个支线停卜米，可下车看看，或找当地领导谈谈都行。"比如，1959 年 10 月毛泽东离开北京，1960 年 3 月回到北京，在外 5 个多月，途经河北、天津、山东、安徽、江苏、上海、浙江、江西、湖南、广东 10 个省市，停车开会、谈话 59 次，视察工厂、公社和部队 7 次，接见外宾 5 次。除在杭州读书办公两个月外，毛泽东大部分时间都住在专列上面。

专列，事实上成了毛泽东的流动办公室，人们称誉为"流动的中南海"。它与许许多多重大的历史事件联系在一起。

毛泽东希望乘专列走遍祖国的山山水水。辽宁、吉林、黑龙江、

1960年7月，毛泽东乘专列视察途中
（摄影　侯波）

天津、河北、四川、广西、河南、山东、湖北、湖南、安徽、浙江、上海、江苏、江西、广东……专列就这么载着他，走走停停，停停走走，不断驰骋在中国大地上……[1]

毛泽东专列列车员、餐车服务员王爱梅曾深情回忆1956年在专列上，她第一次陪毛泽东吃饭的情景。她所说的就餐餐车便是国产旧专列。

专列即将驶入镇江时，卫士封耀松来到餐车通知我："一会儿主席过来吃饭时，你陪着他一起吃。"

我赶快和餐车主任一起做好毛主席用餐的准备工作……

宽敞整洁的餐车一角，放着毛主席用餐的方桌，桌面上铺上了洁白的台布，台布上面还罩着一层天蓝色塑料花布。桌上摆放好了四味架和牙签盅。我在他的座位面前，整齐地放好了用餐的碗筷和他喜欢吃的一小碟红辣椒，一小碟酱豆腐。餐桌摆好后，我随手又把音乐柜打开，把他爱听的京剧唱片拿出来。准备好后，我长舒了一口气，独自欣赏了一下整个餐车车厢：餐车中间摆着一个长约8米的长方形桌子，是毛主席办公、接见地方领导和召开小型会议用

[1] 边学祖. 驰骋版图——毛泽东专列纪事 [M]. 北京：中央文献出版社，2013:1-2.

的，上面铺着洁白的桌布。桌面上摆放着一排整齐的笔筒和烟灰缸，笔筒内装有已削好的铅笔。毛主席有一张在火车上办公的照片，就是在这个会议桌旁照的。

整个车厢清新、典雅、别致、大方，充满着温馨、恬静的气氛。[1]

而毛泽东专列的另一位列车员、餐厅服务员刘耀芳回忆的"更换新餐车"，讲的则是进口新专列了。

1957年，随着国民经济的逐步好转和主席外出视察活动的日益增多，为改善乘车环境，提高服务水准，经铁道部向中央打报告获批后，对主席用餐的老旧餐车进行了更换。新餐车是从民主德国进口的，车内设备设施十分齐全，有空调、冰箱等，车窗玻璃宽大敞亮，采光、密封性能很好。原来的旧车窗打开通风需要两个人从两边抬，而新车的车窗只要用摇把摇几下便能打开；车顶的灯池里，日光灯管发出柔和而明亮的光，使人感到舒适温馨。

看到新餐车如此美观、漂亮、豪华，我很担心一向恋旧的主席能否接受。记得那天是我接他来新餐车用餐的，我十分注意观察主席的第一反应。走进餐车时，我看到主席的眼睛忽然睁大了。我连忙解释说："主席咱们换新餐车了，这是从民主德国进口的，车况性能很好，还有空调和冰箱呢！"出乎意料的是主席一边向四周观看，一边说着："不错不错！"我心里正在想，主席这次怎么有点反常啊？紧接着便听主席说："以后我们可以把中小型会议安排在这里召开。这里方便，比车下边的宾馆、饭店要经济省钱。有了空调，你们再也不用往车上搬冰块用土冰箱降温了。能解除你们的一项重体力劳动，不是也很好嘛！"难怪主席能欣然接受，原来主席并不是考虑自己享用，而更多考虑的是国家的公务活动和为工作人员减轻劳动负担。

其实，主席的专列就是"流动的中南海"，是主席的第二个办

[1] 曲琪玉，高凤. 忠诚——在毛泽东身边的日子 [M]. 北京：中央文献出版社，2015：141-143.

公室。主席外出视察，偶尔会找一些省、市、自治区的领导到列车的客厅或餐厅谈话或座谈。也就是在更换新餐车半年后的1959年3月，第二次郑州会议期间，毛主席及其他中央领导同志就在专列上与部分省、市、自治区党委第一书记开了一次座谈会。[1]

说到毛泽东离京巡视大多坐火车，也就是专列，极少乘飞机，这是为什么？毛泽东当年的机要秘书谢静宜曾撰文回忆：

20世纪50年代至70年代，毛主席身体很好，经常到全国各地视察，进行调查研究。有时一出去就是好几个月，甚至一年有三分之二的时间在外地活动。

毛主席每次离京都乘火车。他不坐飞机，并非为个人安全考虑，而是从工作方便出发。有一次，他对我谈到此事，说："乘火车可以掌握主动权，想停就停，想走就走。想停就让火车找个支线停下来，下车去看看，或者找当地领导谈谈都行。"

专列驶出北京，一般不是顺京沪线就是顺京广线南下，然后通过陇海线或浙赣线、湘赣线再绕回北京。沿途为多看、多谈，专列运行很慢，比如至杭州两天的行程，有一次他却让列车走了一个月。

巡视期间，毛主席通常就住在车厢里。卧室与办公室一板之隔。办公室也就是会客室和会议室。只有专列进入某个大的中间站或终点站时，他才下车住进当地宾馆或招待所。

专列条件虽比一般旅客列车要好些，但长期住在车厢里也不好受。车声隆隆，颠簸震荡，冬天冷，夏天热，总使人有一种不安定感和疲劳感。但毛主席不顾远途劳顿，为适应列车生活，改变了自己的作息习惯。在北京他是夜间工作，白天只睡几个小时。但为实地观察民情和庄稼生长状况，他让白天行车，夜间停车。

在专列运行中，他除了批阅文件，读书看报，接待外宾，与沿途领导同志谈话、开会外，常常站在或坐在窗前，凝视观察外面的

___

[1] 曲琪玉，高风.忠诚——在毛泽东身边的日子[M].北京：中央文献出版社，2015：214-215.

1965 年春夏间，谢静宜跟随毛泽东去南方视察（摄影 钱嗣杰）

情况。

专列的运行本来是保密的，但毛主席不以为然。有时，专列通过城镇交叉路口，行速较慢，工作人员便把窗纱拉上，他随手又拉开向外观察。因车厢窗口很大且敞亮，毛泽东常被隔离杆阻挡着的人辨认出来。群众顿时欢呼起来，有的还跟着专列飞跑向毛主席致意，毛主席也微笑着向群众招手致意。每次遇到这种情况，大伙总是劝毛主席快坐下来并又拉上窗纱，但他总是不乐意地用力再把窗纱拉开塞进金属架里，说："怕什么，这是人民群众啊！我为什么怕群众呢？"工作人员向他解释对个别坏人还是应该提防的，他又说："即使有个别坏人也不怕嘛！这么多好人在，一个坏人哪儿敢害我啊？即使想害，我们已走远，不怕的。"

专列奔驰在广袤的原野上，为毛主席视察农作物生长状况提供了条件。我常出入他的车厢，有时与他老人家坐在一起观察不断变化的地块。他看得是那样出神细致。他边看边指给我说："这一带麦子比较好……"脸上洋溢着喜悦之情。"这是什么呀？噢，红薯地。"突然，他兴奋地说："你看，栽上的红薯秧都活了。"过了一会儿，他又着急地说："哎呀！这块地危险啊。"我顺着他手指的方向，原来是一块发蔫的红薯秧地。

1954年春天，毛泽东乘坐专列
外出视察（摄影 侯波）

有一次，专列行进在北国大地，田野里生长着即将成熟的麦子。突然，一位肩上挑担的农妇走来，她好像是往地里送饭后返回村庄的。她一边走，一边用一只手一把接一把地将着麦穗上的麦粒往口袋里装。我惊讶地对毛主席说："主席，您看，偷麦子的。"毛主席连忙低声说："别出声，别出声！"他生怕伤害了那位妇女的自尊心。毛主席一直望着那位妇女的身影消失在窗外，才怅然若失地自言自语道："看来，农民的粮食还是不够吃啊！不然，她何苦去抓那几把麦粒呢？"那天吃饭时，我注意到毛主席神色严肃、沉默不语，大概仍在想着那位农妇的事。

他最关心河北、山东、河南三省的庄稼长势。他曾对我说："这几个省总是干旱缺水。只要这三省粮食能够自给了，全国的粮食就会富裕些。"为此，他曾在专列上召集这几个省的领导同志谈话、开会，研究解决水利问题。

毛主席不满足于在运行的专列上"走马观花"，他经常要求停车"下马看花"。当车停在某一支线上时，他就下车在周围地里转一转，不时地摸一摸庄稼。从北方的小麦、玉米、红薯到南方的水稻、油菜花，他都亲眼看看，亲手摸摸。记得有一次，一对外宾夫妇在专列上与毛主席会见后，也兴致勃勃地随毛主席下车来到地里察看庄稼。女外宾穿着高跟鞋，行走在坎坷不平又松软的地里。结果，一只鞋的后跟折断了。出了这种意外，女外宾不但不觉难堪，反而伸出那只穿着没跟的鞋的脚哈哈大笑起来，顿时，也引得大家哈哈大笑，给这次接见增添了乐趣。[1]

---

[1] 谢静宜.毛泽东身边工作琐忆[M].北京：中央文献出版社，2015:95-98.

（二）济南五七车站，留下伟人足迹

毛泽东"每年都多次到全国各地视察，经常走的路线是：乘火车从北京出发，经津浦线南下杭州，然后从杭州经南昌去长沙，再顺着京广线北上回北京。有时也走相反的路线。沿途多次停车，或者找当地负责人上车汇报工作，或者下车到各单位调查"[1]。可不论走哪条路线，只要走津浦线就要经过山东。

山东省地处祖国大陆东部，北邻渤海，与辽东半岛相对，扼京津海上门户；东隔黄海，与朝鲜半岛、日本列岛相望，为中日韩交通之大陆桥；西北与河北交界，距北京最近处仅300余公里，有首都南大门之称；西南与河南接壤；南与江苏、安徽相连。正所谓：北望京津，南拥江淮，西依中原，东观大海，地理位置十分重要。

山东又是经济文化大省。毛泽东对山东这块热土极为重视，对勤劳勇敢的山东人民十分厚爱。抗日战争期间，他高瞻远瞩、深谋远虑，把创建和发展抗日根据地作为一项重大战略任务，使山东成为全国唯一以全省为范围的抗日根据地，成为调整全国战略部署的重要枢纽。解放战争中，他运筹帷幄、决胜千里，指挥山东战场上的部队屡建奇功，从这里揭开了战略决战的序幕。中华人民共和国成立后，他心系山东，多次视察，对山东社会主义革命和建设取得的成就给予及时的鼓励和肯定，对一些有效和创新的做法给予及时的指导和推广。

据相关档案记载，包括下车和停车约当地领导调查在内，毛泽东一生先后26次乘专列到山东。[2]

毛泽东乘专列到山东必然要经过济南，因为济南是交通枢纽，

[1] 山东省档案馆.毛泽东与山东 [M].北京：中央文献出版社，2003:419.
[2] 山东省档案馆.毛泽东与山东 [M].北京：中央文献出版社，2003:603.

围绕步在大地上书写

毛泽东与五七车站纪事

津浦铁路在山东的总站就设在济南。济南又是山东省省会、历史文化名城。毛泽东到山东调研视察，济南是必不可少的重要一站。

由于毛泽东及其他中央领导的专列在济南停靠，需要一个安全便捷的专用车站，于是便有了济南五七车站的修建。

据现任五七车站站长宋允泉介绍，1952年，根据国家政治形势需要，山东省警卫处决定在济南修建一处接待、警卫国家领导人专列的专用火车站，地址选定在济南西郊的大饮马村一带，称"西郊专用线"。由当时的山东省警卫处牵头，济南铁路局施工，从西郊空军部队管辖的土地中割出180亩的地块，次年又从西郊人民公社调出60多亩的地块，建起了一条铁路专用线，与津浦铁路相连。直到1957年，这里初步建成了一个隶属于济南火车站分支的小型火车站，行车调度都归济南火车站管理，该站也定名为"五七车站"。

开始这里只有一条线路，中央领导人的专列到达济南站后，再用机车牵引到五七车站。后来，这个小车站的铁轨变为两股，一个站台、两副单开手扳道岔，没有行车室，没有扳道房，没有专职行车值班员和扳道员，只有一名站长和数名工作人员。最初，车站由济南铁路分局派人具体管理。到1967年，经过10年运转，专用线的管理和设备已不适应警卫任务的需求。根据省委文件指示，从

五七车站站长宋允泉在站内巡查
（摄影 吴文华）

五七车站内的道路和树木
（摄影 吴文华）

1968年起济南铁路局正式接管了车站，并对车站进行了全面大整修，建起了防空洞，对院内进行了绿化。到了1970年，车站里又建起6间休息室。1978年建起厨房和餐厅，修建了深水井和水塔，结束了使用旁边航校水源的历史。至此，五七车站已初具规模。1986年，济南铁路局又大修了接待室，更新了室内桌椅、沙发、茶几、床铺和地毯，安装了空调与电器设备，还在院内栽种了一批梨、核桃、板栗等树木，车站接待条件大为改善。

专列到达济南站后是如何被牵引进入五七车站的呢？当年负责专列调度运行的济南火车站原副站长陈家秋介绍说，专列进出五七车站，线路固定，程序严格。从济南站客运站台到五七车站约8.5公里。所经线路是：济南站客运站台—济南站内走行线—纬十二路铁路桥—底边线—711走行线（空军济南机场专用线）—兴济河桥—西外环路—张庄西路（拖机路）—711南股—高级线（五七车站大门外方线路）—五七车站。所经村庄是：八里桥村、闫千户村、前屯村、后屯村、张庄村等。

调动专列需做如下重点部署：

1. 专列所经线路的道岔有电动和人工之分，都采取双保险措施。除按钮锁闭、人工加锁之外，还要派人在道岔尖轨底部另加钩锁器，

围绕步在大地上书写

毛泽东与五七车站纪事

12

作业人员在此看守。

2. 调动专列的机车由专运会议确定，指定担当值乘司机、段领导干部添乘，在车站专列调车指挥人员指挥下进行作业。

3. 专列到达五七车站后的一系列工作，按专运方案执行。

4. 专列由五七车站开出，按专运计划和命令原路运行，至济南站客运站台后，再向其专列开行的方向，按专运调度命令开出济南站。

五七车站在当时的全国铁路示意图内是找不到的。它是在特殊时期、特殊情况下担当着特殊使命的特殊车站。

2012 年，五七车站正式停用，完成了它的历史使命。

如今，地处济南西部新城烟台路与腊山河东路东北交叉口的五七车站，虽已停用多年，但由于高度保密，尚未对外开放，仍被高高的围墙围着，保存相对完好。从车站东南门进去，迎面是两排粗壮高耸的法桐树，数量有几十棵。每棵树的树身都有两人合围那般粗。左侧一排每棵树的树冠上都有五六个树杈，从不同方向伸向天空，像钢铁武士高高举起的一只只大手，轻轻托起一片蓝天——雄健、挺拔、壮观；而右侧一排每棵树的树冠，则多是两个硕大的

五七车站铁路线（摄影 吴文华）

蒸汽机车车轮（摄影　吴文华）

五七车站接待室外景（摄影　吴文华）

树枝，东西向稍稍展开后又向上挺起，刺向苍穹，似一柄柄巨型的古代兵器，又如一尊尊高举双臂的兵马俑——威武、雄壮、肃穆。当年，徐徐而至的毛泽东的专列，悄然而入的省市领导及军区首长们的轿车，站位有序的警卫战士的身影，都曾滞留凝聚在这里，让此地至今还充溢着一个巨大的气场。

沿路向前行近百米，右前方的树下是一面十余米高的大影壁墙，当年用红油漆书写的"团结起来，争取更大的胜利"几个大字仍依稀可见。影壁墙正对面向西是一条通向车站站台的单向柏油车道。路南是无数的花木，路北自东向西先是一棵高大的法桐树，后是两棵挺拔的银杏树。在法桐树和银杏树的掩映下，一排平房显得雅静明丽。两边厢房是车站站房，中间一大间是接待室。接待室里曾有精美的吊灯、沙发、茶几，地上铺着地毯。正面墙上是一幅由四位知名画家合作绘制的《泰山叠翠图》。

在院子的东墙边，以前是饮马河，现已干涸，但是饮马河石桥依然可见，而且保存相对完好。从饮马河桥向北，有一个十余米高的水塔。过去，整个车站的用水都在这里提取。水塔的西南面是车站的一些辅助建筑设施，有厨房、餐厅。餐厅西面是百花园，里面有水池、花棚，当年这里是百花满园的。

顺着水塔旁的小路向西走约200米，是横贯车站南北的两条铁路线，东侧线路上停放着一台蒸汽机车和6节绿车厢。尽管机车牵引早已从蒸汽机车到内燃机车，再到电气化机车直至高铁动车，经历了多个阶段，但当站在巨大的蒸汽机车面前时，那高高扬起的车头、巨大的车轮、长长的车厢，仍令人感到十分震撼。

据宋站长介绍："这不是主席原来的专列。主席的专列有十余节车厢，比现在的这组车要长。"

线路的西面有四个长方形的养鱼池，鱼池的四周全是葱茏的树木。线路的东面是车站的站台，站台上有一排南北向高大粗壮的法桐树，树冠很大，有利于专列的隐蔽。站台路旁有铸铁制作的灯柱。

1952年10月，毛泽东在河南兰考与农民交谈（摄影 侯波）

灯柱上的花灯罩非常雅致，据说是百年老物件，给人一种历史的厚重感。站台上有南北两个厕所，一个岗亭，一个防空洞出入口。

在车站接待室与站台之间还有一个防空洞主出入口，呈小房模样，掩映在绿树之中，很不引人注意。小房的入口处镶嵌着一个小白瓷牌，标有"济建一段，台号24号，面积674m²"字样。进门往下走有33个台阶，左拐是地下"三防门"。据宋站长介绍，第一道门是厚厚的防爆门，钢筋混凝土铸成。第二道门是防水门，密封胶条虽然已使用几十年，依然没有老化痕迹。第三道门是防毒气门，虽然不厚，但是密封性强。在第二道和第三道门之间东墙的下部，有一个排风口。当有毒气入侵时，三道门关闭，排风系统开启，毒气就会从这个排风口被抽走。

进入三道门后，右侧是工作人员卫生间，左侧是机械间。机械间里面有20世纪五六十年代生产的整套供电系统、供水系统、通风系统、空调系统。虽然内部空间不大，但是设计合理，布局紧凑。机械间的墙上有一个铁壳开关，上面有一块毛主席语录宣传标牌："领导我们事业的核心力量是中国共产党，指导我们思想的理论基础是马克思列宁主义。"在另一侧的墙上有一个电源转换开关，可以随时对外部电源和防空洞自发电进行切换。从机械间再向里走是一间20平方米左右的领导办公室。办公室右侧就是领导的卧室，里面有衣帽间和独立的卫生间。办公室南面还有一个房间，这个房

用脚步在大地上书写

毛泽东与五七车站纪事

间的右侧有一道门，出了这道门就是站台的出入口。

整个防空洞布局合理，功能齐全，虽时隔多年，但是发电机、空调等设备现在仍可正常使用。

车站南侧不远处原有两个碉堡，一个已经拆除，另一个还保留着。碉堡由红砖砌成。堡上有无数黑洞洞的射击口，就掩映在翠绿的爬山虎下。当年的武警战士就在里面执勤站岗。

当年的武警战士于永军同志曾撰文回忆守卫五七车站的情景：

"我站在五七车站上 / 把首都北京遥望 / 金水河碧波在心中荡漾 / 天安门城楼在脑海闪光 / 啊，毛主席 / 心中的红太阳 / 我们日日夜夜把您老人家盼望。"

这是我38年前写的一首充满激情却没有发表的歌词。1975年初春，我的三个月的新兵连生活结束了。战友们一分为四，一拨去了山东省委，一拨去了南郊宾馆，一拨去了生产指挥部（省政府），而我们一拨却坐上卡车，被带到了西郊空军航校大院，进了最里边的一座建有围墙的小院子。

小院子不大，却住着个百十号人的连队。连队在这里干什么？在满眼都是空军的航校里，这小部分陆军，自然笼罩了一层神秘色

五七车站秋景（摄影 吴文华）

彩。在这里，我开始了近40年的军旅生涯。

集合号过后，连长站在队前讲话。一番常用欢迎词道罢，转入主题：新战友们来到这里，看到其他战友有的分到省委，有的分到生产指挥部，有的分到南郊宾馆，可能会眼热。我在这里告诉大家，他们还美慕咱们唻。我们连虽然没有那三个地方繁华，但任务很特殊——守卫五七车站。五七车站是什么呢？就是临时停放毛主席专列的车站。毛主席多少次来山东，都是从咱这里经过或住在列车上办公、开会和休息，都由咱们站岗警卫。大家想一想，这可是天大的政治任务啊，还有什么任务比这个更光荣、更神圣的吗？！不过，我们也有条严格纪律，对外界要保密……

连长还在讲话，我的脑子却不听使唤，开起了小差：天哪！我们这是给毛主席当警卫战士啊，有机会见到毛主席呀，多光荣、多自豪、多幸福啊！怪不得当初政审特严格哩！

我的心瞬间涌满了暖流，被一种幸福感包围着。下连的第一天晚上，我激动得失眠了。五七车站，实际上是坐落在济南西郊的一个铁路专用线站台。特别是在1959年，毛主席3次视察历城东郊公社，接见山东省委领导，召开六级书记座谈会，都是在这个车站，

西郊机场接待室外景（摄影 吴文华）

在专列上完成的。据他身边的工作人员回忆，在列车上办公和休息，是毛主席出京视察的惯例，为的是不给地方添麻烦，不给老百姓添麻烦。这"两不"，自然为我们完成光荣使命提供了机遇。

车站的站台南北距离不到300米，两道铁轨从机场外绕了一个大弧徐徐延来，一列深绿色的火车卧在大理石砌成的月台下。春天，铁道旁的沟坎坡埂上，万木泛绿，野草葳蕤，映衬着长长的列车，勾勒出一幅美轮美奂的画卷。夏天，密密匝匝、高高矮矮的杂树荟郁成一块绿色屏障，高高大大的杨树遮掩着月台。秋天，沟坎上依然葱绿。站台下的果园里，苹果、香梨已挂满了枝头。冬天，铁道两旁的草木枯黄凋零，白杨树早就甩掉了自己的"巴掌"，偶尔有几片落叶在铁轨间打滚儿。站台边的冬青丛，此刻好像更来了精气神，尽情地朝着寒冷炫耀自己的坚守。

车站的东南角，有一栋漆绿小木屋，里面有一部直通连部的手摇电话，那就是我们执勤的岗位。执勤的任务就是守站台、看铁轨。战士们一天24小时轮流上岗，带班员则在站台上巡逻并负责叫岗。除此之外，连队还进行警卫兵的必需训练，诸如队列、礼仪、擒敌拳、捕俘拳等，也组织上刺杀、射击、投弹、军体、五公里越野等通用课目。

说句实在话，有任务才有舞台。任务在身，再苦再累，大家处于激情和亢奋中也并不觉得累。没有任务，特别是当列车开走，空旷的站台上只留下那冰冷的铁轨和枕木时，大家心里都空落落的。文章开头那几句歌词，就是在这种心境下萌生的。

常言道"养兵千日，用兵一时"。作为警卫战士，谁不盼望着为敬爱的领袖站岗？谁不期待能近距离沐浴"红太阳"的光辉？尤其是在那个激情燃烧的岁月里，不知有多少次，看着停放在月台的列车，我们想象着毛主席窗前那彻夜亮着的灯光，仿佛看到人民领袖在夜以继日地工作；不知有多少次，我们在月台上巡逻行走，想象着哪里曾是他老人家下车散步的地方，哪些石板曾经承载过伟人的脚

▲ 西郊机场接待室内的小型会议室
（摄影 吴文华）

◀ 西郊机场接待室院落内景
（摄影 吴文华）

步……然而，1976年9月9日，毛主席与世长辞的消息晴天霹雳般击碎了全连官兵再为毛主席站一次岗的愿望。"为毛主席站岗"，也成了我心中永远的梦。

　　太阳依旧每日东升西落，在每一个角落留下足迹与踪影。但留在记忆深处的站岗巡逻，连同对那份真挚情感的守望，包括那些生活碎片，却在不知不觉中担当了一回时光的见证者，游走在我的青春世界里，游走了近四十年，一直游走到今天。[1]

　　在五七车站东南方向约500米远的地方，有一处红砖平房，是西郊机场接待室，曾叫"蓝天阁"。毛泽东来济南视察工作，也曾住在这里，还曾在此接见过外宾。这里至今还悬挂着"毛泽东同志旧居"的匾牌。这是一个四方的环形建筑，用内走廊将四面相连，东、南、西三面建有外廊。南面西侧两间房是毛泽东的起居室和卧室。院子中间是个四四方方的天井，中心有一座小假山。内廊的墙上挂着十多幅毛泽东当年在此接见省委领导、军区首长、省市劳模及外宾的照片。

　　五七车站为何选址于此？一是这里的交通和通信比较畅通便捷。五七车站向东不远处就是济南张庄机场。机场始建于1938年，

[1] 于永军. 我曾守卫毛主席来过的地方 [N]. 齐鲁晚报，2013.

用脚步在大地上书写

毛泽东与五七车站纪事

是日军为侵华所需而建。后来，国民党政府在此基础上修建了长约1000米的沥青跑道。1954年中国人民解放军又修建了长约2200米的水泥跑道。此后机场经扩建后，定为军民两用。张庄机场起降过"麦道""三叉戟""肖特""运七"等多种机型，多位国家领导人曾在此乘机。

机场向东数公里，便是济南火车站。该站位于京沪和胶济两大铁路干线交汇处，始建于1904年，是以客为主，客、货、运兼办的综合性特等站。通往五七车站的西郊专用线便是从这里的津浦线分出。机场加铁路的便捷交通条件，便于做好毛泽东的出行和通信机要工作。

二是这里整体环境相对安全、安静。车站地处济南老城的西郊，周边是部队营区和村庄，树林茂密，无高大建筑。据原济南铁路公安警卫科科长侯子胜老人回忆：五七车站建成后，有一年的夏天，中央警卫局长汪东兴同志来到这里，见专列停在大树下，太阳晒不着，外面看不着，车站周边既无住家和工厂设备，又无高楼大厦，连声说："这个车站建得不错，大树多，环境好，安静，安全系数大。"

当然，这里的地理位置和人文环境也相当不错。车站西北距黄河不到5公里，在这里能直接感受到黄河的律动；南面是起伏的远山，晴天时还可以眺望逶迤的齐长城。在古代，这里是兵家必争之地。据史料记载，曹操当年曾在此地饮马演兵，并在济南西部降服40万青州黄巾军，大饮马、小饮马、演马等村名即由此诞生并沿用至今。事实上，五七车站近三分之一的面积是在大饮马村的地面上，车站内至今存有饮马河、饮马桥。曹操是毛泽东评价关注最多的历史人物之一，而毛泽东来到五七车站后就在曹操当年饮马演兵的地方休息、办公、思考，不知这是否是历史的巧合，但"萧瑟秋风今又是，换了人间"却是真的。

自1952年到1970年间，毛泽东先后25次乘专列到济南（包括下车和停车约当地领导调查在内），其中20次在五七车站或西郊专用线上驻足，约见省、市领导、军区首长、基层负责人，接见劳动模范和外宾，换乘汽车到城区、农村、黄河视察。在此期间，开国领袖毛泽东曾做出过一些影响深远的重要历史决策，发表过一些极具重大指导意义的指示和讲话，在这个小小车站留下了心系人民、置身群众的深深的足迹，为济南、山东乃至全国留下了宝贵的精神财富。

五七车站内树林茂密
（摄影 吴文华）

之 贰

1952 年出京巡视
停靠山东济南

　　1952 年是一个很不平凡的年份，当时中国面临的国内外形势紧急而复杂：正在进行抗美援朝战争；加快恢复国民经济的步伐，医治战争创伤；全国正在开展"三反""五反"运动等。其他中央领导同志见毛泽东日理万机，操劳过度，多次提出让毛泽东休养一段时间，以便迎接更加繁重的工作。为此，中央决定，让毛泽东休息一周。

　　从 1952 年 10 月 25 日到 11 月 1 日晚，毛泽东进行了有意义的休假。而在这短短几天时间里，毛泽东却在山东待了 3 天时间，他的专列就停靠在省会济南。

　　由于当时的五七车站刚刚开始建设，其东南不远处的专用线（五七车站大门外方线路），便临时承担起了毛泽东专列的停靠任务。

　　1952 年 10 月 26 日下午 6 点多钟，毛泽东的专列先到济南站，后驶入五七车站东南方向的专用线上。因中共中央山东分局[1]代理书记向明正在上海开会，只有山东省军区司令员许世友、中共中央

[1] 中共中央山东分局是抗日战争时期和解放战争后期中共中央在山东的代表机关。其前身是苏鲁豫皖省委，1938 年 12 月奉中共中央指示改为山东分局，归北方局领导，负责山东的党组织和各项工作。1945 年 9 月 19 日，与华中局一起组成中共中央华东局。

山东分局工业部部长高克亭、中共中央山东分局统战部副部长李宇超和山东省人民政府财政经济委员会副主任王卓如几个分局委员在家，还有山东省公安厅厅长李士英，于是接待、汇报工作就由他们负责。高克亭回忆说："当时只是接到罗瑞卿从天津打来的电话，说有位中央负责同志下午到济南，请分局的同志在家等着，只让省公安厅厅长李士英到车站接一下即可。并说这位同志睡硬板床或棕床。大家猜测可能是毛主席要来。当时居住条件比较好的只有省政府交际处，分局统战部也在此办公。大家知道，让毛主席住交际处，他肯定不答应，只好摘下交际处的牌子，留统战部的牌子，让毛主席和随行人员住。"[1]

许世友首先登车看望毛泽东，见到毛泽东后笑着说："主席，我们很长时间没见面了，山东的指战员盼您来，山东的人民群众想见您。听说您还没来过济南，应该好好看看，这里有很美的景观，如趵突泉、珍珠泉、黑虎泉、大明湖。"

毛泽东从车上下来，面带微笑，和大家一一握手。

随行来的还有：中央办公厅主任杨尚昆、公安部部长罗瑞卿、铁道部部长滕代远、第一机械工业部部长黄敬，还有中央警卫局的叶子龙和汪东兴，以及从天津上车的中共天津市委书记黄火青、市长吴德和民主人士、天津九大盐业公司总经理李烛尘。大家一同乘坐"雪佛兰"牌轿车缓缓驶进省政府交际处大门。

他们把毛泽东一行让进东楼客厅坐下。这时，毛泽东笑着指指许世友向李烛尘介绍说："这就是我们的许世友同志。他是山东省军区司令员。他的人生很传奇。早年家里很穷，在少林寺当和尚，1926年参加了国民革命军，当过连长，参加了北伐战争。后来，参加了共产党领导的著名的黄麻起义，在红四方面军，从班长一直提拔到军长。而后，又到抗大学习，然后到了山东，解放济南是他具

[1] 中共山东省委党史研究室. 毛泽东与山东——纪念毛泽东同志诞辰 110 周年 [N]. 大众日报, 2003.

体指挥打的。"

"我的名字还是主席您给改的。"许世友笑着说。

说起毛泽东为许世友改名，还有一段故事。

许世友原是红四方面军的，第一次见到毛泽东是在1935年6月，红一方面军与红四方面军在四川懋功会师以后。当时，红军分为左、右两路军。右路军由红一方面军的红一、红三军和红四方面军的红四、红三十军组成，直接由党中央和前敌总指挥率领。许世友任第四军军长，率部担任后卫。毛泽东与许世友相见后问："我经常听到你的名字，知道些你的传奇经历，没有看到你这个人。你的名字是哪几个字呀？"

许世友回答说："我的幼名叫友德，姓是言午许，家谱上是'仕'字辈，父母给我取名许仕友。参加红军后，我有空就学认字，才知道'仕'就是做官的意思。不如把'仕'改为'士'，那个时候想，这一字改后，当了红军战士就名副其实了。"

许世友说完，笑着问毛泽东："您看我这个名字改得可好？"

毛泽东笑了笑说："好是好，不过，咱们再商量一下，再改个字，把'士'字改为世界的'世'好不好？叫世友——世界之友哇。我们这次北上抗日，眼光要往远看，放眼世界嘛！所以，要做世界之友。"

许世友说："主席给我改得好！"从那以后他就改名叫许世友了。

这时毛泽东点燃了一支烟，吸了几口，又端起杯子喝了几口茶说："我来不扰民，随便下来看看，你们分局的同志该干什么干什么。"

许世友以军人的姿态，立即站起来，声音洪亮、铿锵有力地说："主席您来，我们不照顾您，照顾谁！再忙我们也要照顾您啊！"

随后，毛泽东问了山东工农业生产情况和地方工业发展等问题。

高克亭、王卓如等一一做了回答。接着毛泽东又问了秋征粮食问题。

毛泽东说："民以食为天。我们做领导的，一定要有群众观点，一定要实事求是，决不能征过头粮，否则老百姓要骂娘的。"[1]

这时，李宇超说："明天是不是请毛主席到趵突泉、珍珠泉、黑虎泉、大明湖这几个地方看看？"

讲到这里，毛泽东笑着看看大家，操着他那浓重的湖南口音风趣地问："净水吗？"

大家都笑了。

许世友说："主席，大明湖的北极阁，就是济南战役时王耀武的指挥部，他就是从那里逃跑的，请您去看看。"

"好吧，许世友同志，明天我们就去大明湖看北极阁！"

突然，毛泽东又问："世友同志，黄祖炎的墓地在什么地方啊？"

"在南郊的四里山（即今英雄山）。"许世友回答。

"那我要去祖炎的墓地看望一下。"毛泽东神情严肃地说。

"那好，我陪您去四里山看看黄祖炎的墓。"许世友说。

毛泽东说："好！就这样看三泉一湖一山吧！"

接着，毛泽东笑着诙谐地说："去的时候，只要个把人和我去，去多了人，以后你们要'反'我喽！"

因当时全国的"三反""五反"运动刚刚结束，毛泽东所说的"反"，是指"三反""五反"。他的话惹得全场人哈哈大笑。

谈到这里，大家怕毛泽东累了，让他早休息，就离开交际处到许世友住处聊天。

毛泽东每到一个地方，都要看当地的史志，这个习惯他坚持了一生。休息前毛泽东叫副卫士长李银桥借《历城县志》来看，负责接待的山东省交际处处长曲溪说："找不到《历城县志》，只有《济南府志》。"

李银桥说："府志也可以，主席要看看。"

随后，曲溪从山东省图书馆借来一本《济南府志》，还有蒲松龄的一些作品，给了毛泽东。

---

[1] 袁小荣.毛泽东离京巡视纪实：上卷 [M].北京：人民日报出版社，2016:25.

（一）"四里山就成英雄山了"

1952 年 10 月 27 日早饭后，一辆"雪佛兰"轿车开到四里山山脚下。毛泽东和许世友从车上下来，沿着石级朝山顶攀登。

"祖炎是个好同志，对党忠诚，办事认真，能文能武。他跑完了艰苦的长征路，经过了抗日战争和解放战争的枪林弹雨没有倒下，却遭反革命分子枪杀。他的牺牲是我党我军的一大损失，真是太可惜了！"毛泽东对许世友说。

黄祖炎是中华人民共和国成立后我党我军第一位被反革命分子枪杀的高级干部。对此，毛泽东非常重视，曾做过三次批示。

1951 年 3 月 13 日晚，时任山东省军区政治部副主任的黄祖炎在军区文化工作座谈会讲话时，遭反革命分子王聚民枪击，光荣牺牲。

事件发生后，山东省军区、中共中央山东分局立即组织人员进行调查，并将这一事件报告了中共中央、中央军委，毛泽东得知黄祖炎遇害的消息后，十分震惊。

3 月 18 日，毛泽东为中共中央起草党内指示。指示指出："这是我党高级干部被党内暗藏的反革命分子所刺杀，而为过去所少见的，应当引起全党警惕。王聚民为山东惠民军分区政治部宣教科副科长，1941 年混入我党，其家庭在土改中利益受损，所以对党组织产生仇恨心理。王行凶后当场自杀。据中共中央山东分局及军区来电说，此事显系反革命分子在我党及人民政府坚决镇压反革命之际的报复行动。特此通报，务请你们注意：（一）严防反革命的报复。应当肯定反革命的报复是必然会有的，必须预先采取防制的办法，千万不可疏忽。除加强警卫外，最重要的是采取积极手段，破获反革命的组织，消灭反革命的巢穴，坚决迅速地杀掉一切应当杀掉的

济南英雄山 （摄影 傅百君）

反革命分子，使反革命措手不及，无力施行报复手段。（二）必须认识党内政府内和军队内已有少数反革命分子混进来，决不可认为太平无事。现在就应开始注意这个问题，考查可疑的分子，聚集材料。"[1]

3月20日，毛泽东为转发中共中央山东分局3月14日就黄祖炎被刺杀对所属市委、地委的指示，起草中央给各中央局、大军区并转发至省军级，并告志愿军党委及中央军委各部门首长的批语，指出："中央认为这个指示是正确的，特转给你们，请你们连同中央三月十八日为此事而发的指示一道加以讨论，并做出自己的决定，指导所属坚决执行。中央严重地唤起你们注意，务须重视此事，切勿等闲视之。"[2]

在党中央和毛泽东就黄祖炎遇刺事件向全党全军发出通报的同时，中央有关部门对黄祖炎遇刺事件进行了全面的调查。4月12日，中央人民政府最高人民检察署检察长、中国人民解放军总政治部主任兼总干部管理部部长罗荣桓，公安部部长罗瑞卿，总政治部副主任萧华、傅钟，公安部副部长杨奇清联名向毛泽东并中共中央报送了关于黄祖炎被害事件的调查报告。4月19日，毛泽东又在《罗荣桓等关于黄祖炎被刺案的调查报告》上批示指出："像王聚民这样的反革命分子很早就有许多罪恶表现，全党全军如有类似这样的人，务须注意及时处理。"

在毛泽东、党中央的密切关注下，黄祖炎事件很快得到了妥善处理。4月1日，黄祖炎同志追悼大会在济南市青年公园举行。山东省军区机关及各有关部队、山东省及济南市各机关、人民团体、民主党派及各界人士共计13000人参加。山东省军区司令员许世友致悼词。

毛泽东一边登山一边对许世友回忆他与黄祖炎的友谊。

[1] 中共中央文献研究室.毛泽东年谱（1949-1976）：第1卷[M]．北京：中央文献出版社，2013:313-314.
[2] 中共中央文献研究室.毛泽东年谱（1949-1976）：第1卷[M]．北京：中央文献出版社，2013:314.

1933年8月，25岁的黄祖炎调到中华苏维埃临时中央政府任文书科科长，来到毛泽东身边工作。而此时，毛泽东正处在艰难时期。当时，"左"倾路线统治全党，毛泽东在党内受到排挤，他的一些正确主张遭到了严厉的批判，军事指挥权被剥夺，亲属也因为他受到株连，遭到打击。但黄祖炎却为毛泽东的正确主张遭到批判、本人受到不公正的待遇而愤愤不平。他在毛泽东身边，不辞劳苦，倾力服务，经常提出自己的想法，成为毛泽东工作中的参谋和助手。黄祖炎在生活上对毛泽东无微不至的照顾更感人肺腑。1934年9月，黄祖炎跟随毛泽东来到江西于都，这时第五次反"围剿"因受"左"倾路线的影响而失败，红军损失惨重。毛泽东为挽救红军而日夜操劳，当时的生活条件十分简陋和艰苦，由于蚊虫的叮咬和长期的劳累，毛泽东病倒了，连续3天高烧不退，病情十分严重。卫生员给他打了奎宁针，吃了奎宁片，仍无济于事。黄祖炎十分焦急，急忙让警卫员吴吉清给中央政府打电话，请求派医生来给毛泽东治病。后经红军医院院长傅连暲诊断，才知道毛泽东得了恶性疟疾。这期间，黄祖炎和警卫员陈昌奉、吴吉清等不辞辛劳，日夜守护在病榻前，煎汤熬药，喂水喂饭，摇扇驱蚊。在黄祖炎等人的精心护理下，毛泽东的病情才慢慢好转。

黄祖炎烈士（资料照片）　　　　黄祖炎烈士墓（摄影 傅百君）

围绕步在大地上书写

毛泽东与五七车站纪事

1952 年 10 月，许世友在英雄山上
向毛泽东介绍黄祖炎被害经过
（摄影 侯波）

　　这时，毛泽东和许世友已经来到半山腰。许世友指着前方说：
"主席，那就是黄祖炎同志的墓。"

　　毛泽东点一下头，来到黄祖炎的墓前。他深深地鞠了一躬，许久，
才俯下身子，轻轻抚摸着墓碑和"黄祖炎"三个字，深情地说："祖
炎同志，我来看你了。"随之，泪水顺着他的脸颊流淌下来。在场
的人感受到毛泽东对同志和战友无比深厚的感情，无不为之动容。

　　随后，许世友向毛泽东讲了黄祖炎被害过程。

　　毛泽东对许世友严肃地说："我们必须严防反革命分子的报复，
切不可疏忽大意，认为天下太平无事。对暗藏的反革命分子决不可
姑息养奸，要坚决镇压！"

　　"主席说得对，我们坚决清除内部暗藏的反革命分子！"

　　随后，许世友指着那片墓碑向毛泽东介绍说：那里埋着济南战
役中牺牲的部分烈士。1948 年 10 月，济南刚解放，济南特别市的
领导就决定在这里建个烈士纪念塔，以纪念济南战役牺牲的烈士。
1949 年 6 月，山东分局还派人到北京请您给题写了"革命烈士纪念
塔"几个字。现在山东省和济南市的领导决定把在济南战役牺牲的

烈士们的坟从周围的各个山头都迁过来，把为革命牺牲的历任山东的党的领导人的坟也迁过来，建一个革命烈士陵园。

毛泽东听到这里，点了点头说："好啊，真是青山处处埋忠骨，有这么多的英烈长眠在这里，四里山就成英雄山了。"[1] 后来，就是因为毛泽东这句话，济南人便把四里山称作英雄山了。

[1] 山东省档案馆：毛泽东与山东 [M]. 北京：中央文献出版社，2003:10.

（二）"山东不仅古老，还有秀美山河"

这天，毛泽东精神很好，无论在车上还是看景点时，都谈笑风生。

在从英雄山去趵突泉的路上，毛泽东对许世友说："世友同志，你是1939年来山东的吧，胶东24个土顽司令都叫你给打掉了，就剩下你这个八路司令，难怪人家称你是'胶东王'啊！解放战争，你带领9纵（华东野战军第9纵队）参加了孟良崮战役，又具体指挥了济南战役，转战了大半个山东，在山东战斗了也有14年喽！山东也是你的第二故乡嘛！你知道'山东'是怎么来的吗？"

"不了解。"许世友是个直爽人，他不假思索地回答。

毛泽东笑着说："不清楚我就和你讲讲山东这个省名字的来历。"

毛泽东说："山东比北京古老得多。西周和春秋时，这里就属于齐、鲁、曹、滕等国。公元前16世纪商汤灭夏后，建都'亳'，在今天的曹县南。商的始祖契曾在蕃也就是今天的滕县住过。商代早期的活动在今天山东的西部，河南的东部。契传到孙（相土），势力达到今渤海一带，定都泰安。商也曾在泗水建都，直到商第20代君王盘庚时迁都到殷，也就是今天的安阳。

"周武王灭商后，为了加强对广大被征服地区的控制，进行了大分封。在山东地区分封了曹、滕、齐、鲁等国。齐国的首领就是姜太公，鲁国的首领就是周公的长子伯禽。这一带主要是齐国和鲁国，这也就是山东号称齐鲁之邦、也叫齐鲁的原因。"

"那为什么叫山东呢？"许世友问。

毛泽东点着一支烟，抽了两口又说："齐鲁古时候还称'邹鲁'或'齐青''山左'。齐鲁又因在太行山以东，所以古代'山东'有时指齐鲁。但是有时山东的概念比齐鲁大。到战国时期，只剩七

龙山文化东平陵故城遗址
（资料照片）

个大国争雄了。人们以函谷关为界，西边的是秦国，东边则是山东六国。"

毛泽东停了停，接着说："山东，作为地方最高一级的政区名称，是从金代开始的。据说三皇五帝中的舜帝和大禹都曾生活在这里。孔子、孟子、左丘明、孙武、孙膑、诸葛亮、王羲之、黄巢、李清照、辛弃疾、戚继光、蒲松龄等，都是山东人。孔子创立了儒家学说，孙子是兵圣，王羲之是书圣，北魏时的贾思勰、元朝的王祯都是大农学家，他们为山东增光添彩嘛！"

毛泽东抽了口烟说："山东人民，不仅远在距今约 6500 ～ 4500 年前就创造了大汶口文化，到距今约 4600 年前又过渡到龙山文化，至今仍都保留着遗址。同时，还有临淄齐国故都和曲阜鲁国故城。山东，不仅古老，还有秀美山河，有号称'五岳之首'的泰山，有蓬莱奇观，有甲天下的泉水，还有美丽的青岛海滨。山东是个好地方嘛！"[1]

[1] 山东省档案馆 . 毛泽东与山东 [M]. 北京：中央文献出版社，2003:11—12.

（三）"泉城真是名不虚传"

毛泽东对许世友说："世友同志，其实我不是第一次来济南了，1920 年 4 月我就来过。那还是 30 多年前的青年时期，我就很想去看看山东的名胜古迹。就在我二次进京搞'驱张运动'成功后，到上海与同志们研究下一步如何开展湖南的革命，同时还要送一部分同志赴法国勤工俭学。我是 4 月份离开北京的，中途看了济南，登了泰山，游了曲阜，还到了徐州、南京等地看了看。这些地方都有一些历史古迹，看了很开眼界，印象很深，可惜那时有些名胜古迹不开放，没有看上。"

许世友说："主席，这次您来了要都仔细看看。"

毛泽东点头说一声："好！"

济南又名泉城，有七十二名泉。从地下溢出的泉水，有的像山洪倾泻，有的如串串珍珠，有的似细雨飘洒，千姿百态，各具风采。根据泉水在市区的分布情况，大体可以分为四大泉群，即趵突泉群、五龙潭泉群、珍珠泉群和黑虎泉群，其中最著名者为趵突泉、黑虎泉、珍珠泉。

趵突泉名列济南七十二泉之首，在它的周围分布着许多名泉，形成了趵突泉群。这些名泉有金线泉、漱玉泉、柳絮泉、马跑泉、白云泉、杜康泉等。这些名泉涟漪多姿，晶莹明澈。

这时，毛泽东一行已经来到趵突泉。当时这里还没有整修，处于自然状态。

毛泽东来到"第一泉"时，只见三座泉眼水花四溅，声若隐雷，喷涌而出的汩汩泉水有一尺多高，济南八景之一的"趵突腾空"在这里可以一览无余了。

趵突泉水自地下石灰岩溶洞涌出，平均流量每秒近两立方米。

据郦道元《水经注》记载："泉源上奋，水涌若轮。"泉池略呈长方形，东西约30米，南北约20米，周围绕以石栏。水质清澈甘冽，煮茶最宜。

这时，毛泽东见到此景，极为兴奋，笑着问旁边的陪同人员："你们知道这泉水古代叫什么名字吗？"

"叫泺水。"李宇超回答。

"对。"毛泽东肯定了他的回答。

这个话题又引起毛泽东的兴趣。他说："据《春秋》记载，在公元前694年，鲁桓公和齐襄公曾相会于泺，就是这个地方。泺，是个水名，这是2600多年前的事了。"

趵突泉东面的临泉亭榭，称蓬莱茶社。它的前身是"望鹤亭"，"望鹤亭"旁有"来鹤桥"。清代文人施闰章的《趵突泉来鹤桥记》描绘了此处的景色：

其桥曰"来鹤"，跨泉之南。其楼榭亭馆之美，灿若霞起。宾燕咸集，凭栏周瞩，仰而见山之青，俯而见泉之洁。

这里是游人饮茶小憩和观赏泉涛的佳处。在李宇超的引导下，

济南趵突泉（摄影 傅百君）

毛泽东一行来这里饮茶休息。

毛泽东一行刚刚坐在凳子上，服务人员就送来一壶用煮开的泉水泡的龙井茶，然后在几个茶碗中斟上了茶水。这时，李宇超端起一茶碗茶送到毛泽东面前说："主席，这是用泉水泡的茶，特别香甜，请您品尝。"

毛泽东接过茶杯，慢慢喝了一口，停了停，品了品滋味，脸上露出笑容说："不错！这泉水泡茶是原汁原味嘛！喝了很爽口！"

其他人品了茶也都说："泉水泡茶有一股清香味，喝下去口感甘甜，回味无穷。"

这时，李宇超讲了一个关于趵突泉的故事：相传清代乾隆皇帝下江南，开始时沿途饮用的是从北京携带的玉泉水。到了济南，他品尝趵突泉的水，觉得胜过玉泉水，于是，以后便饮用趵突泉水，称作"玉泉趵突"，并封趵突泉为"天下第一泉"。从此以后，游人多到此尝水品茶，有"不饮趵突水，空负济南游"之说。

毛泽东听完风趣地说："我们待遇好高喽！大家都享受了乾隆的待遇嘛！"

大家都哈哈大笑起来。

品完茶之后，许世友像学生向老师求教似的问毛泽东："主席，那济南又是怎么来的？"

毛泽东又耐心地讲解起来：

为什么叫济南？原来古代这里有一条大河，发源于河南王屋山，从山东半岛入海，名叫济水。古时候，济水、黄河、淮河、长江并称中国四大江河。后来，济水的上游发生变化，下游叫大清河，但仍统称为济水。清咸丰五年（1855年）六月，黄河在河南铜瓦厢决口改道，河水流入大清河夺河床入海，以后并称为黄河，济水的名称也就没有了。现济南北郊的黄河，就是古代的大清河，用的就是济水的旧河床。因为济南这个地方在济水之南，所以从汉朝起就叫济南。汉代的济南国所在地叫平陵城，就在今天济南市东郊龙山镇

济南齐长城遗址（资料照片）

东北。西汉时，济南一度改为郡，后又复国。曹操曾任济南相。

到晋朝，济南郡的治所才由平陵城转到历城，就是现在济南市的旧城区。现在济南市区从此正式成为郡所在地，经扩大修整成为初具规模的中等城市。原来的平陵城逐渐衰颓。

东晋时济南郡隶属青州。隋文帝时，济南改为齐州，不久又改回来。唐朝济南属于济南道。宋朝把政区分为路，济南属京东路。"唐宋八大家"之一的曾巩曾出任齐州知州，对城市建设有过较大贡献。明朝初年在山东设省，省会在济南府历城县。而后济南一直是省会城市。

许世友听着直点头，赞叹地说："主席历史知识真丰富！知道的真多！"

毛泽东停了停，微笑着说："济南自古以来就是交通枢纽、北方重镇，也是文化名城。孟姜女哭长城的故事就发生在济南南部，她哭的是齐长城，不是秦长城。大诗人杜甫、李白、苏轼等都来过济南，而辛弃疾、李清照、蒲松龄则长期生活在这里。"

随后，毛泽东一行又来到漱玉泉。毛泽东被泉水吸引住了，于是他便问："这泉为什么叫漱玉泉？"

停了一会儿，谁也答不出来。

这时，毛泽东说："这个泉的名字取自《世说新语·排调》，其中有'漱石枕流'一句话。相传宋代济南籍女词人李清照曾在泉旁居住，常到泉边以泉为镜梳妆，还常在泉边填词吟诗，因此她的作品以《漱玉词》为名。由于金人南侵，李清照流居江南，处境凄苦。南渡以后，她的词充满悲愤的爱国之情。如：'生当作人杰，死亦为鬼雄；至今思项羽，不肯过江东。'后人为了纪念这位爱国女词人，就叫此泉为漱玉泉。"

毛泽东停了停继续说："李清照不仅词写得好，而且具有很强的爱国思想啊！"

毛泽东一行来到漱玉泉的东北，李宇超指指马跑泉对毛泽东说："这个泉名来源于一个传说故事。传说南宋建炎二年（1129年），金兵攻打济南城，虽然金兵几次强攻，但均被守将关胜率军击退，金兵损失惨重。于是，金兵便派细探潜入城内，以重金贿赂当时的济南知府刘豫，并许诺日后扶刘豫统治齐鲁大地。刘豫本是贪婪庸官，为了保护自己的田园家产，置民族大义于不顾，竟准备投降金人。其将关胜则主张出战。刘豫便设计陷害他，让他出城迎战金兵。关胜出城后，刘豫即刻关闭城门，并在城墙上向他放箭。在内外夹击中，关胜壮烈牺牲。关胜的战马见主人被害，怒啸并以前蹄刨地，竟然刨出泉水，当时便叫'马刨泉'，后来又改为'马跑泉'。为了纪念这位民族英雄，后人在泉边修建了一座关王庙，也叫关公祠，现已倒塌。"

毛泽东听完笑了笑，风趣地说："济南泉名说起来还渗透着爱国精神喽！"

从趵突泉出来后，毛泽东一行乘车来到坐落在泉城路北的珍珠泉院内。这儿绿荫碧水，石桥曲径，楼台亭榭，古朴清幽。石砌的方塘有数亩，中蓄碧水一潭，四周绕以雪花玉栏杆。池岸白杨挺拔，

1952年10月，毛泽东
在济南珍珠泉观鱼
（摄影　侯波）

垂柳依依。毛泽东漫步来到珍珠泉边，身倚栏杆，上身微微前倾，见那泉水从池底上涌，冒出亮晶晶的珠泡，像无数珍珠撒在水中，此起彼落，时断时续，袅娜升腾，永不停息。泉池中鲤鱼成群，多系红鲤和黑鲤。这些不同颜色的大小鲤鱼，衔尾相戏，口吐泡沫，可见"鲤鱼戏珠"并非虚传。鲤鱼吐珠与泉水之珠相互交织，形成一幅水中美景，情趣横生，令人赏心悦目。毛泽东看着水中的景象开心地笑了，便背诵起明代诗人晏璧的《北珍珠泉》：

白云楼下水溶溶，滴滴泉珠映日红。

渊客泣来无觅处，恐随流水入龙宫。

毛泽东吟完后，对许世友、高克亭说："济南叫泉城，真是到处是泉水，名副其实啊！"

毛泽东一行来到泉池北岸，这里立有乾隆皇帝盛赞珍珠泉的御碑一座，上书：

济南多名泉，岳阴水所潴。其中孰巨擘？趵突与珍珠。趵突固已佳，稍藉人工夫。珍珠擅天然，创见讶仙区。……

毛泽东看完乾隆写的这块御碑后，说："乾隆这个人好出风头，走到哪儿写到哪儿。"

毛泽东一行从珍珠泉出来，乘车来到黑虎泉。

黑虎泉出自悬崖下深凹的洞穴中。洞内水潭宽约半丈，深数尺，清澈见底。紧连水潭的泉池由石块砌成，略呈长方形。泉池南壁并列三个石雕虎头，泉水流过暗沟，经三个石虎头口喷出，形成三个瀑布。水在池中翻腾，犹如蛟龙戏水，波澜汹涌，水声喧腾。池水溢出，泻入护城河，也形成瀑布。

毛泽东仔细观看了这一壮观的景象，笑了笑，风趣地说："泉城的老虎不咬人，光吐水喽！"

在场的人听后都笑了。

这时，许世友说："主席，对着黑虎泉的护城河北面，就是攻克济南城的第一个突破口，是不是到那里去看看？"

毛泽东点点头说："好，到那边看看你们是怎么攻进济南府的。"

毛泽东一行登上石阶，跨上护城河的琵琶桥，来到济南旧城墙的东南角，也就是今天的解放阁旧址。当时这里是残垣断壁，只留下高低不平的一段旧城墙。

许世友指着那段旧城墙对毛泽东说："这个地方原是济南市的制高点。上面是个气象台，这就是攻济南城的第一个突破口。打开这个突破口可不容易啊！王耀武可不是个软豆腐，济南的城防工事也不是纸糊的！"

说到这里，许世友兴奋地摘下帽子，说："9 月 23 日晚，我们对内城发起总攻。内城是济南军事的核心阵地，城墙又高又厚，还有明碉暗堡。东西两大集团在炮兵火力支援下，对内城发起突击。

第 9 纵队第 25 师第 73 团
突破济南内城东南角
（资料照片）

各部英勇奋战，相继突破城墙，但守军依托坚固的城墙阵地顽抗。我9纵队第25师第73团，在团长张慕韩的具体指挥下，7连战士冒着炮火，越过护城河，架起云梯，曾4次登城受挫，仍不屈不挠，终于在24日凌晨2点15分占领突破口。2班班长李永红第一个登上城墙，冲向耸立城头的气象台，用手榴弹和冲锋枪将20多个守敌逼进一间屋内，迫其缴枪投降。随之，第9、第8连继7连登上城墙，击败国民党军敢死队多次反扑，把'打进济南府，活捉王耀武'的红旗插到气象台制高点。后又在突破口左侧炸开约6米宽的豁口，为友邻部队开辟了向纵深发展的道路。这个团攻入城后大胆穿插分割，又大量消灭敌人。"

"是不是授予称号的那个团？"毛泽东问道。

"对，战役一结束，我们电报这个团的事迹于中央军委，随即，中央军委就批准授予该团为'济南第一团'的称号。那个团的7连被授予'济南英雄连'的称号。"许世友回答道。

毛泽东说："济南战役很重要，粟裕和你都指挥得不错。你们提出的'打进济南府，活捉王耀武'的口号很好，最后实现了这个目标。"

"济南战役之所以取得胜利，一是靠中央军委和主席正确指挥，二是靠广大指战员不怕牺牲，英勇作战。"许世友接过话题说。

中央军委授予第9纵队第25师第73团"济南第一团"光荣称号（资料照片）

毛泽东说："你许世友也是有功的嘛！"

为纪念济南解放，如今，在这里已专门兴建了解放阁这座雄伟建筑。阁的西面有陈毅元帅书写的"解放阁"三个金色大字；阁的东面是济南战役烈士纪念碑，镌刻着为解放济南而牺牲的3764名烈士的名字；阁的上面室内，陈列着中央军委授予的"济南第一团"的锦旗、登城第一人李永红"济南英雄"称号的奖状等珍贵的革命历史文物。现在这里已是济南市重要的革命遗址。

中午，毛泽东一行返回驻地。吃过午饭后，罗瑞卿和许世友本想让毛泽东多休息一会儿，但毛泽东并无倦意。闲聊了一会儿，毛泽东说："走，我们看大明湖，看北极阁，看王耀武的指挥所！"

下午约两点半，毛泽东在许世友、高克亭的陪同下，由李宇超当导游，驱车向大明湖驶去。

大明湖，位于济南市城区北部，历史悠久。大明湖的西北岸是明清两代城墙的遗址。济南北部地势低洼，城内泉水众多，大都流向这里，于是形成了水区。湖水汇集了趵突泉、天镜泉等诸多泉水，加之湖底有更多涌泉，因而水如明镜，清澈见底。环湖楼阁亭台，曲栏回廊；湖中碧波浩渺，点点绿洲；园内风光秀丽，文物荟萃。因湖边建有大明寺，北魏时称之为大明湖。大明湖是济南城的一面明镜，一颗宝珠。

毛泽东乘车来到大明湖的南门，在许世友、李宇超的导引下，登上大明湖那艘最大的游艇。随后，大家都坐下来，而靠近毛泽东的那个座位没人坐。毛泽东看了看，笑着对罗瑞卿说："你坐在这里，你的责任不是大嘛！"

此时，正是深秋季节，秋日气爽，天高云淡，湖中碧波荡漾，杨柳轻拂。事先公安部门做了安排，为保证毛泽东的安全，派了公安人员和家属游湖掩护。毛泽东看到湖面上游船来往，船上有老人、孩子，还有许多青年男女在引吭高歌，一片欢乐气氛。毛泽东高兴地说："游湖的人不少嘛！与民同乐，不亦乐乎！"游艇很快到历

1952 年 10 月，毛泽东在大明湖游船上
（摄影　侯波）

下亭靠岸。毛泽东上岸后，环顾四周，见历下亭四面临水，杨柳环绕，被这秀丽的景色、优美的环境吸引住了，因此，毛泽东看得很仔细。李宇超介绍说，历下亭的修建，应追溯到 1500 年以前，即北魏的"客亭"。历下亭已数易其地，宋朝以后，亭阁已迁到大明湖畔，到清代康熙三十二年（1693 年）才在湖中此地修建。

接着，毛泽东指着"海右此亭古，济南名士多"的对联，对大家说："历下亭闻名天下，主要是因为大诗人杜甫在公元 745 年到齐州临邑看望其弟杜颖，而后来到济南，与当时的著名书法家、北海太守李邕等人相聚历下亭，当时杜甫挥笔写下了《陪李北海宴历下亭》的著名诗篇：'东藩驻皂盖，北渚凌清河。海右此亭古，济南名士多。云山已发兴，玉佩仍当歌。修竹不受暑，交流空涌波。蕴真惬所遇，落日将如何。贵贱俱物役，从公难重过。'"

毛泽东很熟练地背诵完这首诗后，笑着对大家说："'海右此亭古，济南名士多'，便是这首诗中的两句。"

毛泽东转过头来问李宇超："你们山东的王大耳朵和邓恩铭不是常到这里吗？"

44

这下可把李宇超问住了，便摇摇头说："不知道。"

毛泽东笑着说："王尽美和邓恩铭都是你们山东的党的创始人，参加了党的一大。我们在会上看王尽美的耳朵特别大，就叫他王大耳朵。王尽美原来不叫这个名字，叫王瑞俊，参加革命后改名叫王尽美，意思是实现尽善尽美的共产主义的理想嘛！"

说到王尽美改名，他本人还专门为此作了一首诗，表达他为了实现这一崇高理想而献身的决心和革命必胜的信心。他在《肇在造化——赠友人》一诗中写道：

贫富阶级见疆场，尽美尽善唯解放。

潍水泥沙统入海，乔有麓下看沧桑。

为了实现"尽善尽美"的共产主义理想，王尽美和邓恩铭常来这里秘密开会，谈论革命大事。王尽美在这里写下有名的诗句：

无情最是东流水，日夜滔滔去不停；

半是劳工血与泪，几人从此看分明。

说起毛泽东与王尽美的相识及对他一家人的关怀，让人闻之动容。

王尽美原名王瑞俊，1898年出生，山东省莒县人。1919年积极参加五四运动，组织进步团体励新学会，主编《励新》半月刊。1920年与邓恩铭等建立马克思学说研究会、山东共产主义小组。1921年出席中国共产党第一次全国代表大会。会后任中共山东区支部书记、中共山东地方委员会书记。1922年任中国劳动组合书记部山东支部主任。1922年8月，被派往山海关领导工人运动，组织领导了京奉铁路工人、秦皇岛码头工人和开滦五矿工人的罢工斗争。后任中共山东地方执行委员会书记。1924年参加国民党第一次全国代表大会。会后，到济南、青岛等地宣传国共合作，开展国民会议运动。王尽美是中共一大、二大、四大代表。1925年8月19日，在青岛病逝。

中共一大期间，毛泽东与王尽美结下深厚友谊。

1921年6月，王尽美接到中共一大参会通知后，乘轮船到上海。在航行中，他36个小时没合眼，对成立全国共产党的组织激动不已。在上海博文女校，他被一阵浓重的湖南口音吸引了注意力，旁边的人告诉他那是毛泽东。他说："润之！你的《湘江评论》办得真好！你的大作《民众的大联合》目光远大，议论痛快！"

　　毛泽东亦久闻其名："你们的《泺源新刊》也办得不错，文章切中时弊哟！"

　　会议期间，不管是在博文女校的住宿地，还是在嘉兴南湖的游船上，王尽美与注重实践的毛泽东等代表进行了多方面的交流，同时也结下了深厚的革命友谊。

　　一大结束后，王尽美回到北方继续投身革命，1925年，英年早逝。而毛泽东则回到湖南开展农民运动。王尽美与毛泽东相处时间虽短，但勤奋好学、长着两只大耳朵的他却给毛泽东留下了深刻印象。

　　中华人民共和国成立之后，毛泽东曾经多次提起王尽美，怀念昔日的战友。同是一大代表的董必武于1961年写的《忆王尽美同志》一诗深切表达了毛泽东、董必武等对王尽美的怀念之情：

　　　　四十年前会上逢，南湖舟泛语从容。

　　　　济南名士知多少，君与恩铭不老松。

　　1949年9月21日，中国人民政治协商会议第一届全体会议召开之际，毛泽东与各地代表亲切交谈。当他接见山东代表马保三等同志时，深深的怀念之情从心底涌出，毛泽东无限感慨地对马保三等人说："革命胜利了，可不能忘记老同志啊！你们山东要把王尽美烈士的历史搞好，要收集他的遗物。"

　　顿了顿，毛泽东面带笑容，介绍道："王尽美耳朵大，细高挑儿，说话沉着大方，大伙都亲切地称他'王大耳朵'。"

　　那时王尽美已经离开我们24个春秋。在这天翻地覆的24年中，毛泽东日理万机，心中装着多少天下大事啊！可是，王尽美的形象在他心中依然是那么清晰，那么亲切。在座的马保三等人感动得热泪盈眶。马保三当即表示："请主席放心，回去立即办。"

当中共中央山东分局派人在诸城北杏村见到王尽美的母亲时，才得知1930年军阀混战时，王尽美的遗物全被土匪抢走了，仅存一张在土墙里藏了20年的照片。王尽美的母亲走到一块没有苔藓的墙下，哽咽着说："尽美，出来吧，跟娘回家，是毛主席派人接你来的！"说完，她双手拼命地抠土墙，一边抠一边哭诉着："儿呀，毛主席还惦记着你，关心着你呀，你出来同毛主席说说话吧……"土墙抠开了，尽美母亲从里面取出个纸包，小心翼翼地展开，里面是王尽美的照片。中共中央山东分局立即组织人员进行翻拍，从中选出一张最清楚的，连同文字材料送到北京，交给毛泽东。

毛泽东拿起王尽美的照片，深切地端详着，战友之情洋溢于胸中。他把这张照片转寄给上海革命纪念馆。如今全国各地展出的王尽美照片，以及王尽美墓碑上的照片，都出自这张凝结着领袖情、母亲爱的遗照。

这次，毛泽东游览大明湖，当他走到王尽美当年经常开会、谈论革命大事的历下亭时，触景生情，睹物思人，便又说起王尽美。

王尽美烈士（资料照片）

1957年7月，毛泽东由南京飞抵青岛，出席在青岛召开的全国省、市委书记会议。毛泽东到了青岛，睹物思人，深深怀念曾在这片土地上战斗过的王尽美。他向陪同的山东省几位负责的同志说："你们山东有个王尽美，是党的一大代表，是个好同志。听说他母亲还活着，要好好养起来。"

毛泽东环视一下大家，风趣地说："你们如果有困难，就把老人给中央送去。"

在场的几位山东的负责同志全被逗乐了，急忙表示："请主席放心，我们一定把尽美母亲照顾好，让她老人家过一个幸福的晚年。"

这一个个指示、一份份领袖的关怀，深深感动着山东的负责同志。他们即刻落实，把毛泽东的关怀送到王尽美家，送到王尽美母亲心坎里。王尽美母亲从沈阳孙子家回到山东，副省长李宇超亲自派人把老太太接到济南，安置在省交际处院内，与他家同住一个院。李宇超夫妇二人常常挤出时间陪伴王尽美母亲。在省领导无微不至的关怀下，这位饱经风霜的老人度过了幸福的晚年。

1958年5月，老人病重住院。弥留之际，她用极其微弱的声音对她的孙子王乃征说："一定面谢毛主席……"说完安详地闭上了眼睛。

1969年4月，年逾古稀的毛泽东依然念念不忘昔日的战友，特别怀念中共一大代表中那几位为革命事业献身的同志。为此，毛泽东在党的九大开幕式的讲话中说："我们党从1921年成立，到今天已经有48年这么长的时间了。第一次代表大会，只有12个代表。现在在座的还有两个。一个就是董老，再一个就是我。有好几个代表牺牲了，山东的代表王尽美、邓恩铭，湖北的代表陈潭秋，湖南的代表何叔衡，上海的代表李汉俊，都牺牲了……"

毛泽东的讲话改变了在上海劳动改造的王尽美的二儿子王乃恩一家人的命运。上海的造反派头目接到北京电传的最高指示，十分慌张。毛泽东在九大讲话中都提到王尽美了，可是他的儿子还在劳动改造呢，于是急急忙忙宣布释放王乃恩。

王乃恩得知真相后，感慨万千，他从心里感激毛泽东，是他老人家从这次动乱中救了自己。

无论是战火纷飞的年代，还是解放后的和平岁月，毛泽东始终没有忘记王尽美及他的家人，对他们倾注了关怀爱护之情，显示了革命领袖的宽广胸怀和深厚的革命情谊。

在历下亭，毛泽东看完杜甫和李邕的雕像，随后登上游艇，眺望北岸。毛泽东指着北面的一群古建筑问："那些建筑叫什么？"

"那是张公祠、南丰祠。"李宇超回答。

毛泽东兴奋地说："噢！张曜啊！"接着，他又风趣地问大家："张曜怕婆子你们知道不知道？"大家都笑了，说不知道。

这时毛泽东便给大家讲了张曜的故事。张曜是江苏吴江（今江苏省苏州市吴江区）人，少年家贫，给人当雇工，因为打死人逃到河南固始县。不久，有一部分捻军包围了固始县。县令贴榜告示，有能守住县城的，他愿把女儿嫁给他。这时，张曜去找县令，说他可以组织防守。后来张曜挑选了300名壮丁，偷袭了捻军，把捻军打跑了。

这时，正值僧格林沁带兵支援固始县，见张曜表现勇敢，便上呈皇帝，赏他五品顶戴，并亲自做媒，把知县的女儿嫁给了他。不到两年，张曜就升任河南省的布政使。因为张曜一个字也不识，有个叫刘豫楠的御史参他是"目不识丁"布政使，张曜因此由文官改任武官总兵。之后他随左宗棠领兵镇压回民起义。左宗棠因他有功，复奏皇帝，张曜遂升任山东巡抚。

张曜虽然目不识丁，但他的大人很有文才且熟悉吏事。张曜的一切往来公文，主要靠她处理。张曜这个人也很有毅力和志气，刻了一方"目不识丁"的图章，带在身上，并每日跟夫人学习。经过刻苦学习，他竟能通晓文史，字写得也不错。

大家听得津津有味，聚精会神。这时，游艇已达北岸。毛泽东上岸后，看了张公祠，又到东边的南丰祠。这时，毛泽东又讲了南丰祠的来历：曾巩是著名的"唐宋八大家"之一，人称南丰先生。北宋时期，他在任齐州太守期间，为济南人民铲除豪强，兴修水利。人民感激他，便建祠祭祀，以志不忘。

西行走过汇波桥，便看到一座檐角高翘、突兀峥嵘、雄伟高大的楼阁，这就是北极阁。据说，在金元之际，济南道教兴盛，全真教的祖师丘处机就曾在济南传教。这座北极阁始建于元代，上下有

大明湖北极阁（摄影 傅百君）

百级石阶，内有真武帝塑像，所以也叫真武庙。

毛泽东抬头望了望北极阁。这时，李宇超指着两边的地下室说："这是我们攻打济南时，王耀武最后的指挥所。全真教也没帮上王耀武的忙！"

毛泽东回头问许世友："听说王耀武从这里逃出来，差一点跑了？"

许世友摘下帽子，兴奋地回答："9月24日下午，我军全歼内城守军，解放了济南，当时却没有抓到王耀武。这可把我们急坏了，下令全军必须严密把守，认真查询。不久，来了报告，说王耀武在寿光被抓住了。而后我们得知：9月24日上午11时，王耀武看济南失守已定，没有办法了，就由北极阁下了通往城外的坑道出城，后又在一个小村庄里化了装，坐上大车，装扮成有病的商人，逃离济南城。当逃到寿光县境内，被我公安战士和民兵抓获。逃到临城西北的国民党山东省党部主任庞镜唐、逃到高密的第二'绥靖'区副司令官牟仲珩，也都被解放区军民捕获。山东省保安副司令聂松溪也在济南投案自首。"

毛泽东听到这里，哈哈大笑："你们是布下了天罗地网了！整个战役歼敌10万。不简单！这次战役证明了我们人民军队强大的

困，步在大地上书冤

毛泽东与五七车站纪事

攻击能力是国民党军队无法抵御的，使华北、华东两大解放区连成一片，加强了解放区的经济实力，为更好地支援战争打下基础。美联社曾评论道：自今而后，共产党要到何处，就到何处，要攻何城，就攻何城，再没有什么阻挡了。济南战役为淮海战役、平津战役创造了经验和条件。"

毛泽东顺着湖边继续向西走，到了铁公祠环顾了一下，便说："铁铉这个人很有气节。他是河南郑州人，官至兵部尚书。明朝惠帝建文初年，铁铉是山东的参政。当时，朱元璋的儿子燕王朱棣起义造反，带领燕兵南下，想打到南京，夺取他侄子朱允炆的皇位。他围攻济南时，遭到铁铉的抵抗，屡攻不下。铁铉以计焚毁了燕兵的进攻武器，又使千人出城诈降。燕王对此非常气愤，千方百计进攻，三个月仍攻克不下。惠帝知道这个消息后，提升铁铉为山东布政使，不久又提升为兵部尚书。后来，燕兵绕道南下，渡过长江，攻破南京。铁铉陈兵崖上，兵溃被俘。燕王在南京称帝，铁铉被押到南京，反背坐于朝廷大骂燕王，遂被处死，时年37岁。"

毛泽东走出铁公祠，来到佛公祠说："佛伦这个官很爱民。"

大明湖小沧浪亭（摄影 傅百君）

据说清初山东巡抚佛伦，曾帮助长清等地人民凿井取水，因此，以"勤政爱民"著称。

随后，毛泽东漫步来到小沧浪亭。这是一座十分精巧的建筑，红柱黑瓦，朴实无华，有曲径通幽之感。它虽有亭之称，但也可叫"榭"，宽敞、豁亮，有门有窗。毛泽东走到门口，倒背着手，看了书法家铁保写的名对——"四面荷花三面柳，一城山色半城湖"，然后又环顾了一下湖面，望着远处的山色，感叹地说："泉城真是名不虚传！"[1]

闲步在大地上书写

毛泽东与五七车站纪事

---

[1] 山东省档案馆.毛泽东与山东 [M].北京：中央文献出版社，2003:28.

之 叁

两到泺口看黄河
难解黄河不了情

（一）"我们去泺口大坝"

　　1952 年 10 月 27 日下午，在看完大明湖的小沧浪亭后，罗瑞卿请示毛泽东还看些什么，是否到此为止。毛泽东突然说："我们去泺口大坝。"这一决定让大家都愣了，因为毛泽东从来没说过到这个地方去，中共中央山东分局也没准备让毛泽东去。所以，怎么做保卫工作？这时，罗瑞卿和山东陪同人员都劝毛泽东不要去了，但毛泽东坚持一定要去。之后，轿车从大明湖西南门驶出，向北面的泺口大坝方向开去。

　　事实上，毛泽东这次休假来济南，就是冲着黄河来的。

　　"九曲黄河万里沙，浪淘风簸自天涯。"在中华民族几千年的历史中，养育了中华民族的黄河也发生过无数次水患，给沿河百姓带来了数不清的灾难。远的不说，单说在中华人民共和国成立之前

济南泺口黄河段今景（摄影 张崇元）

围
绕
生
在
大
地
上
书
写

毛泽东与五七车站纪事

的十几年时间里，黄河就数度决口，给沿岸人民带来了深重的灾难。其中，最有名的一次黄河决口，是蒋介石在抗日战争期间，为了阻止日军进攻，在河南花园口炸坝，造成黄河水大泛滥，河南、河北、山东等数省人民受灾严重。仅河南一省，由于黄河泛滥而被淹死者，就有百万人，饿死、病死者众多。毛泽东是了解这段历史的。蒋介石炸坝时，中共中央对此举做过否定性评论。毛泽东对蒋介石不顾人民死活的行径表示了极大愤慨。

中华人民共和国成立后，毛泽东即下决心，要治理黄河水患。但是，中华人民共和国成立之初，黄河并没有发生水患。这种情况，没有让毛泽东放松对黄河的关注。毛泽东是从淮河发生水患而想到黄河的。

1950年夏，安徽、河南交界地区突降大暴雨。大暴雨连续下了半个多月并引发了大洪水。洪水迅速顺着淮河河道下流，流到淮北地区时，很快就溢出河道。刚刚获得解放不久、正在进行土地改革的淮北地区，一下子就泡在了洪水里。农民的房屋被冲毁，大片土地被淹没。由于洪水来得突然，许多农民来不及逃跑而淹死。有的农民为了躲避洪水，只好爬到了树上，但被洪水冲来的毒蛇也都爬

到了树上，人蛇共处一树，许多农民被毒蛇咬死。洪水过后，淮北成了一片泽国。人无粮，马无草，许多人饿死。当时，隐藏在淮北地区的国民党特务和反革命分子也趁机造谣说："老天发怒，要共产党坐不稳江山。"在突如其来的自然灾害面前，淮北民众处在惊恐和慌乱之中，生计也陷入了困境。

当时，安徽省委十分关心灾区民众，除了组织抗洪和救济灾民外，还立即组织干部下去调查。调查者的足迹几乎踏遍了整个淮北地区。调查者回来后，以省委的名义写了一份关于淮北灾情的报告。这份报告以加急机要件的形式，疾送北京中南海。

1950 年的夏季，南方大雨，北京却是晴天，火热的太阳把这个古老的城市烤得像蒸笼一般。在这个酷热的夏天，毛泽东正在精心领导着恢复国民经济工作，指导新区进行土改，同时还密切关注着已经爆发了战争的朝鲜局势。关于淮河出现洪水的情况，他早几天就知道了。他很关心洪水造成的民众受灾情况，关注着民众的生产、生活和那里的土地改革工作。但是，当时他还不知道淮河的泛滥给淮北人民造成如此重大的损失。7 月 20 日这天，毛泽东忍受着酷暑，正在菊香书屋批阅文件，他身边的工作人员急匆匆地送来一份机要急件。毛泽东放下手中的文件，打开送来的急件一看，是中共安徽省委关于淮北遭受洪灾情况的报告。毛泽东读着急件，脸上立刻浮现出沉重的表情。当他读到这份机要急件中写的"有些灾民因躲避洪水不及，爬到树上，被毒蛇咬死"这些文字时，不禁流下了眼泪。他在"由于水势凶猛，来不及逃走……"这段话的下边，画上了横线，并在报告上写批语给周恩来："除目前防救外，须考虑根治办法，现在开始准备，秋起即组织大规模导淮工程，期以一年完成导淮，免去明年水患。请邀集有关人员讨论：（一）目前防救、（二）根本导淮两问题。"[1]

[1] 中共中央文献研究室 . 毛泽东年谱（1949–1976）：第 1 卷 [M]. 北京：中央文献出版社，2013:165.

淮河水灾，使毛泽东很自然地联想到黄河。他特别关心黄河的情况。如果黄河泛滥，其程度将会数倍于淮河，将给中国人民带来更大的苦难。因此，毛泽东要求中央水利部门和黄河沿岸各省一定要密切监视黄河水情，要及时把有关情况报到他那里。毛泽东每天休息起来，第一件事就是看关于黄河情况的报告。当确信黄河水情有惊无险时，他才稍稍放心。但是，毛泽东并没有松一口气，他在督促治理淮河的工程时，也把目光投向了黄河。1952年下半年，"三反""五反"运动胜利结束，国内财政经济状况基本稳定。朝鲜战争后期，毛泽东开始集中精力考虑国家建设。而治水是毛泽东当时关心的一件大事。1950年，毛泽东就曾指出："从明年起一定要把水害一条条地治下去，把水害变成水利。"[1]

中华人民共和国成立之初，毛泽东亲自督促了治理淮河工程、荆江分洪工程、官厅水库工程，与此同时，他也把很大精力投放到治理黄河之上。而他构思的治理黄河的重大工程，是引黄灌溉济卫工程。在考虑这一方案时，毛泽东决心亲自去考察黄河。

毛泽东首先亲自确定考察黄河的路线。他决定：从黄河下游考察起，溯黄河而上，考察完历史上有过黄河水灾的流域。具体的路

河南郑州邙山毛泽东坐观黄河塑像（资料照片）

[1] 袁小荣 . 毛泽东离京巡视纪实：上卷 [M]. 北京：人民日报出版社，2016:24.

线为：先到山东境内，从济南黄河段开始，然后到江苏的徐州，再进入河南境内，到兰封县（当年河南省所设县，后与考城县合并，合称兰考县），考察过去黄河决口的地段，然后到古都开封，再到郑州、安阳。毛泽东确定的这条路线，覆盖了历史上黄河水患频繁的下游地区。

接着，确定随行人员。中央政治局在同意毛泽东考察黄河后，对警卫工作提出了严格的要求，打算派中央警卫局的许多人随行。但毛泽东决定从简，除中共中央办公厅主任杨尚昆等人陪同去考察外，他只同意叶子龙和几个身体好的警卫随行。至于水利方面的专家，毛泽东考虑，可采取每到一地，随时请来水利专家咨询的办法，主要以当地的水利专家为主。毛泽东是出于这样的考虑：如果一路带一些水利专家出行，会使他们很辛苦，而这些中央来的水利专家，也不一定了解当地的水利情况。

考察的时间，毛泽东初步确定为1952年10月25日到11月1日。为什么说是"初步确定"？因为毛泽东考虑，在此期间可能会发生许多大事、急事，需要他亲自处理。这样可能会改变考察的时间。时间确定之后，毛泽东对叶子龙说："你去安排一下，不要惊动很多人，也不要打扰地方。今晚就走。"叶子龙晚年回忆道："这是毛泽东的一贯做法，战争年代也是如此，他说走就马上走，说停就立即停。我理解这就叫令行禁止，来不得半点含糊。"一切都准备好后，毛泽东于1952年10月25日乘专列离开北京。

毛泽东乘坐的专列在华北大地上奔驰，毛泽东的思绪也随着车窗外的风景闪过而起伏。26日，当专列开近济南城时，毛泽东按灭手中的烟头，双眼紧盯着车窗外的黄河。滔滔的黄河水，紧贴济南城向东流去。毛泽东觉得，黄河水位似乎比济南城高，便问身边的工作人员有没有这个感觉。身边的工作人员仔细观察后，都说也有这个感觉。毛泽东的心情沉重起来。

在去往泺口大坝的车上，毛泽东问许世友："你知道为什么叫泺口吗？"

"不知道，我没读过多少书。"许世友回答。

毛泽东解释道："泺口也叫洛口，泺和洛通用，当湖水讲。泺口在黄河南岸，济南北边，市内的泺水由此入济水即黄河。"

说到这里，许世友连连称赞说："对，主席记忆力真好。"

毛泽东在泺口大坝脚下下车，兴冲冲地登上大坝，远眺滚滚黄河水，深思后问："这里黄河底比济南城内地面高多少？"有人回答："高6至7米。"毛泽东真切地交代，要把大坝修牢，万万不要出事。

毛泽东在前进中，看到堤外大片卤碱地，问："这是什么原因？"李宇超走到毛泽东身旁，用手指着介绍说："历城北部沿黄河地区，是一段狭长的地带。其东西长52公里，南北宽1.5～2.5公里，有耕地面积25万亩，包括以泺口为重点的吴家堡、西沙、药山、鹊山、华山等15个小乡的十几万群众生活在这里。从古以来，由于黄河的泛滥、变迁、改道，致使泺口一带的河底淤高，地下水位上升，再加上汛期南部山洪下泄，小清河排泄不及顶托倒灌，使这里的15万亩土地越变越坏。历城旧县志《历乘》已有'野生碱卤，

1952年10月，毛泽东在济南泺口视察黄河（摄影 侯波）

地尽不毛'的记载。直至解放前，这里还流传反映黄患的一首歌谣：'春天一片霜，夏天明光光。豆子不结荚，地瓜不爬秧。'"

"黄患！把这里的人民搞得太苦了。"毛泽东愤愤地说。

而后略停片刻，毛泽东问："济水源出何地？"

李宇超说："据汉书《地理志》《水经》记载，济水自河南荥阳以北，分黄河东出，流经原阳县南、封丘县北，至山东定陶县西，折东北注入巨野泽。又自泽北经梁山县东，至东阿旧治西，自此以下至泺口，就归入了现在的黄河河道。"

"泺口从古以来就常常淤断吗？"

"对，是这样的。"

李宇超继续说："从古至济南解放前，这里曾经发生过数不清的屡淤屡断、屡断屡疏的情形，甚至还发生过决口以后连续七八年甚至二十多年堵不住的灾难。为了制止这种恶性循环，我们在此修了大坝。"

"这堵大坝修得好嘛！"毛泽东深沉而又认真地说。

毛泽东听了上述介绍后，面向泺口，凝视着奔腾下泄的黄河水势思考着：7年8年甚至20多年都没有堵住这个决口，给人民造成这么大的灾难。但原因在哪里呢？

许世友看毛泽东神色凝重，便询问说："主席您在想什么？"

"我想，用引黄河水的办法，把那首民谣中所说的'一片霜、明光光、不结荚、不爬秧'的十几万亩卤碱地，改成稻田种水稻，疏通小清河排水，让群众多吃大米少吃地瓜不行吗？"[1]

"好极了。"许世友兴奋地说。

毛泽东对中共中央山东分局的陪同人员说："历城县泺口，自古以来的黄河道，屡次淤断，屡次修复，自从你们修了这堵大堤坝以后，那种在历史上屡淤屡断、屡断屡疏的恶性循环不见了。这样的事情，只有我们共产党人才能做到。如果用引黄河水的办法，将

[1] 山东省档案馆.毛泽东与山东[M].北京：中央文献出版社，2003:30.

◇ 两到泺口看黄河　难解黄河不了情 ◇

泺口这一带的十几万亩卤碱地，改为稻田就更好了。"

在场的同志们异口同声地说："我们一定照主席的设想试试看。"如今，泺口及吴家堡这一带盛产黄河大米，毛泽东的愿望早已变成了现实。

毛泽东还想了解一下黄河山东段的详细情况，但中共中央山东分局的陪同人员只能说些眼前话，详细情况谁也说不出。这时已是黄昏时分，还刮起了风，大家都劝毛泽东回去，并说明关于黄河问题，请黄河水利专家专门汇报。毛泽东在昏暗中看到围观的群众逐渐增多起来，只好默默地下坝返回住地。晚上，中共中央山东分局应毛泽东的要求，指派了一位分管水利的负责同志去见毛泽东。毛泽东与他谈了很长时间，晚饭也是一边谈一边吃，一直到夜里9点多才结束谈话。

（二）"我是到了黄河也不死心"

1959年9月20日上午，毛泽东的专列开进了五七车站。下午，毛泽东在中共山东省委领导的陪同下，又一次到济南泺口视察黄河。

21日上午，山东省委书记舒同在汇报工作时，毛泽东说："全国的大江大河我游了很多，还没有游过黄河。明年夏季我要到济南来横渡黄河。"

一听毛泽东要游黄河，省委领导首先担心的是安全问题。舒同说："黄河水含泥沙太多，水浑浊得很。"毛泽东不以为然地说："有一点泥沙怕什么？上来用水冲一冲就没有了。"

"黄河水流得急，有很多旋涡，有些旋涡很深很大。"在场的领导异口同声地说。

毛泽东说："旋涡也不可怕，你们可以勘察一下嘛！"

毛泽东横渡黄河的决心已经下定，大家便对畅游的时间和地点

1959年9月，毛泽东第二次视察济南泺口黄河大坝（摄影　侯波）

进行了一番讨论，一致认为还是济南泺口这个地段好，时间最好在7月底8月初，至于具体地点定在哪里，还是拟请专家勘察后再定。

最后，毛泽东说："就这样定了，我明年7月中旬或8月上旬来，地点就在济南泺口，你们先找人做点准备。"[1]

事实上，毛泽东早就有横渡黄河的想法。

黄河，是中国第二长河，全长5464千米。它像一头脊背穹起、昂首欲跃的雄狮，从青藏高原越过青海、甘肃两省的崇山峻岭，横跨宁夏回族自治区、内蒙古自治区的河套平原，奔腾于山西、陕西之间的高山深谷之中，破"龙门"而出，在西岳华山脚下掉头东出，横穿华北平原，急奔渤海之滨。喜欢在大江大河中游泳的毛泽东，多次提出要在黄河中游泳，但由于种种原因，终未成行，成了他一生未了的心愿。

毛泽东第一次提出游黄河，是在1948年3月。当时中央决定由毛泽东、周恩来、任弼时率中央前委与军委机关人员赴河北平山西柏坡与中央工委会合。当他们在陕北川口乘上木船东渡时，正值黄河的凌汛期。巨浪夹着冰块不时撞击着渡船，木船颠簸得厉害。这时，毛泽东突然问随行人员："你们谁敢游过黄河？"

卫士孙勇说："我在枯水季节游过黄河，还可以试一试。"

毛泽东说："那好极了！咱俩不用坐船，游过去吧。"

不知谁小声说："今天不行，现在是凌汛期。"

孙勇忙接上说："今天河里有大冰块，不能游了。"

毛泽东哈哈大笑："不能游了？哈哈，你们是不敢啊！"

毛泽东对着黄河水长叹一声说："你们藐视谁都可以，但是不能藐视黄河。藐视黄河，就是藐视我们这个民族。"

船到中流，毛泽东吟道："君不见黄河之水天上来，奔流到海不复回，源头在哪里？"

船靠东岸后，毛泽东再次回望黄河并长叹一声："唉，真遗憾！"

[1] 边学祖. 中流击水——毛泽东游泳纪事[M]. 北京：中央文献出版社，2013:183.

他遗憾未能游黄河。

毛泽东再次提出游黄河，是在1958年8月视察河南农村途中。8月7日下午，当专列由郑州向商丘疾驶时，毛泽东突然提出："天气太热了，我们到黄河里游游泳再到商丘。"

随行的公安部部长罗瑞卿忙说："不行，不行，在黄河里游泳太危险，不行不行。"

"哪儿有那么多不行？"毛泽东说，"坐在这里不动还危险呢！"

"出了危险可不得了，没法向党中央和全国人民交代！"罗瑞卿坚持说。

"不会有危险的。"毛泽东轻描淡写地说道。

当秘书叶子龙、卫士长李银桥和保健医生几个人去轮流劝阻时，毛泽东生气了："前年游长江，你们说这也危险，那也危险，结果呢，很痛快很成功。长江能够征服，我不信黄河就不能够征服。"

罗瑞卿叫来陪同毛泽东的河南省委书记吴芝圃，让他前去劝说。当吴芝圃说到"黄河和长江不同，泥沙大、旋涡多，激流滚来滚去，不适于游泳"时，毛泽东专心听完后反问道："你游过黄河？"吴芝圃说："没有。""是不是别的同志游过没有成功？""没有，我没见谁游过。"毛泽东问道："那你怎么知道黄河不适于游泳啊？"吴芝圃答不上来。

毛泽东说："你们所说的不能游的这理由那理由，都是自己的想象，也是出于对我的安全负责任。其实大风大浪有什么可怕？大风大浪只能吓唬住胆小鬼！"保健医生刚要开口，毛泽东就用手势制止她说："都别说了，明天一定要游黄河。"并将游泳时间定在第二天上午10点钟。

在劝说毛泽东无效的情况下，罗瑞卿和随行人员做好了两手准备。一方面认真做好第二天游泳的各项前期工作，另一方面继续劝说毛泽东。

第二天（8月8日）上午10点左右，各项准备工作就绪，下水地点定在兰考东坝头附近。工作人员从沿岸租来了六只小木船护游，每只船上都配有救生圈。从青岛及时赶到的十多名海军战士已成功地进行了试游。河南省委书记处书记史向生组织人们从岸边铺向水边的木板，由于淤泥太软太深，不能在上面行走。于是罗、吴、史三人再次劝阻毛泽东。这时，卫士长李银桥发现毛泽东昨日的亢奋情绪不见了，原因是毛泽东看到兰考庄稼长势不好，为兰考人民担忧。当罗瑞卿汇报完有关准备情况和困难后，直截了当地说："主席，大家一致意见，还是不同意您这次游黄河。"毛泽东反问："这次不游了，什么时候游？"吴芝圃接着说："把黄河治理好了再游。"

黄河济南槐荫段今景（摄影　张崇元）

用脚步在大地上书写

毛泽东与五七车站纪事

毛泽东伸了一个指头说："还有一条，等兰考人民过上好日子了再游。"

　　1959年2月27日至3月5日，中共中央政治局扩大会议在郑州召开，毛泽东又提出要在适当的时候横渡黄河，并指定要在三门峡下水。之所以如此，是因为治理黄河的第一个大型水利枢纽三门峡水库已经在1957年4月正式投入使用。中央负责同志劝阻无效，用电话通知洛阳地委、三门峡市委事先做好实地调查工作，要求摸清黄河水面、河道情况。领受任务的三门峡市交际处负责同志，经过认真查勘，把游泳下水地点定在黄河南岸会兴镇和北岸茅津渡之

间，上岸地点定在平陆县太阳渡和陕县旧县城处。茅津渡，与风陵渡、大禹渡并称为"黄河三大古渡口"。据相关史书记载："茅津地当水陆要冲，晋豫两省通衢，冠盖之络绎，商旅之辐辏，三晋运盐尤为孔道。"历史上，茅津在春秋战国时，已形成渡口，且是兵家必争之地。

转眼来到6月，气候条件具备了，毛泽东利用南下视察之机，又提出横渡黄河之事。经商议，决定仍用年初时的原定方案，并选调陪游人员、准备必要的船只和救生设备，初步拟订在周六的一个中午进行。后来，毛泽东回到了故乡韶山，接着又赴庐山主持了中央政治局扩大会议（1959年7月2日至8月1日）和中共中央八届八中全会（1959年8月2日至16日）。由于工作繁忙，横渡黄河计划搁浅。[1]

1959年9月20日，从南方返回北京途中的毛泽东，乘专列来到五七车站，后乘轿车到济南泺口视察黄河，又一次确定了横渡黄河的意向。毛泽东当年已66岁高龄，他提出要横渡黄河，不仅说明毛泽东身体健康，水性超人，还充分表达了毛泽东的雄心壮志和征服大自然的大无畏气概。只是后来，因苏联赫鲁晓夫反华以及国内遭受严重的自然灾害等事情的影响，毛泽东来济南横渡黄河的愿望没有实现。[2]

1954年7月，毛泽东在北戴河游泳（摄影 吕厚民）

[1] 边学祖. 中流击水——毛泽东游泳纪事 [M]. 北京：中央文献出版社，2013:178-183.
[2] 山东档案馆. 毛泽东与山东 [M]. 北京：中央文献出版社，2003:117.

说起毛泽东的乐水和欲渡黄河是有其内因和渊源的。

子曰："智者乐水。"毛泽东是智者，他爱水，游泳是他的毕生乐事。毛泽东不仅是智者，还是大智者。与小智者从湖光水色之中参悟恬淡的人生、吟咏婉约的诗情不同，毛泽东更喜欢从怒涛翻滚、一泻千里之中吸取浩然正气，酝酿澎湃之举，获得人生的大智慧。因此，游气势如虹、波涛汹涌的黄河当然是毛泽东的心中之愿。

童年的毛泽东在韶山冲家门前的池塘学会了游泳，17 岁时离开韶山到湘乡乐山高等小学读书，常去环校的小河里游泳。来到湖南第一师范求学期间，更是积极参加"游泳部"活动，经常持久地进行冷水浴和游泳等活动，因此练出了远游的耐久力和秋凉入水的耐寒力。正是通过这些"苦项目"的千锤百炼，为毛泽东在以后的战争环境中战胜无数艰难险阻，为一生从事艰苦繁重的革命工作，打下了坚实的体魄基础。

红军长征到达陕北后，由于身处黄土高原，加之戎机紧迫，毛泽东没有下过水。中华人民共和国成立后，他再度钟情于游泳运动。他在清华大学的室内游泳池游，在中南海游泳池游，在北戴河畅游

1956 年 6 月，毛泽东在武汉横渡长江
（摄影 侯波）

大海，在广州游珠江，在长沙游湘江，在南宁游邕江，在杭州游钱塘江，在武汉、安庆、九江等地多次游长江。

毛泽东还曾想游黄河、黑龙江，甚至畅想着横渡美洲的亚马孙河、美国的密西西比河、印度的恒河。他不但自己游，还号召人们到大江大河里游泳。他说："游泳是同大自然作斗争的一种运动，应该到大海大河中去游泳锻炼。"对于毛泽东来说，水，不仅锻炼了其体魄，更文明了其精神，造就了一代伟人博大的胸怀，赋予了他无穷的人生智慧。[1]

毛泽东作为群众路线的主要创立者，在长期游泳的过程中，他不仅洞悉了水的特性，能在大江大河中如鱼得水，而且体悟出了水的内涵，引发了对水的哲思。他由鱼与水的交融关系联想到党群、干群关系，这无疑是水赋予了他人生的大智慧。毛泽东熟悉古人所言："鱼失水则死，水失鱼犹为水也。"也熟悉列宁所讲："在人民群众中，我们毕竟是沧海一粟，只有我们正确地表达人民的想法，我们才能管理，否则共产党就不能率领无产阶级，而无产阶级就不能率领群众，整个机器就要散架。"[2]然而，作为中华人民共和国主要缔造者的毛泽东想到的更深的一层是，要做到党群关系如同鱼水关系。打江山容易坐江山难，也就是同苦容易同甘难。因此，他明确指出："党群关系好比鱼水关系。如果党群关系搞不好，社会主义制度就不可能建成；社会主义制度建成了，也不可能巩固。"[3]

中华人民共和国成立前夕，党中央从西柏坡搬到了北京郊区，当时警卫人员为了中央的安全，把附近的老百姓迁走了。毛泽东知道后发了脾气："你们把水都排了，老百姓是'水'，共产党是'鱼'，水没了，鱼还有什么安全？还不干死、饿死吗？"毛泽东提醒党员干部"人民就像水一样，各级领导者就像游水一样，你要顺那个水，

[1] 边学祖.中流击水——毛泽东游泳纪事 [M].北京：中央文献出版社，2013:4.
[2] 列宁.列宁选集：第4卷 [M].中共中央马克思恩格斯列宁斯大林著作编译局，译，北京：人民出版社，2012:695.
[3] 中共中央文献研究室.建国以来毛泽东文稿：第6册 [M].北京：中央文献出版社，1992:547.

用脚步在大地上书写

毛泽东与五七车站纪事

不要离开水，不要逆那个水"，要像鱼那样"知水性""明水恩"。

1959 年，毛泽东在济南泺口又一次视察了黄河，并说了一句意味深长的话："人说不到黄河不死心，我是到了黄河也不死心。"[1] 1964 年夏日在北戴河他又说过这句话。

毛泽东为何会有此种感慨呢？这与他"骑马千里走黄河"的未了心愿有关。

毛泽东打算骑马实地考察黄河、长江两岸，这个心愿由来已久。特别是对黄河，毛泽东怀有很深很深的感情。1936 年 2 月毛泽东率红军东渡黄河出征山西。东征前夕，面对冰雪世界，毛泽东写下了脍炙人口的辞章《沁园春·雪》。其中，"大河上下，顿失滔滔"一句，说的就是黄河。

转战陕北期间，毛泽东又专门去看黄河。他若有所思地说："自古道，黄河百害而无一利。这种说法是因为不能站在高处看黄河。站低了，只看见洪水，不见河流。"他无限深情地说："没有黄河，就没有我们这个民族呵！不谈五千年，只论现在，没有黄河天险，恐怕我们在延安还待不了那么久。抗日战争中，黄河替我们挡住了日本帝国主义，即使有害，只这一条，也该减轻罪过。将来全国解放了，我们还要利用黄河水浇地、发电，为人民造福！那时，对黄河的评价更要改变了！"[2]

中华人民共和国成立后，毛泽东第一次明确提出骑马走黄河这个想法，是 1959 年 4 月 5 日在上海召开的中共八届七中全会上。原话是："如有可能，我就游黄河、游长江，从黄河口子上沿河而上，搞一班人做警卫，搞个地质学家，搞个生物学家，搞个文学家，只准骑马，不准坐卡车，更不准坐火车，就骑马。骑骑走走，走走骑骑，一起往昆仑山，然后到猪八戒的那个通天河，翻到长江上游，然后沿江而下，从金沙江到崇明岛为止。我有这个志向，我现在开支票，

[1] 刘继兴. 魅力毛泽东 [M]. 北京：新华出版社，2013:208.
[2] 《缅怀毛泽东》编辑组. 缅怀毛泽东 [M]. 北京：中央文献出版社，1993:65-66.

但是哪一年兑现不晓得。我很想学徐霞客。"[1]

此后，毛泽东又多次说起此事。

1960年3月22日，他乘专列路过济南，请山东省委和原济南军区负责人舒同、杨得志等人上车谈工作，告诉他们："我想骑马沿着两条河考察，一条黄河，一条长江。这个想法至今未能实现。你们赞成不？不一定一年走完，做调查研究。你们如赞成，帮我准备一匹马。沿黄河要走完大概要两年。我还可以调查一点地质。"[2]

1961年3月23日，毛泽东在广州召开的中央工作会议上又说："我很想恢复骑马的制度，不坐火车，不坐汽车，想跑两条线。从黄河的河口，沿河而上，到它的发源地，然后跨过山去，到扬子江的发源地，顺流而下。不要多少时间，有三年的时间就可以横过去，顶多五年。"

1962年4月，毛泽东和即将调到西安工作的机要秘书高智告别时，他要高智为他去陕西走黄河做好准备。他说："我们东渡黄河的事，你还记得吗？我的老青马被挤下黄河，它回头游上了岸。"略停片刻，又说道："转战陕北时，你经常打前站、号房子。这一次，你还打前站，我随后就来。我到陕西后，要骑马沿黄河走一趟。我要走一趟……"[3]

1964年，年逾古稀的毛泽东开始准备将计划付诸实施。他指示身边的工作人员练骑马，查资料，做了各个方面的准备。他还准备组织一个智囊团随行，吸收一些科学家参加，其中有天文学家、地理专家、历史专家等。中央警卫局还秘密组建了一支骑兵大队，以便在需要时跟随他考察黄河。1964年夏天，中央警卫局还把为毛泽东驯养的坐骑运到北戴河，让他骑上走了几圈。他自己也没有料到，

[1] 中共中央文献研究室.毛泽东年谱（1949-1976）：第4卷[M].北京：中央文献出版社，2013:12.
[2] 中共中央文献研究室.毛泽东年谱（1949-1976）：第4卷[M].北京：中央文献出版社，2013:352-353.
[3] 胡哲峰，孙彦.毛泽东谈毛泽东[M].北京：中共中央党校出版社，2000:274-275.

1964 年 7 月，毛泽东在北戴河预备考察黄河（摄影 钱嗣杰）

这是他最后一次骑马。当时工作人员还拍了毛泽东骑在马背上的照片，两侧有人簇拥着。[1]

1964 年夏天，北部湾事件发生，美国扩大了侵略越南的战争，中国南部边疆面临着战争的威胁。这年 8 月 6 日，毛泽东在抗议美国侵略越南的声明稿上批示说："要打仗了，我的行动得重新考虑。"[2]

所谓"我的行动"，即指骑马考察两河之事。

毛泽东为何如此钟情于骑马走黄河呢？有专家学者分析认为：

第一，他要研究治理黄河。因为熟读史书的毛泽东，深知黄河在治国安邦中的重要地位。早在春秋时期，辅佐齐桓公成就霸业的治国良臣管子就曾说过："善为国者，必先除五害。水一害也，旱一害也……五害之中水为大。"千百年来，频繁的洪水灾害，直接危及中国大片精良疆土，直至成为历代王朝霸业兴衰、政权更替的导火索。正因如此，汉武帝率众堵黄河决口，宋太祖御诏疏通黄河

[1] 孟庆春 . 毛泽东的辉煌人生和未了心愿 [M]. 北京：当代中国出版社，2011:294.
[2] 中共中央文献研究室 . 建国以来毛泽东文稿：第 11 册 [M]. 北京：中央文献出版社，1992:120.

1952年10月，毛泽东在郑州邙山头眺望黄河（摄影 侯波）

漕运，忽必烈钦令察河源，康熙帝亲览修黄淮……

可是，中国革命胜利了，黄河洪水还没有被驯服。面对危如累卵的国之忧患，作为东方大国的最高领袖，毛泽东怎能不兴起治服洪灾、安流息波的强烈愿望呢！

正是这种多重情感的驱使，当天下大定、中华人民共和国成立之后，毛泽东第一次出京巡视便选定了黄河。从济南到徐州，从古城开封到悬河岸边，从邙山之顶到引黄渠畔，他一路察看防洪形势，询问治黄方略，展望大河前景。活跃的思维一刻也没有离开这条大河。

在兰考县东坝头，这个一百年前黄河铜瓦厢决口改道的地方，面对令人不安的悬河形势，毛泽东想起了清道光二十三年（1843年）黄河曾发生一场特大洪水，水势汹涌，留下了"道光二十三，黄河涨上天，冲走太阳渡，捎带万锦滩"的民谣。毛泽东关切地问"黄河涨上天怎么办"？面对领袖的千古一问，在场的陪同人员提出"修建水库防御特大洪水"的初步对策，对此他明确表态说"大水库修起来解决了水患，还能为灌溉、发电，为通航提供条件，是可以研究的"，体现了一代伟人对加快黄河除害兴利步伐的迫切愿望。

正是在那次谈话中，陪同者还提出"从长远看，将来还要从长江流域引水入黄河"的远期设想。对此，毛泽东风趣地说："通天河就是猪八戒去的那个地方吧？南方水多，北方水少，如有可能借点来是可以的。能多调一些更好。"[1]

"要把黄河的事情办好！"视察结束时，毛泽东意味深长地留下了这句深重的嘱托。

毛泽东一生都在接受挑战，但对于黄河，他却从不轻言"征服"，不用"修好""根治"之类的字眼，也很少像对长江那样发出响亮的赞美之声，他更多的是仔细品味发生在黄河边的那些历史故事，惦记着千百年来黄河两岸深沉的忧患⋯⋯

伟大领袖的黄河之行，曾使多少人心潮激荡、夜不能寐！

可毛泽东本人似乎对这次黄河之行并不太满意。"那次考察，不过是走马观花，没有看出多少东西。千疮百孔的黄河仍未治好，还没能走上造福人民之路啊。"毛泽东几次对有关人员如是说。

特别是对于三门峡工程，毛泽东更是牵念有加。早在当初批准这个项目开工时，他就明确表示"要修水库，不要泥库"。可是工程建成后还是出现了一些问题，这竟成了他的一块心病。

1952 年 10 月，毛泽东在河南视察黄河（摄影 侯波）

[1] 中共中央文献研究室 . 毛泽东年谱（1949—1976）：第 1 卷 [M]. 北京：中央文献出版社，2013:621.

第二，毛泽东想千里骑马走黄河，还有一层更深的考虑，那就是：借助这次黄河之行，努力打破与外界的阻隔，重新建立自己与中国社会各个阶层的联系。

当年在中央苏区，只要有战斗的间隙时间，他就会找来农民、商人、手工业者，甚至地主，开个调查会。本地的社会结构、风土人情，乃至一块豆腐卖多少钱，哪家的水酒最受欢迎，土布和盐、"洋火"等日用品从哪里进的货，他都了如指掌。在延安，他穿着和农民几乎一样的棉袄，走在街上。各式各样的人都和他打招呼，想停下来就停下来和他聊天，大到边区政策的建议、小到农民骂他的一句闲话，声声能入耳。当时，外有敌人的飞机大炮围追堵截，内有不同路线的纷争，还夹杂着共产国际不停地"指手画脚"，一天也没有让人安生过。28年无数的艰难曲折，他走得扎实，是从实践中来到实践中去的，一步一个脚印，步步落在实处。

中华人民共和国成立后，情况不同了。战场上的敌人是看得见的，经济建设这个对手却面目不清，并且一切事情似乎都那么顺利。而后，毛泽东身居红墙内，几乎听不到来自老百姓直接的声音，大多数情况是靠听汇报、看文件了解情况的。毛泽东不止一次地说过，中央领导机关只是一个制造思想产品的加工厂，如果不了解下情，

1939年，毛泽东在延安杨家岭同农民亲切交谈

1961 年 8 月，毛泽东在庐山
（摄影 李进）

没有原料，也没有半成品，怎么能出产品？所以只要有可能，他从不放弃出去走走的机会。

1961 年 8 月在庐山，有一天毛泽东和他的警卫员张仙鹏聊天，谈自己的志愿。毛泽东说："我有三大志愿，一是要下放去搞一年工业，搞一年农业，搞半年商业，这样使我多调查研究，了解情况，我不当官僚主义，对全国干部也是个推动。二是要骑马到黄河、长江两岸进行实地考察，地质方面我缺少知识，要请一位地质学家，还要请一位历史学家和文学家一起去。三是最后写一部书，把我的一生写进去，把我的缺点、错误统统写进去，让全世界人民去评论我究竟是好人，还是坏人。我这个人啊，好处占百分之七十，坏处占百分之三十，就很满足了。我不隐瞒自己的观点，我就是这样一个人，我不是圣人。"[1]

可是，人一旦到了至高无上的境地，就连实现最起码的要求也成了一种奢望。他似乎怎么也无法走出这座"围城"。

毛泽东觉得再也不能这样继续下去了，也许这正是他要走出丰泽园，走出菊香书屋，凭借黄河再度"突围"的真正原因。

[1] 郭思敏. 我眼中的毛泽东 [M]. 北京：河北人民出版社，1990:97.

三到济南调研
推进贯彻过渡时期总路线

跟着毛在大地上书写

毛泽东与五七车站纪事

  从 1953 年到 1956 年这 4 年间，为了了解过渡时期总路线的贯彻情况，毛泽东曾先后 14 次离京，调查农村情况和合作化运动，商讨农业发展规划，探讨工商业改造，主持起草《中共中央关于资本主义工商业改造问题的决议》。这期间曾 3 次到山东济南调研听取汇报，两进五七车站，多次对山东和济南的合作化运动开展和工商业改造进行具体指导。同时，对山东和济南在贯彻过渡时期总路线方面创造的一些经验及时写出批语、序言，给予肯定和推广，以此指导全国范围的工作。

（一）调查农村情况

1953 年底，抗美援朝即将结束，国民经济基本恢复。根据毛泽东提出的党在过渡时期的总路线，全党的工作开始转向工商业和农业的社会主义改造。为了适应这一情况，党中央考虑着手进行新宪法的起草工作，成立了以毛泽东为首的宪法起草小组。

12 月 24 日，毛泽东带领宪法起草小组赴杭州，组织起草新中国第一部宪法，对外则称"休假"。出发前毛泽东主持召开中央政治局会议，决定委托刘少奇代理中央主席。为了防止党的分裂，毛泽东在这次会议上提出：起草一个关于增强党的团结的决议。会议一结束，下午 4 点，毛泽东带领宪法起草小组，乘专列离开北京。25 日上午，专列途经济南，在济南火车站停车。时任中共中央山东分局代理第一书记向明登上了专列，向毛泽东汇报了工作。

毛泽东行进途中仍然在处理国家大事。在济南，随行的杨尚昆致电刘少奇："我们十时半过济南，奉指示转告，请你根据昨日中

1953 年 12 月，毛泽东在杭州起草修改《中华人民共和国宪法（草案）》
（摄影 侯波）

央政治局会议精神，写一篇关于增强党内团结的决议，字数在五百字左右为限，写好经中央会议讨论修改后，派飞机送到目的地，以备审阅。"[1]

1954 年底，一些部门和人士不断反映：统购统销、合作化和社会主义商业改革，引起各地不满，有些已经影响到社会稳定和生产积极性。这引起毛泽东的注意，他想到各地跑一跑，调查了解农村的实际情况。

1955 年 1 月 4 日晚，毛泽东乘坐的专列停靠在西郊专用线。5 日，毛泽东在专列上与中共山东省委第一书记舒同、第二书记谭启龙谈话。舒同、谭启龙主要谈了以下问题：（一）向明问题[2] 和若干干部问题；（二）如何改变山东的党的工作作风问题；（三）农业生产和农村中紧张状态问题；（四）工商业问题。[3] 毛泽东就这四个问题做了重要指示。

舒同、谭启龙反映：山东工作中，在作风上已习惯于"单打一""片块包干""大呼隆"的办法，要改变这种作风，还需长期工作才行。舒同提出"七要""七不变"。[4]5 日下午 3 点，专列离开济南继续北上。

通过调研，在农业合作化问题上，毛泽东的指示精神还是要发展（当然要巩固）而不是大大地收缩。1955 年 5 月 16 日，毛泽东在有关省、市委书记会议上，着重谈了农业合作化问题。他说："合作化问题，也是乱子不少，但大体是好的。不强调大体好，那就会犯错误。在合作化问题上，有种消极情绪，我看必须改变，再不改

[1] 中共中央文献研究室. 毛泽东年谱（1949-1976）：第 3 卷 [M]. 北京：中央文献出版社，2016:211-212.

[2] 向明，原任中共中央山东分局代理第一书记等职。1955 年因所谓参加高岗、饶漱石反党联盟问题，被撤销党内职务。1955 年 10 月被开除党籍。1963 年 5 月，中共山东省委关于向明问题的甄别情况报告说，省委 1955 年 9 月向中央作的《关于检查领导情况及其向明同志处理意见的报告》和 1957 年 6 月向中央作的《关于以向明为首的反党宗派集团专案审查报告》是错误的，决定予以撤销，恢复向明的党的生活。1980 年中共中央撤销了对向明所作的参加高饶反党联盟的结论和处分，给予平反。

[3] 中共中央文献研究室. 毛泽东年谱（1949-1976）：第 2 卷 [M]. 北京：中央文献出版社，2013:333-334.

[4] 山东档案馆. 毛泽东与山东 [M]. 北京：中央文献出版社，2006:604.

1955 年 8 月，毛泽东为《中国农村的社会主义高潮》写按语（摄影 吕厚民）

变就会犯大错误。对于合作化，一曰停，二曰缩，三曰发。缩有全缩，有半缩，有多缩，有少缩。社员一定要退社，那有什么办法。缩必须按实际情况，片面地缩，势必损伤干部和群众的积极性。后解放的地区就是要发，不是停、不是缩，基本是发。有的地方也要停，但一般是发。华北、东北老解放区里面，也有要发的。比如山东百分之三十的村子没有社，那里就不是停，不是缩，那里就是发。该停者停，该缩者缩，该发者发。"[1]

1955 年 6 月 2 日至 23 日，毛泽东第三次对农业合作化运动进行调查研究，进一步坚定了他加快农业合作化运动的思想。正是在他这一思想的指引下，山东农业合作化运动蓬勃发展，涌现出许多先进典型。1955 年 8 月 7 日到 9 月 5 日，毛泽东在北戴河编写了《中国农村的社会主义高潮》，收入了山东四个农业合作社的先进经验材料，并分别写了按语。在为《莒南县高家柳沟村青年团支部创办记工学习班的经验》一文写的按语中说道："这个经验应当普遍推行。列宁说过：'在一个文盲充斥的国家内，是建成不了共产主义社会的。'我国现在文盲这样多，而社会主义的建设又不能等到消灭了文盲以后才去开始进行，这就产生了一个尖锐的矛盾。""现在我国不仅有许多到了学习年龄的儿童没有学校可进，而且还有一大批超过学龄的少年和青年也没有学校可进，成年人更不待说了。

---

[1] 中共中央文献研究室. 毛泽东年谱（1949-1976）：第 2 卷 [M]. 北京：中央文献出版社，2013:375-376.

这个严重的问题必须在农业合作化的过程中加以解决，也只有在农业合作化的过程中才能解决。""农民组织了合作社，因为经济上的需要，迫切地要求学文化。农民组织了合作社，有了集体的力量，情况就完全改变了，他们可以自己组织学文化。""山东莒南县高家柳沟村的青年团支部做了一个创造性的工作。看了这个情况，令人十分高兴。教员是有的，就是本乡的高小毕业生。进度是快的，两个半月就有一百多个青年和壮年学会了两百多字，能认自己的工账，有些人当了合作社的记账员。"为《曲阜县（今曲阜市）第三区陈家庄农业合作社的经验》写的题为《一个在三年内增产百分之六十七的农村生产合作社》的按语中说道："这是一个办得很好的合作社，可以从这里吸取许多有益的经验。曲阜县是孔夫子的故乡，他老人家在这里办过多少年的学校，教出了许多有才干的学生，这件事是很出名的。可是他不大注意人民的经济生活。他的学生樊迟问起他如何从事农业的话，他不但推开不理，还在背后骂樊迟做'小人'。现在他的故乡的人民办起社会主义的合作社来了。经过了两千多年仍然是那样贫困的人民，办了三年合作社，经济生活和文化生活都开始改变了面貌。这就证明，现在的社会主义确实是前无古人的。社会主义比起孔夫子的'经书'来，不知道要好过多少倍。有兴趣的去看孔庙孔林的人们，我劝他们不妨顺道去看看这个合作社。"[1] 在为《荣城县（今荣城市）楼下村黎明农业合作社制订三年生产规划的经验》写的按语中说道："这个规划有用，可作各地参考。一切合作社，均应做一个几年的生产规划，经过社员多次讨论，加以修改，然后付诸实施。"在为《莒南县委关于农业合作社发动社员投资的情况报告》写的按语中说道："这个合作社的经验也证明，适当地，不是过多地，并且是在启发社员有了充分的觉悟以后，对于贫苦社员又加以照顾等项条件之下，发动社员投资，解决合作社生产资金不足的困难，是完全可能的。"[2]

[1] 中共中央文献研究室. 毛泽东年谱（1949-1976）：第 2 卷 [M]. 北京：中央文献出版社，2013:487-588.
[2] 山东档案馆. 毛泽东与山东 [M]. 北京：中央文献出版社，2003:598-599.

（二）商讨农业发展规划

　　1955 年 10 月上旬，中共七届六中全会以后，毛泽东关于农业合作化的思想已为中央和各地领导所接受，为农业的社会主义改造高潮奠定了基础。这个时候，毛泽东又谨慎起来。11 月 1 日他为转发中共江苏省委 12 月 27 日的报告、山东省委 10 月 25 日的报告，起草中央批语。批语指出："现将江苏省委和山东省委关于在发展了一大批合作社之后，如何完成整顿工作，使他们巩固起来，以利明春大规模地发展农业生产的报告，发给你们参考。全国各省、市、自治区，都可以将合作社的建设整社工作提早一季，即夏季完成建社的准备工作，秋季完成建社工作，冬春两季完成整社工作。合作社大发展一批以后，区乡干部感到问题很多，担子很重，难以解决，这种情况是存在的。其实，这是不难解决的。其办法，就是在每一个乡里，抓住一个至两个问题最多的合作社，深入进去，加以研究，找出解决的办法，就可以引导该乡一切合作社迅速地仿照办理。在这里，建立乡、区和县的合作网的组织，是很有用的。这一点，请你们向县乡干部加以强调。至于按照计划大发展一批合作社以后，及时地宣告停止发展，使运动转到整顿阶段，这是完全必要的。按照上述的季节规划，一年只有一季是发展的时间，其余各季都是整顿和准备发展的时间。其余各季也可以有一些零星的个别的发展，但是主要的发展时间只有一季，并且还只需一季中的两个月，这样就可以基本上避免由于漫无限制而引起的'左'倾错误。因为有了这样的有计划的发展和整顿，合作化的总的进展是好的，有一些县、一些区和一些乡，由于种种原因，合作社发展少一些，也就不要紧了，在以后几年中逐步地跟上去就好了，不要怕被批评为右倾机会主义。从现在起，全国各地的要求，主要是合作社的质量问题，而不是数量问题。因为数量问题已经引起全党注意，而质量问题则还没有引起全党注意。"毛泽东批示："即送刘、邓先阅，再送周、朱、陈、

谭震林、子恢、鲁言即阅后，先后另印如前示。"[1]

1955年11月1日晚7点，毛泽东主持召开中共中央书记处扩大会议，会后即当日晚9点25分，乘专列离开北京南下，沿途调查了解农业合作化和农业生产等情况。

晚11点50分，专列途经天津，停车1小时，毛泽东与中共天津市委书记黄火青、副市长万晓塘谈话。

2日凌晨6点58分，专列途经德州，停车1小时。中共德州地委书记朱永顺登上专列，向毛泽东重点汇报了整社与建社两个问题。据朱永顺回忆：

主席问："你们这里农业合作社的情况怎么样啊？"于是我便分整社和建社两部分向主席做了汇报。汇报过程中，主席不时问话或插话，有时还拿起铅笔做记录。例如当我谈起整顿现有合作社和建立新的合作社的关系时，主席说："要把现有的合作社办好，这样就有吸引力了。"当我汇报到绝大多数农业合作社比单干和互助组增产时，主席说："合作社一定要增产，不增产办合作社干什么。"当我讲到加强对整社工作的领导时，主席问："省委有没有人到这里来？"我说省委常委、秘书长王路宾同志曾来指导工作。主席问："你们的县委书记是不是都亲自动手抓合作社？"我说："都亲自抓了。"主席说："要书记动手，全党办社。"[2]

2日中午10点43分，毛泽东的专列开进济南五七车站。毛泽东与浙江省委书记并主持华东局工作的谭震林、山东省委书记舒同谈话。下午1点结束。晚9点10分，毛泽东与济南市委书记、副书记、市长谈话，晚9点55分结束。后专列开往泰安。

11月中旬，毛泽东在杭州召集华东[3]、中南[4]九个省（市）

[1] 中共中央文献研究室.毛泽东年谱（1949-1976）：第2卷[M].北京：中央文献出版社，2013:461-462.
[2] 袁小荣.毛泽东离京巡视纪实：上卷[M].北京：人民日报出版社，2016:198-199.
[3] 华东（华东地区），是我国东部地区的简称，中华人民共和国成立初期，曾为我国六大一级行政区之一。淮河以北为温带季风气候，以南为亚热带季风气候，辖区相当于现在的上海、江苏、浙江、安徽、福建、山东和台湾等地。
[4] 中南（中南地区），是我国中南部区域的简称，中华人民共和国成立初期，曾为我国六大一级行政区之一。辖区相当于现在的河南、湖北、湖南、江西、广东、广西和海南等地。

围绕毛主席在大地上书写

毛泽东与五七车站纪事

1954年冬，毛泽东在顺义县（今北京市顺义区）农村（摄影　吕厚民）

的书记开会，商讨农业发展规划，提出了 15 条意见。附带谈了工商业改造的问题。会议开始，毛泽东以商量的口吻，讲了有关发展农业的 15 条意见。他说，这 15 条意见是他从北京出发，路经天津、济南到达杭州，一路上到各地进行调查研究，召开了很多有各种人参加的小型座谈会，逐步形成的。

18 日，毛泽东离开杭州返京。20 日，专列途经天津，毛泽东召集北方几个省的省委书记和内蒙古自治区党委书记开会，在杭州会议讨论的基础上，增加了两条，成为《农业十七条》。农业合作化的提速和农业十七条的提出，大力加快了农业社会主义改造的步伐。这也在逼着工商业社会主义改造加速。

事实上，1955 年 10 月上旬，中共七届六中全会结束以后，毛泽东关于农业合作化的思想已为中央和各地领导所接受。在这种情况下，中央开始考虑加快工商业的社会主义改造。10 月 27 日毛泽东在颐年堂和怀仁堂两次约见工商界的代表人物谈话，勉励民族资产阶级要认清社会的发展规划，掌握自己的命运，走社会主义道路。第二次谈话后，毛泽东去杭州，除召集部分省委书记座谈农业发展

1955 年 10 月，毛泽东在北京约见工商界代表（资料照片）

规划外，就是主持起草《中共中央关于资本主义工商业改造问题的决议》。[1]

　　后来毛泽东谈这次出巡，说："在一九五五年十月的工商界座谈会上，我曾说《打渔杀家》中的萧桂英临走时还爱惜家具是有道理的。后来我去济南、徐州调查，还到曲阜、宿县、蚌埠、南京、苏州、上海、松江、杭州等地调查。他们说，资本主义工商业社会主义改造的全面完成，不是到一九六二年的问题，几个月就差不多了。上海的马天水说，工商界两头小，中间大，先进的、中间的、落后的各占百分之二十、六十、二十。苏州的一位女副市长，她先讲工商业有四条优点，再讲缺点，先鼓励后批评，又鼓励又批评，很好。据山东济南对二千六百个工商户的统计，先进的占百分之二十五，中间的占百分之五十，落后的占百分之二十五。当地的同志还很不满意，说中间的、落后的这么多。我就很满意，落后的只有百分之二十五嘛！"[2]

　　11 月中旬，毛泽东主持起草了《中共中央关于资本主义工商业改造问题的决议》，其中就吸纳了山东济南的一些调研成果。

[1] 薄一波. 若干重大决策与事件的回顾：上卷 [M]. 北京：中共中央党校出版社，1991:407.
[2] 袁小荣. 毛泽东离京巡视纪实：上卷 [M]. 北京：人民日报出版社，2016:196—197.

之 伍

走进珍珠泉礼堂
宣讲正确处理人民内部矛盾

（一）"都是要用整风的办法"

　　1956 年到 1957 年，我国社会处在一个急剧变动的时期，敌我矛盾地位下降，人民内部矛盾地位上升，成为政治、经济生活的主题。这一变动，不仅是一个新问题，还是一个事关全局的大问题。对人民内部矛盾处理得及时，处理得好，可以增强人民的团结，调动人民群众的积极性，促进社会的稳定和社会主义建设事业的发展。

　　1956 年 12 月 4 日，毛泽东在给黄炎培的信中，第一次明确提出敌我矛盾和人民内部矛盾的概念。他说："社会总是充满着矛盾，即使社会主义和共产主义社会也是如此，不过矛盾的性质和阶级社会有所不同罢了。既有矛盾就要求揭露和解决，有两种揭露和解决的方法：一种是对敌（这说的是特务破坏分子）我之间的，一种是人民内部的（包括党派内部的，党派与党派之间的）。前者是用镇压的办法，后者是用说服的办法，即批评的办法。我们国家内部的阶级矛盾已经基本解决了（即是说还没完全解决，表现在意识形态方面的，还将在一个长时期内存在。另外，还有少数特务分子也将在一个长时期内存在），所有人民应当团结起来，但是人民内部的问题仍将层出不穷，解决的办法就是从团结出发，经过批评与自我批评，达到团结这样一种方法。"[1]

正确认识和处理人民内部矛盾，成为毛泽东在 1956 年和 1957 年之交关注和思考的重点。1957 年 2 月 27 日，毛泽东在最高国务会议第十一次（扩大）会议上，明确提出"今后的主要任务是正确处理人民内部矛盾，以便团结全国各族人民进行一场新的战争——向自然界开战，发展我们的经济和文化，建设我们的新国家"。毛泽东在这次会议上的讲话，经过修改和补充，同年 6 月 19 日以《关于正确处理人民内部矛盾的问题》为题在《人民日报》上发表。贯穿全文的基本思想是：把正确区分和处理人民内部矛盾，作为社会主义国家政治生活的主要内容。文章指出，社会主义社会的基本矛盾仍然是生产关系和生产力之间的矛盾，上层建筑和经济基础之间的矛盾。但同阶级对抗社会的矛盾根本不同，它是一种相适应又相矛盾的情况，不具有对抗性，可以经过社会主义制度本身，不断地得到解决。毛泽东全面地分析了各种类型的人民内部矛盾，系统地论述了正确处理各种矛盾的方针政策，指出，要用民主的办法，用团结——批评——团结的公式，作为从政治上处理人民内部矛盾的原则；解决经济领域的矛盾，应依据发展生产，统筹安排，兼顾国家、集体和个人三者利益的原则；科学文化上的问题，应采取"百花齐放，百家争鸣"的方针；在与民主党派关系上，应实行"长期共存，互相监督"的方针等。毛泽东对社会主义基本矛盾的论述，特别是关于两类不同性质矛盾的观点，以及正确处理人民内部矛盾

[1] 中共中央文献研究室 . 毛泽东年谱（1949-1976）：第 3 卷 [M]. 北京：中央文献出版社，2013:42-43.

的原则、方针和方法，都是具有重大意义的理论创新。因为马克思、恩格斯未曾经历社会主义的实践，不可能就此发表明确见解。列宁在他短暂的社会主义实践中，也来不及对此进行具体的研究。而斯大林在苏联进入社会主义社会前把当时的矛盾归结为内部和外部两类。他指出，一种矛盾是内部的矛盾，即无产阶级和农民之间的矛盾。另一种矛盾是外部的矛盾，即我们这个社会主义国家和其他一切资本主义国家之间的矛盾。[1]1936 年苏联宣布进入社会主义社会后，他就认为社会主义社会内部没有矛盾了，如果有矛盾，那只有外部的矛盾了。这一错误认识，导致他长期混淆国家政治生活中两类不同性质的矛盾，肃反严重扩大化，造成了极大损失。斯大林逝世后，苏联理论界一直未形成统一的正确意见，更未形成系列的理论。所以毛泽东关于正确处理人民内部矛盾理论的创立，是对马克思主义理论的极大丰富和发展，为马克思主义政治学说增添了新内容，对探索社会主义社会的规律具有重大的理论价值。

然而在当时，党内还没有这样的共识。在 1956 年的下半年，国际上发生了两件大事，一是苏共二十大反斯大林，二是波匈事件。国际上掀起一股反共高潮，国内也有些人蠢蠢欲动，一些地方发生群众闹事。怎么看形势，怎么应对形势，党内有不同声音。毛泽东分析了国际国内形势，分析了国际共产主义运动的历史经验，提出正确处理人民内部矛盾的问题，主张百花齐放、百家争鸣；通过争鸣、思想斗争、共产党整风，化解矛盾，加强和改进共产党的领导，团结各阶层群众。毛泽东的这些思想高瞻远瞩，在国际共产主义运动中，非常有创造性，也深刻地反映了毛泽东的个性。但毛泽东的这些思想，与党内的传统和通行做法不同，在党内遇到了很大阻力。党内党外反应截然不同。为此，毛泽东离开北京，直接向基层游说，到各地宣讲他的思想。[2]

[1] 斯大林.斯大林选集：上卷 [M].中共中央马克思恩格斯列宁斯大林著作编译局，译，北京：人民出版社，1979:336.
[2] 袁小荣.毛泽东离京巡视纪实：上卷 [M].北京：人民日报出版社，2016:262.

1956 年 3 月 22 日晚上，毛泽东在杭州刘庄会见捷克斯洛伐克总理西罗基时说："我们很穷，一下子富不起来，人口又多，急不得。我们总的情况是好的，但矛盾还有很多。斯大林在很长的一段时期内，不肯承认社会主义社会有矛盾，把人民的某些不满、人民对政府的批评这些人民内部的矛盾看成是阶级矛盾，当作敌人处理，结果打错了许多人。鉴于这种教训，我们把矛盾分成两种。第一种是阶级矛盾，我们基本上已解决。第二是人民内部的矛盾。对人民内部的矛盾则应用民主的方法，但这种民主应该是有领导的民主，不是无政府主义。在人民内部民主和集中的关系是很重要的。我现在正在反复说明这个道理，到处进行游说，成了一个演说家。"[1]

1957 年春，毛泽东 4 天之内到了天津、济南、徐州、南京、上海、杭州。每到一地，都在干部会议上做关于正确处理人民内部矛盾的宣传报告，讲知识分子问题、青年问题、长期共存问题，讲人民内部矛盾的问题。他忧国忧民，一路风尘仆仆。

1957 年 3 月 18 日早晨，毛泽东的专列开进五七车站。下午，毛泽东在专列上同山东省委负责人舒同、赵建民、李广文、师哲、夏征农等谈话。晚上，他到山东省政府大礼堂做报告。

地处济南旧城中心的珍珠泉位于风景秀丽的大明湖畔。历代统治者多在此地建造王府和官邸。明代成化年间，德王朱见潾建府邸于此。那时这里楼台水榭，金碧辉煌，石桥曲径，花木奇异，真是美不胜收。明崇祯十二年（1639 年），清兵攻陷济南，楼阁大部分被烧毁。清康熙五年（1666 年），山东巡抚周有德在此改建山东巡抚公署，民国时改为督府和省府。抗日战争爆发后，军阀韩复榘弃城逃窜时，放火焚烧，使这里的建筑化为灰烬。解放后政府重新修整珍珠泉，广植花木，叠山垒石，这里变得水清花俏，美丽多姿。新建起的一座古色古香、宏伟壮观的礼堂，成为山东各界代表经常聚会的地方。

---

[1] 中共中央文献研究室 . 毛泽东年谱（1949-1976）：第 3 卷 [M]. 北京：中央文献出版社，2013:124.

1957年3月，毛泽东在济南珍珠泉礼堂（摄影 侯波）

　　1957年3月18日晚7点，这座颇具民族风格的礼堂，楼上楼下，座无虚席，山东省直机关党员干部聚集在这里，等候聆听中央领导人的报告。

　　蓦然，几位领导人缓步向主席台走去。

　　毛泽东身着银灰色的中山装，频频向全场代表挥手致意。他健步走上讲台，台下随即爆发出经久不息的掌声。中共山东省委第一书记舒同十分激动地对大家说："下面请毛主席给我们作重要报告，大家欢迎！"话音未落，又响起一阵暴风雨般的掌声。

　　毛泽东擦着火柴，点燃一根香烟，开始了深入浅出又语重心长的讲话。

　　他针对1956年下半年机关干部评级中出现的一些思想问题，从正确处理人民内部矛盾谈起。毛泽东说："去年下半年以来，我们党里头，社会上，人们的思想有一些乱，批评共产党的人多了，党外人士比过去敢于讲话了，敢于讲我们党的缺点了。"讲到这里，毛泽东用慈祥、睿智的目光环视全场，发现大家都低头在做记录。于是，毛泽东微笑着对大家说："同志们最好不要记录，记录就妨

碍听，我倒不是要守什么秘密，我跟你们交换意见，你们记录，人就忙，不记听得舒服些嘛！"

　　接着，毛泽东正确地估计了全国的形势，又操着他那浓重的湖南口音讲："有人说共产党不能领导科学，对社会主义有没有优越性也发生怀疑了。有一些人讲社会主义没有优越性，合作社办得不好。有一些知识分子讲，美国比中国好，比苏联好。去年这一年，特别是下半年，人民内部闹事也发生了不少。报纸上，小品文、讽刺文章多起来了，批评缺点，冷嘲热讽。在这种情况下，有些共产党员、共青团员就跟着资产阶级走，否定一切，不加分析，把情况看得比较坏。另外一些共产党员就不服气，说：'都是百花齐放、百家争鸣这两条闹出来的。'所以，我们党里头有两种人。一种人，外面讲什么，他们就跟着讲；另一种人就想收，谁不听话的时候就想压一下子。这是现在的情况。当然，外国的事情对我们有影响，比如苏共二十大把斯大林批评了，后头发生波兰、匈牙利的事件，国际上有反苏反共的风潮。还有我们工作中的错误，无论是肃反、土改、社会主义改造的工作中间，都有主观主义的错误，有官僚主义的错误，也有宗派主义的错误。这些引起一些人的思想混乱。有外国的影响，但主要还是我们国内的原因。"

　　话到这里，他吸了口烟，寻根求源地说："我们现在处在这么一个时代，就是大规模的阶级斗争基本上结束，社会主义改造基本完成，这是第八次代表大会作了结论的，这个结论是合乎情况的。人民内部的问题多起来了，就暴露出来许多思想问题，就有一些乱了。过去是不是有思想问题呢？过去有的，实际上我们刚进城那几年更乱一些。但是，那些不同的意见，那些意见分歧，被大规模的阶级斗争所掩盖了。去年上半年，阶级斗争基本结束，所谓基本结束，就是说还有阶级斗争，特别是表现在意识形态这一方面。只说基本结束，不说全部结束。这一点要讲清楚，不要误会。这个尾巴要吊很长时间。特别是意识形态这一方面的阶级斗争，就是无产阶级思

＊

围绕步在大地上书写

毛泽东与五七车站纪事

想跟资产阶级思想的斗争，这个争鸣是要争几十年的。"

接着，毛泽东又循循善诱地讲："刚才讲有阶级斗争，特别是表现在意识形态上面的，我们是把它当作内部矛盾来处理的。'百花齐放，百家争鸣'，还有'长期共存、互相监督'，这些方针在我们党里头还有相当多的同志不甚了解，有一些同志不大赞成这样的方针。采取这些方针有什么理由呢？'百花齐放、百家争鸣'，是一个使得文学、艺术、科学能够繁荣起来的一种方法，也是一条方针。至于'长期共存、相互监督'，其就是因为我们这个党功劳太大，在中国社会的威望太大，这就发生一个危险，容易包办代替，用简单的行政命令行事。所以，我们特地请几个民主党派来监督我们，并且跟我们长期共存。所以，现在的方针不是收，而是还要放，现在还是放得不够。思想的问题，精神方面的问题，不是用粗暴的方法能够解决的。我们应该提倡大家公开民主地讨论、平等地讨论，互相争辩，这样的方法就是用说服的方法，不用压服的方法。如果我们是采取放的方法，采取说服的方法，我们的国家就会兴盛起来。专政是对付敌人的，民主是对人民的。人民内部的关系是一种民主的关系。如果我们搞错了，把专政的范围扩大到人民内部，凡是有矛盾、有问题的时候就用压服的方法，那么我们这个国家就可能受到很大的损失。而且总有一天要回过头来，有压服不了的时候。人民内部矛盾发展起来了，但不要压服，不要用行政命令，这样一来是不是很危险？据我看，没有什么危险。不同的意见只会因为辩论、民主地讨论而得到正确的解决，得出真理。文学艺术方面会更活泼，会发生创造性，科学方面会更加发展起来。这种功效不是一年两年看得出来的，可能要十几年到几十年才能看得出它的效力来。阶级斗争基本结束，我们的任务转到什么地方？就是要转入到搞建设，率领整个社会，率领六亿人口，同自然界作斗争，把中国兴盛起来，变成一个工业国。现在社会主义同资本主义两种制度的斗争谁胜谁负的问题解决了没有呢？按照八次大会所说的，基本上分了胜负的，就是资本主义失败了，社会主义基本上胜利了。是不是最后胜利呢？那还没有。最后胜利还要有一个时期，大概要三个五年计划。至于两种思想的斗争，资产阶级思想同无产阶级思想，马克思主义同非马克思主义的斗争，意识形态方面的谁胜谁负，那就要更长一点了。我们国家是文化落后的国家，要好好利用知识分子的队伍。在我们这个国家，知识分子是相当值钱的，我们一天也离不开他们。所以，我们要争取他们，在世界观这个问题上，要使他们变成无产阶级知识分子。这大约需要经过三个五年计划的时间。到那个时候，马克思主义就可以取得决定性胜利。我们要争取知识分子，要争取党外人士，就先要做一件事情，就是先把自己的作风整顿一下。我们党现在准备开展一次整风运动。整风是用批评和自我批评解决党内矛盾的一种方法，也是解决党同人民之间的矛盾的一种方法。要经过整风，把我们党艰苦奋斗的传统好好发扬起来。因为革命胜利了，有一部分同志，革命意志有些衰退，革命热情有些不足，全心全意为人民服务的精神少了，过去跟敌人打仗的那种拼命精神少了，而闹地位、闹名誉，讲究吃、讲究穿，比薪水高低，争名夺利，这些东西多起来了。"[1]

围绕步在大地上书写

毛泽东与五七车站纪事

[1] 中共中央文献研究室.毛泽东年谱（1949-1976）：第 3 卷 [M]. 北京：中央文献出版社，2013:114-117.

（二）"共产党就是要奋斗"

　　毛泽东意味深长地批评了存在的这些问题。1949 年 3 月，他就把从河北省石家庄市平山县西柏坡进入北平（今北京）说成是"进京赶考"，他充满信心地说："退回来就失败了，我们决不当李自成，我们都希望考个好成绩。"

　　1949 年 3 月 5 日，毛泽东在中国共产党第七届中央委员会第二次全体会议上告诫全党："夺取全国胜利，这只是万里长征走完了第一步。……中国的革命是伟大的，但革命以后的路程更长，工作更伟大、更艰苦。这一点现在就必须向党内讲明白，务必使同志们继续地保持谦虚、谨慎、不骄、不躁的作风，务必使同志们继续地保持艰苦奋斗的作风。"毛泽东的话，像警钟在耳边敲响。

　　于是，毛泽东对在座的省直机关干部指出："听说去年评级的时候，就有些人闹得不像样子，痛哭流涕。人不是长着两只眼睛吗？两只眼睛里面有水，叫眼泪。评级评得跟他不对头的时候，就双泪

1957 年 3 月，毛泽东在珍珠泉礼堂作报告（摄影　侯波）

长流。"讲到这里，毛泽东双手比画着，以形容双泪长流，全场发出一阵笑声，会场的气氛变得活跃起来。

毛泽东接着说："在打倒蒋介石的时候，抗美援朝的时候，土地改革的时候，镇压反革命的时候，他一滴眼泪也不出，搞社会主义他一滴眼泪也不出，一触动到他个人的利益，就双泪长流。……听说还有三天不吃饭的事情。我说，三天不吃饭，没有什么要紧，一个星期不吃饭就有点危险了。总而言之，争名誉，争地位，比较薪水，比较吃穿，比较享受，这么一种思想出来了。为个人的利益而绝食，而流泪，这也算是一种人民内部的矛盾。有一出戏，叫《林冲夜奔》，唱词里说：'男儿有泪不轻弹，只因未到伤心处。'我们现在有些同志，他们也是男儿（也许还有女儿），他们是男儿有泪不轻弹，只因未到评级时。这个风也要整一下吧。有泪不轻弹是对的，伤心处是什么？就是工人阶级、广大劳动人民危急存亡的时候，那个时候可以弹几滴眼泪。至于你那个什么级，就是评得不对，你也要吞下去，眼泪不要往外头流，要往里头流。世界上是有许多不公道的事情，那个级可能评得不对，那也无须闹，无关大局，只要有饭吃就行。"

毛泽东又点着一支烟，抽了几口，语重心长地说："革命党嘛，以饿不死人为原则。人没有饿死，就要做革命工作，就要奋斗。一万年以后，也要奋斗。共产党就是要奋斗，就是要全心全意为人民服务，不要半心半意或者三分之二的心三分之二的意为人民服务。革命意志衰退的人，要经过整风重新振作起来。……我们的缺点，人民内部的缺点，不搞大民主，不搞大运动，那是对付阶级敌人的。我们是搞小还要少，再加一个小字，就是小小民主。总而言之，是和风细雨，台风一定不刮，是毛毛细雨下个不停，微微风吹个不停，我们来吹他三年。今年准备，明年一年，后年一年，下点毛毛雨，吹点微微风，把官僚主义吹掉，主观主义吹掉，我们从团结出发，经过适当的批评，达到新的团结。"毛泽东讲到这里，大手往空中一挥，动作充满了信心和力量。[1]

毛泽东在济南珍珠泉礼堂为山东省直机关党员干部所做的思想问题的报告，与《关于正确处理人民内部矛盾的问题》《在中国共产党全国宣传工作会议上的讲话》，都是 1957 年整风运动的指导性文章。后来，把这次讲话的一部分和他在南京党员干部会议上讲话的一部分，经过整理，以《坚持艰苦奋斗，密切联系群众》为题编入《毛泽东文集》第七卷和《毛泽东著作选读》下册。

后来，毛泽东说："所谓正确处理人民内部矛盾问题，就是我党从来经常说的走群众路线的问题。共产党员要善于同群众商量办事，任何时候也不要离开群众。"[2]

[1] 山东档案馆 . 毛泽东与山东 [M]. 北京 : 中央文献出版社 ,2003:62-68.
[2] 中共中央文献研究室 . 建国以来毛泽东文稿：第 6 册 [M]. 北京 : 中央文献出版社 , 1992:547.

走进珍珠泉礼堂 宣讲正确处理人民内部矛盾

来山东考察办社
在北园做出论断

自 1957 年 12 月到 1958 年 9 月，为争取社会主义建设高潮，毛泽东先后七次离京巡视，三次到山东济南。尤其是 1958 年 8 月 9 日，毛泽东乘专列来到济南五七车站，后到历城北园视察。在这里，他做出了"还是办人民公社好"的著名论断。

（一）到北园考察办社

1957 年 11 月 2 日，毛泽东率领中国共产党代表团离京去莫斯科参加十月革命 40 周年庆祝活动，21 日回到北京。他感到北京的空气沉闷，华东地区的空气活跃，想以地方来促北京发展。于是于 12 月 8 日离京，到华东地区停留近一个月时间，并在杭州召开会议。[1]

---

[1] 袁小荣.毛泽东离京巡视纪实：上卷 [M].北京：人民日报出版社,2016:306.

毛泽东在专机上办公（摄影　侯波）

　　1957年12月8日13点，毛泽东乘专机离开北京去南方。专机经过一个多小时的飞行到达济南。毛泽东在山东省政府交际处同舒同、师哲、谭启龙[1]、林铁谈话。

　　第二天上午，毛泽东同谭启龙、师哲再次谈话。

　　中午，毛泽东乘专机离开济南抵达南京。

　　这次，毛泽东在华东地区停留近一个月，先后在杭州、南宁召开会议，再次批评反冒进。毛泽东为什么再次批评反冒进是有原因的。社会主义改造不断提速带来的"冒进"问题，引发了在中央一线的刘少奇、周恩来、陈云等领导人的忧虑，继而出台了一系列"反冒进"的舆论导向与具体政策措施。但很快，"反冒进"引起了毛泽东的不满，在1958年1月的南宁会议上对"反冒进"提出批评，并号召"反反冒进"[2]毛泽东在南宁会议上着重讲反对分散主义和关于反冒进两个问题。毛泽东用带着警告的口气说："不要提反冒

[1] 谭启龙，当时任中共山东省委书记处书记、山东省政协主席。1958年11月又任山东省省长。
[2] 边学祖. 驰骋版图——毛泽东专列纪事 [M]. 北京：中央文献出版社，2013:96.

进这个名词，这是政治问题。首先没有把指头问题认识清楚，十个指头，只有一个长了疮，多招了一些人（工人、学生），多花了一些钱，这些东西要反。当时不提反冒进，就不会搞成一股风。吹掉了三条，一为多快好省，二为四十条纲要，三为促进委员会。一个指头有毛病，整一下就好了。"[1]

毛泽东在南宁会议做第二次讲话时强调说："我们要注意，最怕的是六亿人民没有劲，抬不起头来就很不好。要有群众观点，从六亿人口出发，看问题要分清主流和支流、本质和现象。"[2]

第一届全国人民代表大会五次会议期间，毛泽东处于高度兴奋的状态。他利用开会间隙，跑了一趟济南，去做调查。

1958年2月5日上午8点，毛泽东乘专机离开北京。

上午10点，毛泽东飞抵济南。晚上，在驻处同中共山东省委书记夏征农、山东省委农村工作部部长谢华、莱阳和聊城的地委书记、寿张（今聊城市阳谷县寿张镇）和泰安的县委书记、历城县（今济南市历城区）的一位农业生产合作社社长、寿张县的一位驻社干部谈话。

第二天上午，毛泽东又在驻地同夏征农、中共济南市委书记、莱阳地委书记谈话。

当天下午，毛泽东乘专机返回北京。

人不解甲，马不卸鞍。从南宁归来，毛泽东立即参加了在北京召开的第十四次最高国务会议，并做讲话，主要阐述工农业发展目标、工作方法、知识分子和对右派分子的政策等问题。

毛泽东信心十足地提出要向两个方面开战：一是像除四害一样打掉官风官气，最好根绝；一是开展一场新的战争，向自然界开火。注意力要逐步引到搞技术革命上去，但社会革命还要天天革。

1958年2月12日，毛泽东的专机离开被他视为只"是个加工厂"

[1] 中共中央文献研究室.毛泽东传[M].北京：中央文献出版社，2013:768-769.
[2] 中共中央文献研究室.毛泽东年谱（1949-1976）：第3卷[M].北京：中央文献出版社，2013:278.

围绕步在大地上书写

毛泽东与五七车站纪事

的北京，往能出产"原料"的基层而去。[1] 从 2 月 12 日到 2 月 14 日，毛泽东先后视察了沈阳、抚顺、长春。后来毛泽东说："我们在南宁开会，有华东、中南、华南三个地区的人参加。东北找了个欧阳钦，华北找了一个刘仁，西北是张德生，西南是李井泉。下一次我们准备到成都，大概是三月上旬，去谈一谈。因为《六十条》里有一条，一条要抓四次。东北我没去过，就是有一年跟进，那不算去。华北的山西也没有去过，绥远也没有去过。所以我这几天又到了济南，又到了沈阳，又到了抚顺，又到了长春，这就多了一点。等几天我还要跑。"[2]

2 月 18 日下午，在中南海颐年堂召开的中共中央扩大会议上，毛泽东说："人们的思想是往往落后于实际的。我们想出改进的办法，就是在北京做官的人，一年有四个月要离开北京，要下去，少一天也不行。这个办法会灵的，会使我们这个比较不切实际的、不跟群众接触、比较空的脑筋好一些。我们要把国民党作风统统打掉。我们这个官还是官，可是是帮人民做事的，要以普通劳动者的姿态出现。不论你官多大，无非是当主席、当总理、当部长、当省长那么大的官，但是你只能以一个劳动者的姿态出现。这样，你的官更好做，更多地得到人民拥护。在北京做官，官气比较重，下去的时候要很注意，不要学'巡按出朝，地动山摇'那一套。下去主要是找先进经验。有了先进经验，就可以把后进和落后的带起来。"[3]

1958 年 3 月 4 日至 5 月 1 日，毛泽东又乘专列分别到四川、湖北、广东视察、召开会议。毛泽东说："中国社会主义建设的路线，是在过去八年中逐步形成起来的。再有五年就差不多了，苦战三年也可能完成。过去的八年，顾不上也抽不出手抓建设。现在才有可能抽出时间来研究建设，开始摸工业，科学、文教、商业还没有摸。

---

[1] 中共中央文献研究室 . 毛泽东传 [M]. 北京：中央文献出版社，2013:785.

[2] 袁小荣 . 毛泽东离京巡视纪实：上卷 [M]. 北京：人民日报出版社，2016:360.

[3] 中共中央文献研究室 . 毛泽东年谱（1949-1976）：第 3 卷 [M]. 北京：中央文献出版社，2013:300-301.

我们一定苦战三年，切实去摸，形成一条完整的、我们中国的建设社会主义的路线。"[1]

1958年4月15日，毛泽东阅中共河南省封丘县委3月20日关于介绍该县应举农业社的报告《一个苦战二年改变了面貌的合作社》后，写《介绍一个合作社》，文章指出："除了别的特点之外，中国六亿人口的显著特点是一穷二白。这些看起来是坏事，其实是好事。穷则思变，要干，要革命。一张白纸，没有负担，好写最新最美的文字，好画最新最美的画图。"[2]

1958年8月是一个十分炎热的夏天，中共中央政治局扩大会议在避暑胜地北戴河召开的前夕，毛泽东用一个星期的时间视察了河北、河南和山东的农村。他这次在三省视察的重点之一是关于并大社、办大社的问题。

1958年8月9日，毛泽东乘坐的专列开进五七车站。下午，同中共山东省委负责人谭启龙、裴孟飞和济南军区司令员杨得志及中共山东省委秘书长吴健、历城县委书记吕少泉谈话。毛泽东说："大跃进中群众究竟愿不愿干，你们有没有下去看看？领导必须多到下面去看，帮助基层干部总结经验，就地进行指导。"谈话后，毛泽

1958年8月，毛泽东在五七车站接见省和军区领导人谭启龙、杨得志
（摄影 侯波）

[1] 中共中央文献研究室.毛泽东年谱（1949-1976）：第3卷[M].北京：中央文献出版社，2013:313.
[2] 中共中央文献研究室.毛泽东年谱（1949-1976）：第3卷[M].北京：中央文献出版社，2013:338.

东视察了当时的北园高级农业合作社水屯大队。

8月9日下午，伏天的太阳像一团火，烤得大地滚烫滚烫。

这时，历城县北园高级农业合作社水屯大队的田间大路上，几辆黑色的轿车突然停下。车门开了，毛泽东探身走出。他身着白色衬衣，衬衣下摆束在裤内，脚穿黑色皮鞋。

这是毛泽东第一次来历城。在这里，他提出了"还是办人民公社好"的论断。在以后的20多年里，这个论断一直影响着中国农村的发展。

毛泽东为什么会在这个普普通通的村庄里做出这个重要的论断？原因还得从1958年的"大跃进"运动说起。

农村的"大跃进"运动是从兴修水利开始的。建大、中型水利工程要有跨村、跨乡的规划和大规模的劳动协作。毛泽东历来主张农村合作经济组织要大一些。兴修水利的要求使他更加确信农村要实现"大跃进"，就必须扩大农业生产合作社的规模。因此，1958年3月，他在成都会议上提出了把现有农业社适当合并为大社的建议。随后，中共中央根据他的意见，发出了相应的指示。

在并社过程中，河南省的合作社行动较快，4月份便出现了将原有的20多个合作社合并成拥有9000多户的大社的情况。而后，全国纷纷仿效，到处办大社。这些大社，有的叫"联社"，有的叫"集体农庄"，有的叫"共产主义公社"。

并社工作开展起来以后，毛泽东的想法又有了发展。他不仅主张扩大农村合作经济组织的规模，办大社，而且主张改变其性质，把它从单纯的经济实体变成"一大二公""政社合一"的政治经济实体。1958年7月16日出版的《红旗》第4期第一次传达了毛泽东的这种主张，该期的一篇文章中写道："毛泽东同志说，我们的方向，应该逐步地有次序地把'工（工业）、农（农业）、商（商业）、学（文化教育）、兵（民兵，即全民武装）'组织成为一个大公社，从而构成为我国社会的基本单位。"

1958年4月下旬，毛泽东在广州期间，曾和刘少奇、陆定一议论过未来中国农村的组织形式。据陆定一说："毛主席和刘少奇同志谈到几十年后我国的情景时，曾经这样说：那时我国的乡村中将是许多共产主义的公社，每个公社有自己的农业、工业，有大学、中学、小学，有医院，有科学研究机关，有商店和服务行业，有交通事业，有托儿所和公共食堂，有俱乐部，也有维护治安的民警等。若干乡村公社围绕着城市，又成为更大的共产主义公社。前人的乌托邦想法，将被实现，并将被超过。我们的教育方针和其他文教事业，也将朝着这个目标去发展。"七一前夕，陈伯达在北京大学庆祝党的生日大会上，发表题为《在毛泽东同志的旗帜下》的讲演。讲演中引用了毛泽东最近的一段谈话，说："毛泽东同志说，我们的方向应该逐步地有次序地把'工（工业）、农（农业）、商（交换）、学（文化教育）、兵（民兵，即全民武装）'组成一个大公社，从而构成为我国社会的基本单位。"他还解释说，毛泽东的这些思想，正在使马克思、恩格斯在《共产党宣言》里提出的"把农业和工业结合起来，促使城乡之间的对立逐步消灭"，"把教育同物质生产结合起来"这两项措施逐步明朗化。[1]

毛泽东的这些想法，是对未来农村组织形式的一种设想。他的这些设想，在八大二次会议之后，经过一些人的引用和解读而传播开来，一些地方闻风而动，在6月间便开始试办作为共产主义雏形的公社。[2]

1958年8月4日，毛泽东在河北省徐水县视察后，听说河南新乡县的七里营刚刚宣布成立人民公社，便于8月6日上午赶到河南新乡县，下午便到七里营视察。

在七里营，毛泽东看见挂着的"新乡县七里营人民公社"的牌子，说："人民公社这个名字好！"他看了敬老院、幼儿园、面粉

[1]《红旗》第4期，1958年7月16日
[2] 边学祖. 驰骋版图——毛泽东专列纪事 [M]. 北京：中央文献出版社，2013:99-100.

1958年8月，毛泽东在河南新乡七里营人民公社视察（摄影 侯波）

1958年8月，毛泽东在河南新乡七里营人民公社查看棉花长势（摄影 侯波）

来山东考察办社　在北园做出论断

加工厂、滚珠轴承厂。接着他走进田间，走进棉田，称赞棉花长得好，并同社员一起给棉花打顶。面对一片丰收景象，毛泽东说："大有希望！" 6点50分至7点20分，在专列上同河南省委吴芝圃、杨蔚屏、史向生等谈话。毛泽东说："看来'人民公社'是一个好名字，包括工农兵学商，管理生产，管理生活，管理政权。'人民公社'前面加上个地名，或者加上群众所喜欢的名字。公社的特点，一曰大，二曰公。公社的内容，有了食堂，有了托儿所，自留地的'尾巴'割掉了，生产军事化了，分配制度变化了，一个小并大，一个私并公，乡社合一了。人民公社还是社会主义性质的，但比合作社高了一级。"[1]

　　随后毛泽东又乘专列到河南省的许昌、开封视察，到安徽省砀山县同县委负责人谈话，到江苏徐州市同中共徐州地委负责人谈话。8月9日，毛泽东得知山东省委正在历城北园进行大社试验，便决定到那里去考察。于是，专列驶向山东方向。8月9日早晨零点30

[1] 中共中央文献研究室.毛泽东年谱（1949–1976）：第3卷[M].北京：中央文献出版社，2013:403.

分，到达山东兖州。在专列上，毛泽东同中共山东省委副秘书长谢华、济宁地委书记、滕县（今山东省滕州市）县委书记、滋阳县（今山东省兖州市）县委书记等谈话。毛泽东详细询问当地的粮食生产及群众生活情况，谈到并社时说："河南在合并，河南从下边来的压力很大，要省委下决心。你们可以去河南看看。"早晨3点，到达泰安。在专列上，毛泽东同中共泰安地委副书记、泰安地委农村工作部部长、泰安县委副书记等谈话。

8月9日早晨5点10分，毛泽东的专列到达济南五七车站，下午便有了对济南历城北园农业生产合作社的视察。

在北园高级农业合作社的田间路上，毛泽东与陪同者谈笑风生地走着。路旁的谷子长势喜人，秸秆粗壮，叶子墨绿，沉甸甸的谷穗在风中摇曳。毛泽东看到这景象，高兴地说："你们的谷子长得不错嘛，我看群众的干劲不小。"

随后，毛泽东又来到稻田，问合作社的主任李树成，水稻是什么品种，什么时间收割，亩产多少斤。李树成一一做了回答。

毛泽东看到路旁一些社员正在一个稻草棚里休息，便用手指着问："他们是干什么的？"

"他们就是管理试验田的社员。"李树成回答。

随即，毛泽东兴致勃勃地向稻草棚走去。

1958年8月，毛泽东在北园高级农业合作社
视察水稻生长情况（摄影 侯波）

首先看见毛泽东的几个社员不约而同地喊出了声："毛主席来了！"便争先从稻草棚里跑出来，热烈鼓掌欢迎毛泽东。

这时，有些社员还没有来得及走出稻草棚，毛泽东便弯腰走进矮小的稻草棚里，和社员任长水、李树勋、韩茂林、孙守法等13人一一握手。毛泽东和他们握手时，社员们有些措手不及，有的人忙用自己的衣服搓手上的泥巴，有的人还没来得及搓干净，毛泽东就把手伸了过去，一把握住社员沾满泥巴的手。

毛泽东抚摸着社员韩茂林的头，亲切地问他的年龄。当韩茂林回答17岁时，毛泽东笑着说："你还是个娃娃呢！"

接着毛泽东又握着孙守法的手和蔼地问："你今年多大岁数啦？"

"今年47岁啦。"

毛泽东勉励他说："那就是个技术员啰！"

毛泽东来到一棵大槐树下坐下来，稍事休息。这时，身旁的李树成向他汇报了北园办大社的情况。汇报中，李树成向毛泽东请示规模这样的社是叫"大社"好，还是叫"农场"或"农庄"好。毛泽东没有立即回答。

休息了大约15分钟，毛泽东站起来，继续往前走去。他边走边问李树成："怎么没有见到妇女参加劳动？"

"妇女都在菜地里干活。"李树成回答。

毛泽东说："在我们南方，大部分都是妇女插秧。"

这时，谭启龙向毛泽东汇报说，他们准备把北园办成一个大农场。听到谭启龙说要办"农场"，毛泽东认真地说："还是办人民公社好。它的好处是可以把工、农、商、学、兵合在一起，便于领导。"

在场的记者立即发稿。毛泽东说 "还是办人民公社好"的消息在《人民日报》发表后，全国各地纷纷办起了人民公社，在短短的几个月内，全国74万多个农业合作社改组成了2.6万多个人民公社。北园高级农业合作社也改组成了拥有3.9万户、12万人的历城东郊人民公社。

三省视察结束后，毛泽东来到了北戴河。1958 年 8 月 17 日至 30 日举行的北戴河会议通过了《关于在农村建立人民公社的决议》。决议通过前的 8 月 24 日，谈到人民公社问题时，毛泽东说："人民公社决议作为草案发下去，每一个县搞一两个试点，不要一下子都铺开。现在不搞人民公社不行，不搞更犯错误。1955 年我就提倡大社。全国搞一万五千到二万个社，每社五千户到六千户，两三万人一社，相当大了，便于搞工、农、兵、学、商与农、林、牧、副、渔这一套。"在决议稿上，毛泽东还加写了这样一段话："人民公社建成以后，不要忙于改集体所有制为全民所有制，在目前还是采用集体所有制为好，这可以避免在改变所有制的过程中发生不必要的麻烦。实际上，人民公社的集体所有制中就已经包含有若干全民所有制的成分了。这种全民所有制将在不断发展中继续增长，逐步代替集体所有制。由集体所有制向全民所有制过渡是一个过程，有些地方可以较快，三四年内就可以完成，有些地方可能较慢，需要五六年或者更长一些时间。过渡到了全民所有制，如国营工业那样，它的性质还是社会主义的，各尽所能，按劳分配。然后再经过多少年，社会产品极大地丰富了，全体人民的共产主义思想觉悟和道德品质都极大地提高了，全民教育普及并且提高了，社会主义时期还不得不保存的旧社会遗留下来的工农差别、城乡差别、脑力劳动与体力劳动的差别，都逐步地消失了，反映这些差别的不平等的资产阶级法权的残余，也逐步地消失了，国家职能只是为了对付外部敌人的侵略，对内已经不起作用了。在这种时候，我国社会主义就将进入各尽所能、各取所需的共产主义时代。"[1]然而尽管决议明确指出"人民公社建成以后，不要忙于改集体所有制为全民所有制"，分配制度还是"按劳分配"，但是农村在具体执行中，还是急于搞"过渡"。短短的几个月内，以河北保定市徐水县（现保定市徐水区）为代表、号称实现了全县"全民所有制""全县进入共产主义"或开始向共产主义过渡的大大小小的人民公社不计其数。[2]

[1] 中共中央文献研究室.毛泽东年谱（1949-1976）：第 3 卷 [M].北京：中央文献出版社，2013:422-424.
[2] 边学祖.驰骋版图——毛泽东专列纪事 [M] 北京：中央文献出版社，2013:104.

（二）到省农科所视察

1958 年 8 月 9 日下午，毛泽东一行离开北园高级农业合作社，驱车驶往山东省农业科学研究所（现为山东省农业科学院）[1]。山东省农业科学研究所位于济南市东郊，也在历城县境内，距离北园高级农业合作社约 8 公里。这天晴空万里，气候宜人，试验田里的各种庄稼果实累累，呈现出一片丰收景象。

下午 6 点，毛泽东在中共山东省委负责人谭启龙、裴孟飞等同志的陪同下，乘车来到山东省农业科学研究所的大门口。下车后，毛泽东神采奕奕，红光满面，显得精力非常充沛。在这里等候的山东省农业科学研究所副所长秦杰等人，十分激动地迎上前去，欢迎毛泽东的到来。

在去往实验田的路上。毛泽东问秦杰："你叫什么名字？"

"我叫秦杰。"

"是秦还是陈？"毛泽东带着浓重的湖南口音问。

"秦始皇的那个秦。"

毛泽东笑着，幽默地说："噢，秦始皇时代还留下你呀！"

秦杰和在场的人都被逗笑了，毛泽东平易近人的问话和神态，一下子让紧张的气氛缓和了下来。

接着，毛泽东又问："你是什么专家？"

"研究棉花的，曾在浙江大学上过学。"秦杰回答。

毛泽东在谭启龙和秦杰等人的陪同下，身手矫健地走进棉花试验田。这块丰产试验田是山东省委负责同志和山东省农业科学研究所职工共同培植的。地里的棉花有一人多高，简直像一棵棵棉花树。

---

[1] 山东省农业科学研究所，其前身是 1946 年秋在革命老区莒南县成立的山东省农业试验所，1948 年迁至济南，1950 年改称山东省农业科学研究所，1959 年扩建为山东省农业科学院。

整块试验田面积1亩，共有棉花4444株，平均株高为130～150厘米，每株平均果枝数为25～28个，每株平均有棉桃81个，最多的达173个。

看到试验田里的棉花长得很好，毛泽东非常高兴。他望着棉田说："好棉花！"接着，他亲手拨开稠密的棉棵，选择了一棵棉花，蹲下来和秦杰一起自下而上仔细地数了数一株棉花的棉桃。当数到64个时，毛泽东用手指着上边的花蕾笑着说："上边这些就不算了。"

随后他看着秦杰说："很好，你学的学问都用上了。怎么种出这样好的棉花？去年也是这样吗？"

"过去搞得不好，主要是今年省委负责同志亲自到这里来指导，我们就千方百计想把棉花种好，才取得这样的成绩。我们今年是第一次用营养钵育苗。"秦杰说。

毛泽东笑着诙谐地说："是应该压迫你们一下，不压迫，你们就不会'上梁山'。"

这时，省农科所的曹伯强跑上前去对毛泽东说："前面还有一棵棉花结棉桃比这棵还多，很多果节上都结了双桃。"毛泽东立即走到这棵棉花前面，仔细地用手拨弄着看起来。

毛泽东在看棉花时，发现一个枝上的棉桃脱落了，没有结桃。他问秦杰："这里为什么没有桃子？"

"是脱落了，没有结成桃。"秦杰仔细看后赶忙说。

"棉桃脱落是下雨的原因呢？还是其他原因？你们要研究一下为什么落桃的问题，能否研究个办法，叫它少落或不落。"毛泽东对秦杰说。

"我们一定遵照主席的指示认真研究。"秦杰回答。

视察完棉田以后，在回来的路上，毛泽东问秦杰："你们行，还是农民行？"秦杰说："还是农民行，我们要向农民学习。我们的小麦就没有农民最好的小麦产量高，我们打算明年超过农民。"

"那很好，你们要继续努力，力争上游。"毛泽东鼓励秦杰说。

毛泽东视察山东省农业
科学所纪念塑像
（摄影 李聪格）

　　毛泽东亲临视察，使省农科所全体干部职工受到极大鼓舞。在当晚的全所庆祝大会上，大家畅谈幸福激动的心情，纷纷表示决不辜负毛主席的殷切期望，继续努力，力争上游，把各项科研工作搞得更好。这次视察，对之后山东农业科研工作产生了深远的影响。大家更明确了科研为促进生产服务的宗旨，更坚定了由单项研究向综合研究转化的发展方向，大大加强了控制棉花蕾铃脱落等生产关键问题的综合攻关研究。[1]

　　视察了山东省农业科学研究所，毛泽东由济南军区司令员杨得志上将陪同，和参加中国共产党济南军区第一届代表大会的全体代表见面并合影留念。在济南停留期间，毛泽东还会见了到济南参加全省小麦丰产评比展览的劳动模范吕鸿宾、刘秀印、刘洪秉、徐建春、刘延茂、厉月举、张式瑞等。毛泽东勉励他们说："你们干得很好，都鼓足了干劲。"回到专列上临行前，毛泽东说："这次来，谈也谈得好，看也看得好，就是时间短，谈得还不深，看得还不细。"毛泽东晚上乘专列离开济南北行。[2]

　　1957 年 10 月 9 日上午 8 时，毛泽东阅山东省临沂市莒南县厉家寨大山农业社争取丰收的报告后，批示："此件值得一阅。愚公移山，改造中国，厉家寨是一个好例……"[3]

[1] 山东档案馆.毛泽东与山东 [M].北京：中央文献出版社，2003:120-125.
[2] 袁小荣.毛泽东离京巡视纪实：上卷 [M].北京：人民日报出版社，2016:435.
[3] 中共中央文献研究室.毛泽东年谱（1949-1976）：第3卷 [M].北京：中央文献出版社，2013:219-220.

到东郊公社视察
发现和纠正"大跃进"的错误

围绕毛在大地上书写

毛泽东与五七车站纪事

　　"大跃进"和人民公社化运动，说到底是毛泽东发动起来的，也是得到毛泽东支持和肯定的。并且，遇到实际问题，毛泽东又是最先冷静下来的人。在全国大刮"共产风"，大搞"供给制"的情况下，他提出："不能鄙视交换、鄙视商品生产，要多搞能交换的经济作物，要保持和保留商品生产、商品交换、按劳取酬。"在当时，毛泽东的意见更接近于实际的情况，但是被"大跃进"的狂涛和激情掩盖。毛泽东"泼出的冷水"和清醒的告诫，已经很难被人们接受。毛泽东焦急了。[1]

　　毛泽东说："'大跃进'和公社化，搞得好可以相互促进，使中国的落后面貌大为改观；搞得不好，也可能变成灾难。"[2]

---

[1] 袁小荣.毛泽东离京巡视纪实：中卷[M].北京：人民日报出版社，2016:504、509.
[2] 毛泽东.建国以来毛泽东文稿：第7册[M].北京：中央文献出版社，1992:420.

（一）从兴奋到冷静

1958年9月10日到29日，毛泽东在国庆节之前到长江流域"走马观花"。他先后视察了湖北、安徽、江苏、上海，"沿途一望，生气蓬勃，肯定是有希望的，有大希望的"。但鲜为人知的是，在武汉东湖客舍，与李达的一场争论，还是让毛泽东清醒了许多。

1958年8月27日，《人民日报》发表了中共中央办公厅派往山东寿张县了解情况的干部刘西瑞的文章：《人有多大胆，地有多大产》。之后，这个标题与另一条口号"宁愿少活十年，不愿落后一天"成为两条标语风行全国。

当时，武汉大学学生将调查采访到的情况写成报告送到当时的武汉大学校长李达那里。材料中引用了鄂城（今湖北省鄂州市）县委门口的两条标语，就是上面说的那两条。李达认为第二条是表决心，害处不大；第一条是唯心主义，属于哲学问题。人的主观能动性的发挥是有条件的。9月12日，李达打电话给湖北省委秘书长梅白，问："这个口号是否是省委批准的？"梅白回答："当然不是。"李达听后说："我要见润芝。"说完，李达就坐上车来到了东湖客舍。

毛泽东是9月10日乘专机到武汉的。9月12日，在陈毅的陪同下，毛泽东会见了古巴领导人卡斯特罗。送走了卡斯特罗，毛泽东立即与李达见面。梅白陪同在座。

毛泽东与李达握手，李达坐下后，毛泽东才入座，这也是尊敬的表示。

"身体还好吧？"毛泽东问。

"还可以。主席身体也好吧？"李达回答。

"大毛病没有，各部器官运转正常，不过年龄到了，不能跟过去比了。"毛泽东说。

1958 年 9 月，毛泽东在武汉游长江
（摄影 钱嗣杰）

"最近你在搞什么？"毛泽东问。

"还是搞党史。"李达说。

"近来有什么新闻吗？"毛泽东问。

"我们学生搞调查时，看到一些口号，不符合唯物主义观点。比如说'人有多大胆，地有多大产''只有想不到，没有做不到'。"

梅白说标语是武大学生在鄂城县委门口发现的。毛泽东要梅白写出这个口号来。毛泽东看后说："这个口号同一切事物一样也有两重性。……是讲可以发挥人的主观能动性。"

李达听了不高兴。毛泽东显然没有注意到他的神情，便问李达："新疆大不大，内蒙古大不大，西藏大不大？你看浙江人多地少，但能卖余粮，而新疆、内蒙古、西藏这些地方地大人少，都要吃供应。这就是人的主观能动性啊！这样的事多得很。三大战役，直罗镇战斗胜利，都是发挥主观能动性的结果……"

李达听了不耐烦了，打断了毛泽东的话，问："润芝，主观能动性是不是无限大？"

毛泽东不慌不忙地回答："这个口号同世界上一切事物一样，

也有两重性。一重性是讲发挥人的主观能动性，这是有道理的。另一重性是如果说想到的都能做到，甚至马上就能做到，那就不科学了。但在一定条件下无限大。"

两个人就肯定与否定这个哲学命题争论起来了。毛泽东用红军长征等历史事件加以说明。

李达再次打断毛泽东的话，直截了当地说："你的时间有限，我的时间也有限。你说这口号有两重性，实际上是肯定这口号是不是？"

毛泽东当即反问："肯定怎样？否定又怎样？"

李达气冲冲地说："肯定就是认为人的主观能动性是无限大，人的主观能动性的发挥离不开一定的条件。我虽然没有带过兵，没经历过长征，但是我相信，一个人要拼命，可以以一当十。一夫当关，万夫莫开，是要有地形做条件，人的主观能动性不是无限大的。现在人的胆子太大了。润芝，现在不是胆子太小，你不要火上加油，否则可能是一场灾难。"

梅白见李达越讲越激动，未等他把话说完，示意他不要再讲了。梅白碰了碰李达的腿，向李达暗示，恰好被毛泽东发觉了，他生气地说："小梅，你不要搞小动作，你让他说，不划右派。"

李达继续说："你别用大帽子吓人，你脑子发热，已到39度高烧，下面就会发烧到40度，41度，42度……这样中国人民就要遭大灾大难，你承认不承认？"

毛泽东听了这话就坐不住了，但还是极力控制自己，停了停，缓和口气说："你说我发烧39度，看你也有华氏百把度了。在成都会议上，我说过头脑要热，也要冷。你问梅白。"

李达说："对，现在你先下马！"

站在一旁的梅白不知如何是好，只得说："口号由省委取消。"

可是李达仍执着地说："口号取消，思想不取消，是不能解决问题的。"

这时毛泽东再也不说话了。

梅白见天色已晚，就叫工作人员准备饭菜。李达执意要走，说："我不吃饭，我是校长，'大跃进'饿不了饭……"

毛泽东见挽留不住只好说："小梅，你送老校长回家。今天他火气很大，我火气也不小。"

车行路上，李达对梅白说："《实践论》《矛盾论》讲得多好啊！主观客观，主观要符合客观，实践理论，理论实践……讲得多好啊！现在连润芝也认为'人有多大胆，地有多大产'，是讲主观能动性的。毛泽东思想的价值就在于它充满了矛盾而善于找出解决矛盾的方法，因而能够认识世界和创造世界。但是如果不能正确地说明世界，就不能正确地改造世界。首先得弄清楚情况才好下决心，你劝劝毛主席吧！"

李达走后，毛泽东在屋子里踱步吸烟，又坐在沙发里喝茶默想。见到送李达回来的梅白，说："小梅，今天我们两个老家伙很不冷静，这在你们青年同志面前的示范作用不好。我肝火大，但我还是压制着，差点与李达干起来。"

梅白问："您是否要把您对李达的评价公开发表？像对鲁迅那样。"

毛泽东说："这与鲁迅的情况不同，我现在在认识论上有了问题，离开客观走向主观唯心主义。我和李达的争论，我是错误的。"

梅白向毛泽东转达了李达在车上说的那些话，毛泽东静静地听着，很动感情，说："很好。"[1]

其实，在实际工作中，毛泽东并不同意这种说法，他的想法是对高涨的群众情绪不能泼冷水，只能因势利导。但李达的谏言毕竟使毛泽东有所醒悟。后来，他对人民日报总编辑吴冷西和秘书田家英说："国庆节前，我去大江南北走马观花。除了给新华社写了一条新闻外，感到还有许多问题要重新研究。"

---

[1] 边学祖.驰骋版图——毛泽东专列纪事[M].北京：中央文献出版社，2013:106-108.

　　国庆节后，"感到还有许多问题要重新研究"的毛泽东，决定召开一系列会议，分析、研究、解决问题。为此，他向地方派出调查组，进行典型调查分析。

　　1958 年 10 月 19 日清早，毛泽东写信给陈伯达，要他和张春桥、李友久立即去河南省遂平县嵖岈山卫星人民公社（这是全国第一个人民公社）做调查，为杭州会议（后来改在郑州举行）准备意见。10 月 26 日，毛泽东再派吴冷西、田家英去河南调查。他选了两个地方。一个是新乡地区的修武县，有 13 万人口，以一县一社而闻名。一个是他曾经视察过的七里营公社。

　　头脑有所"降温"的毛泽东，对徐水县的"共产主义"产生了极大的怀疑。10 月中旬，毛泽东乘专列到天津，把保定地委和徐水县、安国县（今河北省安国市）、定县（今河北省定州市）、唐县四个县的县委第一书记召集来，听取他们的汇报。同时，把河北省省长刘子厚也叫到天津。他问刘子厚："你到徐水了没有？"刘子厚说："还没有去。"毛泽东笑着对刘子厚说："你去徐水调查一下吧。""调查什么问题？""你想调查什么就调查什么。"刘子厚又问："用一个星期行不行？"毛泽东说："用不了，三天足够了。调查完了到北京向我汇报。"[1]

　　刘子厚受命以后，连夜组织省委、省政府有关负责同志和正在参加河北省地、市农村工作部长会议的同志共 70 人，到徐水县分别住进农户里调查了 3 天。21 日简单地交流了各自的所见所闻后，刘子厚便和省委的几位同志赶往北京。当天下午，毛泽东在中南海颐年堂听取他们的调查汇报。

　　这次调查发现了很多问题，主要是浮夸风和"共产风"。例如：一亩白薯产量不过 2000 斤，却虚报成 8000 斤；把几个村的肥猪集中起来，让人参观，弄虚作假；在宣布全民所有制的同时，所有个人财产和私人债务统统"共了产"，分配上实行完全的供给制。听

[1] 边学祖. 驰骋版图——毛泽东专列纪事 [M]. 北京：中央文献出版社，2013:109.

1958 年 8 月，毛泽东在河南新乡七里营人民公社查看棉田时过独木桥（摄影　王世龙）

1958 年 8 月，毛泽东视察河南新乡七里营人民公社（摄影　王世龙）

用脚步在大地上书写

毛泽东与五七车站纪事

116

到这些情况，毛泽东明确表示反对。

当刘子厚汇报说："徐水实际上还是集体所有制，不是全民所有制。他们已经公布了说是全民所有制。究竟哪种提法好。"毛泽东说："实际上是集体所有，他们说全民所有，也不一定公开改，马虎下去好了。你们把这个问题弄清楚了好。是徐水全民所有，不是全国的全民所有。它和过去的合作社不同，和国营工业也还不同。公社要从两个方面发展，一方面大范围的内部调拨要发展，另一方面社会主义市场、社会主义商业要发展，还是货币交易。必须多产经济作物，好交换，国家好供应，不然就没有交换的东西了。粮食可以交换一部分，即统销的那一部分。要大修铁路，运输紧张得很。"关于供应问题，毛泽东说："对供给制，真正赞成的占百分之三十至四十，要分析一下。要从发展生产中解决问题，明年发展生产一年，消费不要增加，就可以消灭赤字。要有生产资金，要积累一部分，还要储备一部分，食堂也要储备一部分。有的户劳动不积极，他觉得吃亏了，别人把他的劳动占有得太多了。要把劳动力多的户的积极性调动起来，使他们收入多点，工资多点，不要平均主义，多劳多得还是社会主义原则。徐水应有清醒的头脑，知道事情有正面，还有另外的反面。"关于体制问题，毛泽东说："统一起来，好处是有，问题就是如何发挥下面的积极性。过去全统一归中央，你河北、河南的积极性不能发挥嘛。天津、唐山钢厂不归你们，你们就不积极，邯郸钢厂就不能建。徐水全县一个社，下面十六个社，统一多了，如何发挥十六个社的积极性，看来将来还要权力下放。搞县联社，县一层也不要担负那么多责任。社、大队、队三级，每级都要有点权，没权不利于发展生产，当然权不能太大了。十六个社，可以有几种方法，不要都是一个样子，这才好比较。"关于政策问题，毛泽东说："全国要普遍重新盖新房新村，恐怕得五到七年，短了来不及。盖新房，不利于并村，搞集体福利，劳动、居住就这么一片。恐怕要按劳动力组织，以队为单位盖房子，便利生产，按大队恐怕太大了。居民点的问题，要研究一下，主要是有利于生产。现在农村的重点还是农业，和农业有关的有点工业。徐水有机械厂、钢铁厂，总不能每一社都办机械厂、钢铁厂，有煤、铁的社可办钢铁厂，没有的不一定办。家具不归公，这是一部分生活资料。吃饭集体，衣服、床、桌椅等，不能归集体。对私人间的债务问题，'一风吹'，把人家的拿过来，不是借是侵占了。劳动人民内部的，还了它好不好？自己还不了，将来盖了大工厂，由公家替他还了。要调查统计一下，看社员之间的债务究竟有多少，能不能还得起？劳动人民的劳动所得，把它吹掉不好。"在刘子厚谈到有假报产量时，毛泽东说："虚报不好，对虚报的人要进行教育，进行辩论，不要讲假话，是多少就是多少。"谈到党的领导和干部作风时，毛泽东说："徐水有没有一个口号，叫党政社合一？政社可以合一，党和政社合一了，党的领导就削弱了，还要加强党的领导嘛。把穿衣都包起来，没那么多布怎么办？简单粗糙，不深思熟虑，不留余地。要考虑下一步。作为县级领导，大事不跟地委商量，县社两级领导不反复研究，交换意见，成熟了再作决定，就值得注意了。有捆人、打人的事就是还有封建残余嘛。一方面有社会主义全民所有制的因素，有共产主义因素，一方面又有资本主义残余、等级制，还有封建主义残余。事前不谈，辩论县长，这就不是正常地对待同志的方法。解决人民内部的矛盾，不要用压服嘛。一捆、二打、三骂、四斗，不是解决人民内部矛盾的方法，还是对敌我界限及人民内部的相互关系没有搞清楚。管制劳动，不是对待反革命的吗？县委要通过与部、小组给群众商量。群众路线问题就包括反对强迫命令，划清敌我界限。你们帮助安国县搞一套看看，体制、作风，看有没有可能？一方面帮助徐水，一方面帮助安国，和它唱对台戏。我看，不要发动那么多人去看徐水了。丰收有成绩，容易骄傲起来，铺张起来，不实事求是了。把猪都并到那里，就不实事求是了。要告诉县里，叫他们不要搞这么一套。苦战三年，才只搞了一年嘛，要搞百把年，不要弄得好像什么都好。"[1]

[1] 中共中央政策研究室.毛泽东年谱（1949-1976）：第3卷[M].北京：中央文献出版社,2013:470-473.

1958年11月，毛泽东在新乡火车站接见修武县委负责人（摄影 侯波）

很显然，徐水县的"共产主义"在毛泽东这里，并没有得到认可。因为此时的毛泽东，已思考着给高速行进的"大跃进号"踩刹车了。

这时，中央已经发出在武汉召开省、市、自治区党委第一书记会议和八届六中全会的通知。为了开好这两个会议，毛泽东决定先到郑州，一面听取陈、吴两个调查组的汇报，一面约集部分省、市委书记准备有关文件。

10月31日傍晚，毛泽东乘专列离开北京。一路上，他不断召集当地负责人座谈，如饥似渴地了解开展人民公社化运动以来的情况。11月1日晚9时30分，新乡地委第一书记耿其昌带领延津县、温县（今焦作市温县）、原阳县、封丘县、内黄县（今安阳市黄县）、济源县（今河南省济源市）、林县（今河南省林州市）、安阳县（今河南省安阳市）、濮阳县（今河南省濮阳市）、修武县10个县的县委书记登上毛泽东的专列。座谈会以毛泽东点名询问的形式进行，主要是了解各县人民公社和"大跃进"的情况。在耿其昌汇报地区大炼钢铁的情况时，毛泽东问："如果任务完不成，你们准备怎么办？"在座的几个人异口同声地回答："就是砸锅卖铁，我们也要完成任务。"毛泽东说："同志，你们革命革得很彻底呀，把群众的小锅都革掉了。叫群众冒冒烟也是可以的嘛。"

专列随即驶往郑州。11月2日至10日，毛泽东在这里主持召开有部分中央领导人、大区负责人、部分省、市委书记参加的中央工作会议，后来被称作"第一次郑州会议"。参加会议的人是逐步增加的。开会地点也不固定，有时在专列上，有时在河南省委招待所。但会议一开始，有些人就提出，农业发展纲要四十条已经过时，应该再搞一个新的四十条。毛泽东同意了。这样，第一次郑州会议就有两个议题，即人民公社问题和农业发展纲要问题。

1958年11月，郑州会议
（摄影 侯波）

11月3日下午，毛泽东在专列上主持第一次郑州会议，参加会的有河北、河南、陕西、甘肃、湖北、山西、山东、安徽、湖南9个省的省委第一书记，还有中央政治研究室主任兼《红旗》杂志总编辑陈伯达等人。主要是听他们关于人民公社化运动情况的汇报。毛泽东一面提问，一面发表意见。在交换意见时，他与陈伯达有一次小的思想交锋。

河南省委书记吴芝圃汇报说："关于交换问题，有些东西是调拨，交换的范围缩小了。"

陈伯达说："现金结算减少了。遂平县现金结算，去年占百分之七十，今年倒过来，非现金结算占百分之七十。"

毛泽东说:"现金结算,非现金结算,是一回事嘛!"

陈伯达说:"是一件事,但不用货币往来了,有性质上的不同,没有货币流通了。"

毛泽东说:"外国资本家每天数钞票,谁去数呀?还不是银行里头算一算账。资本家交换货物,哪一个见现金?我们现在也是这样,就是不数票子。当然,性质不同。我也没有学过货币学。"

安徽省委书记曾希圣说:"我们发现这样一个问题,单是粮食生产地区,货币很少,没有货币流通了。经济作物地区货币多,货币比较容易流通。"

毛泽东说:"必须使每个公社,并且使每个生产队,除了生产粮食以外,都要生产商品作物。这个问题不提倡,以为人民公社就是个国家,完全都自给,哪有这个事?生产总是分工的。三国时候,张鲁的'社会主义'是行不长的,因为他不搞工业,农业也不发达。"

在汇报家庭问题时,吴芝圃反映:"有的干部提出,在共产主义实现以前就消灭家庭。"毛泽东说:"现在不是消灭家庭,而是废除家长制。"他又重复了一遍:"废除家长制,肯定不是废除家庭制度。"

11月4日下午,毛泽东在专列上继续开会,听取新四十条起草情况的汇报。起草一个新四十条,以取代农业发展纲要四十条,是在前一天的会上定的。毛泽东指定吴芝圃负总责,下分工业、农业、教育科学文化、公社体制四个小组,分别由王任重、曾希圣、舒同和河南省委书记处书记史向生负责。吴芝圃说,议了一个题目,叫"人民公社发展纲要四十条",第二个题目叫"共产主义建设十年规划纲要"。毛泽东说:"你现在涉及共产主义,这个问题就大了,全世界都不理解了。现在的题目,我看还是社会主义。不要一扯就扯到共产主义。"

在汇报工业、农业时大家都提出一些吓人的超高指标,例如,十年内,钢产量达到4亿吨,机床1000万台,煤40亿吨,粮食亩

产由原定的 400 斤、500 斤、800 斤，分别提高到 4000 斤、5000 斤、8000 斤，叫"新四、五、八"。毛泽东听了，采取保留态度。他说："我看这个文件要发表，要过了苦战三年之后。"并问道："你这是内部盘子吧，不写在文件上吧！"最后，毛泽东接受陈伯达的意见，把这个文件的题目改成"全国的十年建设规划"。

因为要搞全国的十年建设规划，毛泽东提出，进一步扩大会议的规模，请上海市委书记柯庆施、广东省委书记陶铸、黑龙江省委书记欧阳钦、四川省委书记李井泉、中央分管农业和工业的国务院副总理谭震林、李富春等参加。

11 月 5 日，会议继续举行。新增加的李富春、柯庆施、欧阳钦、史向生、吴冷西，出席了会议。

一上来，毛泽东就问新到会的诸位："把你们请来，有什么新闻？"

第一个发言的是柯庆施，他主要反映城市里出现的某些混乱的情况，如抢购商品，提银行存款，购置高档商品，因为怕废除票子。毛泽东说："陈伯达就有这个倾向。"会上，其他人也反映了类似的情况，引起毛泽东的关注。他说，纲要里要写这个问题，有一个安定人心的作用。后来，毛泽东对城市办人民公社，一直采取谨慎的态度。

当史向生再次提出十年内向共产主义过渡的时候，毛泽东进一步阐述了他的观点："修武一县一社，它的东西在县的范围可以调拨，但河南省去调就不行，国家调更不行。修武的粮，七里营的棉，是要交换的，不能调拨。不要把修武、徐水、遂平与鞍钢、上钢、上海国棉一厂混同了。（史向生问：到底是什么所有制？）总不能说全民所有制，可以说县全民所有制，小全民所有制，大集体所有制。把全民、集体混起来，恐怕不利。好像我们现在差不多了，共产主义已经来了。这么快，太快了！奋斗太容易了！把它们提得过高，跟鞍钢一样，而实际上不是，就不好了。这是客观规律。"这

围绕毛在大地上书写

毛泽东与五七车站纪事

时，毛泽东联想到他在北戴河会议决议上加的那句话。他说："我现在顾虑，我们在北戴河开那个口子，说少者三四年，多者五六年，或者更多一点时间，即由集体所有制搞成全民所有制，像工厂那样，是不是夸了海口，讲快了？""北戴河决议要有点修改才好。"在由集体所有制向全民所有制过渡的时间问题上，毛泽东有些犹豫了，似乎感到说过了。

11月6日，毛泽东阅中共中央宣传部11月4日编印的《宣传动态》中1958年第1、3、4期刊载的《山东范县（今河南省濮阳市范县）提出一九六〇年过渡到共产主义》的报道，写批语："此件很有意思，是一首诗，似乎也是可行的。时间似太促，只三年。也不要紧，三年完不成，顺延可也。陈伯达、张春桥、李友九[1]三位同志有意思前去看一看吗？行路匪遥，一周可以往返，会后出征，以为如何？"[2]会后，陈等三人与参加会议的舒同同机来济，后赴范县。

11月6日、7日两个晚上，继续开会。刘少奇、陈云、邓小平、谭震林、杨尚昆等都来了，出席这两天的会议。在6日的会上，毛泽东提议由邓小平主持社会主义建设纲要四十条的起草工作，并提议搞一个《郑州会议纪要》。他认为，四十条纲要，甚大，建议把时间拉长，将十年改为十五年。最后这个文件定名为《十五年社会主义建设纲要四十条》。

毛泽东提出三个问题要大家研究。第一个问题，什么叫从集体所有制过渡到全民所有制？什么叫从社会主义过渡到共产主义？实现这些过渡需要什么条件，要多长时间？毛泽东认为，过渡到全民所有制的主要标志，就是产品可以在全国调拨，像国营企业鞍钢那样。关于过渡到共产主义的问题，他提醒大家，"我们不要冒险"。对山东范县提出的"1960年过渡到共产主义"，他半信半疑。三天

---

[1] 张春桥，时任上海《解放日报》社长兼副总编辑。中共上海市委常务委员、宣传部部长。后任上海市委书记处候补书记、书记等职。李友九，时任中央农村工作部副秘书长、《红旗》杂志社常务编辑。

[2] 中共中央文献研究室．毛泽东年谱（1949—1976）：第3卷[M]．北京：中央文献出版社，2013:494.

后的会上他即说："现在有一种偏向，好像共产主义越快越好。实行共产主义是要有步骤的。山东范县提出的，要派人去调查一下。现在有些人总是想在三五年内搞成共产主义。"后来，毛泽东听了陈伯达等人对范县调查情况的汇报后说："加一个0（即30年）也不行。"

毛泽东提出要研究的第二个问题是钢的指标，第三个问题是城市人民公社如何搞。他再一次批评人民公社是全民所有制的说法，要求每个公社生产商品，不要忌讳"商品"这两个字。

经过两天讨论，与会人员对《十五年社会主义建设纲要四十条》初稿又做了补充修改。8日，送毛泽东审阅，他略有修改，交邓小平阅办。

9日上午，会议在河南省委招待所继续进行。毛泽东主要就纲要四十条问题发表意见。经过七天的讨论，毛泽东纠"左"的思路越来越明显了。他讲了几个重要问题：

第一，家庭问题。针对公社化运动中在一些地方出现的拆散家庭的极左做法，毛泽东主张在纲要里写进这样的话："废除历史上遗留下来的不合理的家长制。在住宅方面，注意使住房适宜于每个家庭的男女老幼的团聚。"

第二，商品问题。毛泽东说："许多人避而不谈商品和商业问题，好像不如此就不是共产主义似的。人民公社必须生产适宜于交换的社会主义商品，以便逐步提高每个人的工资。现在运输情况不好，出现半断流的状态。我看要向两方面发展：一是扩大调拨，二是扩大商品生产。不如此，就不能发工资，不能提高生活。"

第三，资产阶级法权问题。毛泽东说："一部分必须破坏，如等级森严、居高临下、脱离群众、不平等待人，不是靠工作能力吃饭，而是靠资格、靠权力。这些方面，必须天天破除。破了又生，生了又破。"他又说："我们要恢复供给制，但要保留适当的工资制，保留一部分多劳多得还是必要的。"

第四，高指标问题。毛泽东说："许多问题，我不清楚你们是根据什么这样提的。……钢、机床、煤、电四项指标高得吓人，四十条发到哪一级，要做政治考虑。"毛泽东对四十条里的高指标越来越怀疑了。

第五，工作方法问题。毛泽东说："第四十条，一大堆观点，使人看了不满意。中心是要解决实行群众路线的工作方法。不要捆人、打人、骂人、辩论人、罚苦工，动不动'辩你一家伙'。要提倡实事求是，不要谎报。《人民日报》最好要冷一点。要把解决工作方法问题当成重点，党的领导，群众路线，实事求是。"

在 9 日这天，毛泽东写了《关于读书的建议》这封信，提议大家都读两本书，一本是斯大林的《苏联社会主义经济问题》，另一本是《马克思恩格斯列宁斯大林论共产主义社会》。他提出："要联系中国社会主义经济革命和经济建设去读这两本书，使自己获得一个清醒的头脑，以利指导我们伟大的经济工作。现在很多人有一大堆混乱思想，读这两本书就有可能给以澄清。有些号称马克思主义经济学家的同志，在最近几个月内，就是如此。他们在读马克思主义政治经济学的时候是马克思主义者，一遇到目前经济实践中某些具体问题，他们的马克思主义就打了折扣了。现在需要读书和辩论，以期对一切同志有益。"他还建议："将来有时间，可以再读一本，就是苏联同志们编的那本《政治经济学教科书》。""'大跃进'和人民公社时期，读这类书最有兴趣，同志们觉得如何呢？"

这次郑州会议起草的另一个文件《郑州会议纪要》于 11 月 7 日形成初稿。毛泽东改过两遍初稿，把文件名称改为《郑州会议关于人民公社若干问题的决议（草案）》。

11 月 10 日上午和下午，毛泽东做了两次讲话，谈他对这个决议的修改意见和对斯大林《苏联社会主义经济问题》一书的看法，着重批评混淆集体所有制同全民所有制的界限和取消商品的错误观点。

他说，"大跃进"搞得人的思想有些糊里糊涂、昏昏沉沉，需要对一些同志做说服工作："我们没有宣布土地国有，而是宣布土地、种子、牲畜、大小农具社有。这一段时期内，只有经过商品生产、商品交换，才能引导农民发展生产，进入全民所有制。""我以为有了人民公社以后，商品生产、商品交换更要发展，要有计划地大大发展社会主义的商品生产，例如畜产品、大豆、黄麻、肠衣、果木、皮毛。现在有人倾向不要商业了，至少有几十万人不要商业了。这个观点是错误的，这是违背客观法则的。""商品生产不能与资本主义混为一谈。不要怕，要大大发展商品生产。"毛泽东批评了河南省提出的要四年过渡到共产主义，说他们马克思主义"太多"了。

毛泽东 10 日的讲话，实际上是对第一次郑州会议的总结。在对待商品生产、商品交换问题上，毛泽东形成了更为鲜明、更为系统的思想。第一次郑州会议是纠"左"成果的集中反映。但是，第一次郑州会议还只能说是纠"左"的开端。其他一些重要方面，如高指标问题、浮夸风问题、两个"过渡"的时间问题、人民公社内部的诸多问题，都还没有解决。毛泽东发动的"大跃进"和人民公社化运动，由此引发的"共产风"和极"左"思潮，来势猛烈，犹如一列急速行驶的火车，一时很难刹住。

第一次郑州会议结束了，但毛泽东还是放心不下。他的脑子里一直在思考着人民公社化运动的一些问题，"因为这是一个大问题"。很快，毛泽东改变了主意，决定暂停下发《郑州会议关于人民公社若干问题的决议（草案）》。11 月 12 日上午 7 时，毛泽东写信给邓小平："想了一下，那个关于人民公社若干问题的决议（草案），还是稍等一下（大约两个星期左右），带到武昌会议上再谈一下，得到更多同志的同意（可能有好的意见提出来，须作若干修改，也说不定），然后作为正式文件发出，较为妥当。这并不妨碍各省同志按照他们带去的草案立即在干部中传达、讨论和实行。是否如此，请你同北京同志们商量酌定。既然如此，郑州会议就是一个为武昌会议准备文件的会议，因此不要发公报。"[1]

在郑州又停留了几天后，毛泽东的专列于 11 月 13 日下午离开郑州，15 日凌晨 1 点多到达武昌。离开郑州那天，毛泽东写信给刘少奇、邓小平，要求政治局会议讨论两个问题："（一）讨论郑州起草的两个文件，当作问题提出，征求意见；（二）讨论斯大林苏联经济问题'意见书'部分的第一章、第二章、第三章。这样做，是为了对武昌会议先作精神准备。"他解释说："所谓当问题提出，即对每一个问题，都提出正反两面。例如对划一条线弄清界限问题，提出划线好，还是不划线好？对商品问题，提出现阶段要商品好，还是不要商品好？"[2] 同时，他要求省一级的会议也要讨论这两个问题。在毛泽东看来，这是两个至关重要的问题，而在这两个问题上有错误观点和模糊认识的，并不是少数人。这两个重大的理论和实践问题不解决，纠正工作中的错误是不可能的，甚至还会带来更大的危害。因此，首先要在中央、省市区这两级领导干部中进行充分讨论，真正把这两个问题弄懂弄通，才能在全党统一认识。

11 月 14 日下午，毛泽东的专列停在湖北省孝感车站。毛泽东召集湖北省委、孝感地委、孝感县委的部分领导同志开调查会，他要对湖北省计划粮食 600 亿斤摸个底。湖北省委书记工任重、湖北省委副书记王延春、孝感地委第一书记王家吉、孝感县委书记王振

1958 年 9 月，毛泽东在武昌召集红安（今黄冈市红安县）、麻城（今麻城市）试验田干部座谈会
（摄影 侯波）

[1] 中共中央文献研究室 . 建国以来毛泽东文稿：第 7 册 [M]. 北京：中央文献出版社，1992:519-520.
[2] 中共中央文献研究室 . 建国以来毛泽东文稿：第 7 册 [M]. 北京：中央文献出版社，1992:525.

明分别汇报了省、地、县"大跃进"的情况。当王家吉汇报到有人为大办钢铁放卫星几天几夜不睡觉，倒在刚砌的平炉上睡着时，毛泽东听了笑着说："我也想睡下觉呢！"

其实，毛泽东这一夜真的没睡，通宵工作已成了他的习惯。就在14日清晨4时，专列在广水时，他还批发了一个文件。

这个文件是1958年11月11日新华社编印的《内部参考》第2630期上刊载的一则电讯，题为《邯郸专区伤寒疫病普遍流行》。电讯稿中说："今年入秋以来，河北省邯郸地区伤寒病普遍流行。痢疾、肠胃炎等症也有发生。这次病患人数之多、蔓延之快是历年来从未有的，已在全区波及到21个县市、70多个村庄。发生流行病的主要原因是，某些干部只注意生产，忽视了对群众集体生活的领导和关心。有些地方食堂工作做得不好，群众吃不到热饭，找不到暖和的地方，加上睡眠不足，使社员身体抵抗力下降，疫病蔓延很快。"电讯稿还说："这些情况已引起邯郸地区的注意，正在采取有效措施，扑灭现有病疫，控制蔓延，杜绝传染。"

这则电讯引起了毛泽东的注意。他在思考怎么解决这样的问题。他认为，之所以出现这种现象，"原因是抓了工作忘了生活"。这实在不是一个小事情。他立即把批示发到即将在武昌召开的中共中央政治局扩大会议上，并进一步写道："很值得注意，是一个全国性的问题，注意工作，忽视生活，必须立即引起全党各级负责同志，首先是省、地、县三级的负责同志的注意，方针是：工作生活同时并重。"

这时，王家吉说有人困得在平炉上睡觉的事，毛泽东的心里又惦记上了人民生活的问题。他说："为什么不可以呢？现在我们的日子不好过，自己骗自己，这也许是下情不能上达；日子不好过，也许是我们的主观主义、官僚主义，使下级党委的日子不好过。"

梅白说："彭真同志说，主席对湖北600亿斤粮食要摸个底，允许不允许讲真话。"

毛泽东说："你为什么不敢讲真话，就是要讲真话。"

这时，孝感县长风人民公社党委第一书记朱朝启、全国劳动模范官木生和勤俭持家模范晏桃香走进了会议室。

毛泽东走过来和他们一一握手："你们好！"

朱朝启、官木生和晏桃香齐声说："主席好！"

毛泽东见晏桃香还穿着棉袄，就说："晏桃香，车厢里有暖气，快把棉袄脱下来。"

晏桃香不好意思地说："不要紧，不要紧。"

她正患感冒，叶子龙怕她把疾病传染给毛泽东，不准备让她进车厢。毛泽东知道后说："怕什么，让她进来。"毛泽东让晏桃香坐在自己对面的位子上。

谁知，晏桃香一坐下，就打了一个喷嚏，弄得大家都紧张，倒是毛泽东说起笑话来了。

"不要紧，我是 60 多岁的老头子，不怕死，人家说是身经百战，你的一个喷嚏能打死我吗？你比帝国主义厉害？比日本侵略者厉害？比蒋委员长要厉害吗？"

一席话说得大家都笑了。

接着梅白发言。当梅白介绍到河北省"大跃进"典型、孝感县长风人民公社复员军人创造"亩产万斤稻谷"时，毛泽东望着王任重说："我不相信。"

一句话，说得王振明和朱朝启两人有些紧张，身为长风人民公社和孝感县委的负责人，自然知道这件事的底细。"万斤田"出自长风大队殷罗湾一个偏僻的角落，青年突击队的一个复员军人和一个小青年在改造落后田时，想了一个主意——用铁锹把几块地上的稻谷搬到另一块田去。验收时，人们只在采场看谷堆，加上已近黄昏，过秤时也没注意看，就这样出现了一个"万斤田"的典型。谈起这事，谁的心里都犯嘀咕。这个典型既然已经刊登在 1958 年 8 月 1 日报纸的头版头条，轰动了全国，到这时谁又能讲出其中的真实情况呢？

即使毛泽东不相信，他们又如何一五一十地道来？

王振明、朱朝启默默无语。

梅白又说："我刚从黄梅县（今黄冈市黄梅县）秘密调查60个生产队（包括平原、高山和丘陵地区），根本不可能达到这个数字。而且在端午节的一个多月，平均每人只有四两二钱粮食。李家湾支书说实话，平均每人四两四钱，黄冈地委还要从黄梅调出40万斤粮食，老百姓就会饿肚子。我提出取消这个决定，经姜一[1]和任重同志同意停止了调粮。从调查情况看，我估计全省1958年能搞到200亿斤左右粮食，顶多220亿斤。"

毛泽东听后无比伤感。

这时，梅白问毛泽东："主席，600亿斤粮食完不成怎么办？粮食是从地里长出来的。'有人此有土，有土此有财。'"

毛泽东说："讲得好！"

梅白说："1958年只能产粮食200亿斤左右。李达说是发烧39度，我们下面县、区已超过42度。"

想到与李达的那场争论，毛泽东也习惯地用"温度"来发问："老百姓几度？"

梅白说："老百姓正常，37度。"

毛泽东问："任重有几度？"

梅白说："任重是低烧38度。"他又转过身问毛泽东："是不是一个一个讲？"

毛泽东说："要讲。如果你一个人包了，我就成了偏听偏信。"

王佳吉说："梅白同志说的符合我们孝感地区的实际情况。"

王振明说："高指标是中央压省委，省委压地委，地委压县委。"

毛泽东又点起了一支烟，深深地吸了几口，问晏桃香："怎么

---

[1] 姜一，山西武乡人，曾任中共黄冈地委书记，1964年9月至1967年1月任中共湖北省委书记处候补书记，1971年3月至1977年7月任中共湖北省委书记。

感冒了？"看来，毛泽东心里一直放不下因连续苦干，群众疲劳过度，影响生活、影响健康的事。

晏桃香已近 40 岁。这位朴实的农村妇女，自丈夫死后，独自挑起了生活重担，早出晚归，辛勤地抚养几个孩子。她的事迹见报后，曾经感动过许多人。

晏桃香说："报告毛主席……"

毛泽东立即打断："不要报告，大家平起平坐，随便谈谈。"

晏桃香说："昨夜我通宵开车锄棉梗，天亮通知我开座谈会，一直打喷嚏，来这之前我先吃了药。"

毛泽东问："你们开夜车点灯吗？"

晏桃香说："300 瓦电灯，20 盏汽灯。"

"你赞成开夜车吗？"毛泽东问。

1958 年 9 月，毛泽东在武钢炼铁炉旁看望先进工作者（资料照片）

"说实话我不赞成，但上面要我们开夜车，我是妇联主任，不能不开。妇女干劲大，妇女和男人一个样，但是我认为开夜车划不来。花钱很多，费力很大，第二天打不起精神，大家都不愿意。"

毛泽东说："妇女和男人还是不能一样啊！要关心她们，执行'三期'（月经期、怀孕期、哺乳期）照顾。今年 3 月，我在成

都会议上，就讲有张有弛、劳逸结合嘛。"

毛泽东停了一下又说："你认为你所在的生产队粮食能达到指标吗？"

晏桃香回答："差十万八千里。"

毛泽东问："那么你想如何办呢？"

晏桃香恳切地说："希望上级实事求是。"

晏桃香一席话，让在一旁的梅白和官木生都为她鼓起了掌。

毛泽东看着官木生，说："你就是官木生，国计民生的生啊！"

官木生说："社员的干劲都起来了，比如我们大队有一个12岁的小社员胡春林，他破除迷信，挖坟开荒扩大面积，日夜劳动。"

毛泽东说："群众积极性越大越要关心群众，不要搞夜战，人过分劳累要害病的。"

接着毛泽东又问了"农业八字宪法"的贯彻情况。王振明、官木生、朱朝启、晏桃香等将孝感县的"五改"（旱地改水田、山坡改梯田、单季作物改双季作物、籼稻改粳稻、高岗改平地）的情况向毛泽东一一做了汇报。

毛泽东问："水稻产量有无潜力可挖？"

朱朝启说："要增产必须增肥，但肥施多了，水稻容易倒伏实在没有办法。"

毛泽东打着手势说："据专家说，水稻根系很长，如果把土耕深一点，行不行？"

大家认为，主席说得有道理，不妨试一试。

官木生说："现在的生产指标不造假不见报。省委书记都有责任。省压地区，地区压县，县压到我头上。我解放以来是劳模，都带头干，但是粮食产量我不敢带头，带这个头是无良心，老百姓就要饿饭。我同意梅白同志的汇报，我们现在要实事求是，要求中央实事求是。事实上有的地方百姓已经开始饿饭了。老百姓担心，'算盘一响，眼泪一淌'。"

毛泽东听着听着就流下泪，说："你们要我实事求是，我就看到你们实事求是。我不该同意给湖北 600 亿斤的意见。600 亿斤是主观主义、官僚主义，不好。这个问题不怪任重，不怪你们，怪我，怪我这个中央主席。"

送走官木生、晏桃香、朱朝启、王振明后，毛泽东说："多好的人民啊！我们对不起人民。"还说："唐代诗人韦应物说，'邑有流亡愧俸钱'，我现在的心情是国有流亡愧此生。"唐代诗人韦应物是一个仁政爱民的官吏，他常常在百姓受苦受难自己却无功受禄时感到惭愧。他写道："身多疾病思田里，邑有流亡愧俸钱。"毛泽东在这里以此诗句表达自己的心情。[1]

调查会结束后，毛泽东在专列上对李银桥说："现在有些人真是讨厌！一亩田明明打了 400 斤，最多 500 斤，却要硬上报 800 斤甚至 1000 斤。如果政府按照上报的数字征粮，老百姓不是要喝西北风吗？！"

李银桥说："我家里来信说，安平县也有这种情况。"

毛泽东说："再开会，一定要把这股浮夸风打下去！"

11 月 21 日到 27 日，中共中央政治局扩大会议在武昌洪山宾馆举行（又称武昌会议），毛泽东主持会议。会议围绕人民公社问题和 1959 年国民经济计划安排问题，着重讨论了高指标和浮夸风。

在第一天（21 日）的会议上，毛泽东谈了八个问题：（一）过渡到共产主义问题；（二）十五年规划问题；（三）这次会议的任务问题；（四）划线问题；（五）消灭阶级问题；（六）商品经济问题；（七）减少任务问题；（八）人民公社整顿问题。这些问题，都是他在第一次郑州会议前后反复考虑的。据他说："在我的脑筋里头，十五个吊桶打水，七上八下，就是刚才讲的那些问题，究竟这样好还是那样好。"

他担心的第一个问题，就是在干部中存在一种急于向共产主义

---

[1] 袁小荣. 毛泽东离京巡视纪实：中卷 [M]. 北京：人民日报出版社，2016:536–538.

1958 年 11 月，毛泽东在武昌会议上讲话（摄影 侯波）

过渡的趋势。他说："我们现在是一穷二白，5 亿多农民人均年收入不到 80 元，是不是穷得要命？我们现在吹得太大了，我看是不符合事实，没有反映客观实际。苏联 1938 年宣布社会主义建成了，现在又提出，从现在起十二年准备进入共产主义的条件。因此，我们就要谨慎。我们有说两年的，也有说三年的，也有说四年的，也有说五年的，就要进入了，哪儿有那个事呀？范县说两年进入共产主义，我派了几个同志去看了看，他们说'难于进'。"

关于郑州会议上形成的那个《十五年社会主义建设纲要四十条（草案）》，毛泽东说，那些数字根据不足，放两年再说。他提议，这次会的重点，就是讨论关于人民公社的决议和 1959 年的计划安排，为召开六中全会做准备。这样，集中反映"大跃进"中追求高指标达到登峰造极的那个"纲要四十条草案"，也就被搁置起来了。

在谈到 1959 年的任务时，毛泽东说："工业任务、水利任务、粮食任务都要适当收缩。实在压得透不过气，压得太重。我们在这

一次唱个低调，把脑筋压缩一下，把空气变成固体空气。胡琴不要拉得太紧。搞得太紧，就有断弦的危险。"

23 日，毛泽东在会上再次讲话。第一个问题就是指标问题，再次提出要压缩空气，使各项指标切实可靠。

针对"大跃进"中比较严重的浮夸风，毛泽东专门讲了一个"作假问题"，建议在关于人民公社的决议里专门写一条反对作假的问题。他说："建议跟县委书记、公社党委书记切实谈一下，要老老实实，不要作假。本来不行，就让人家骂，脸上无光，也不要紧。不要去争虚荣。比如扫盲，说什么半年扫光，我就不太相信，第二个五年计划期间扫除了就不错。绿化，年年化，年年没有化，越化越见不到树。说消灭了四害，是'四无'村，实际上是'四有'村。上面规定的任务，他总说完成了，没有完成就造假。现在的严重问题是，不仅下面作假，而且我们相信，从中央、省、地到县都相信，主要是前三级相信，这就危险。如果样样都不相信，那就变成机会主义了。群众确实做出了成绩，为什么要抹杀群众的成绩，但相信作假也要犯错。"他强调说："希望中央、省、地这三级都懂得这个问题，有个清醒头脑，打个折扣。"

"破除迷信"是毛泽东发动"大跃进"时提出的一句口号。在这次讲话里，他指出了问题的另一方面，说："破除迷信，不要把科学当迷信破除了。""破除迷信以来，效力极大，敢想敢说敢做，但有一小部分破得过分了，把科学真理也破除了。""凡迷信一定要破除，真理一定要保护。"

"破除资产阶级法权"，也是毛泽东在发动"大跃进"时提出来的。对于这个问题，他在第一次郑州会议上做过一个分析。在这次讲话中，毛泽东又做了进一步的较为全面的分析。他说："资产阶级法权只能破除一部分，例如'三风五气'、等级过分悬殊、'老爷态度'、'猫鼠关系'，一定要破除，而且破除得越彻底越好。另一部分，例如工资等级、上下级关系、国家一定的强制措施，还不能破除。资产阶级法权有一部分在社会主义时代是有用的，必须保护，使之为社会主义服务。把它打得体无完肤，会有一天我们要陷于被动。"

会议期间，云南省委的一份报告送到毛泽东手里。报告反映，这年春夏之间云南出现因浮肿病等引起的严重死亡的情况，主要原因是紧张持续的苦战，对群众生活缺乏关注。毛泽东十分看重这件事，想到邯郸疫病事件，当即又写了一个批语印发会议，认为中央在这个问题上也要承担责任，吸取教训。他指出："在我们对于人民生活这样一个重大问题缺少关心、注意不足、照顾不周（这在现时几乎普遍存在）的时候，不能专门责怪别人，同我们对于工作任务压得太重密切有关。千钧重担压下去，县乡干部没有办法，只好硬着头皮去干，少干一点就被叫'右倾'，把人们的思想引到片面性上去了，顾了生产，忘了生活。解决办法：（一）任务不要提得太重，不要超过群众精力负担的可能性，要为群众留点余地；（二）生产、生活同时抓，两条腿走路，不要片面性。"

要关心群众生活，生产、生活一起抓，要保证群众睡足、吃饱，不能把工作任务提得过重而不关心人民的生活。这个问题毛泽东从郑州会议讲起，一直讲到武昌会议，要求各级领导高度重视这一重要问题。

在纠"左"方面，与第一次郑州会议相比，武昌会议又前进了一步。中共高层领导对于一些突出问题的认识渐趋一致，为中共八届六中全会的召开准备了条件。

11月28日到12月10日，在毛泽东的主持下，中共八届六中全会在武昌举行。按照毛泽东的意见，全会的重点放在分组讨论和修改两个文件上，即《关于人民公社若干问题的决议（草案）》和《关于1959年国民经济计划的决议（草案）》。全会讨论通过了这两个决议。

《关于人民公社若干问题的决议（草案）》，是在《郑州会议

1958 年 11 月，毛泽东
主持召开中共八届六中
全会（摄影 侯波）

关于人民公社若干问题的决议（草案）》的基础上重新改写的。决
议主要针对两个突出的倾向，一个是急于向全民所有制和共产主义
过渡，另一个是企图过早地取消商品生产和商品交换。决议指出：
"无论由社会主义的集体所有制向社会主义的全民所有制过渡，还
是由社会主义向共产主义过渡，都必须以一定程度的生产力发展为
基础。""同志们要记着，我国现在的生产力发展水平，毕竟还是
很低的。""因此，我们既然热心于共产主义事业，就必须首先热
心于发展我们的生产力，首先用大力实现我们的社会主义工业化计
划，而不应当无根据地宣布农村的人民公社'立即实现全民所有制'，
甚至'立即进入共产主义'，等等。"又指出："继续发展商品生
产和继续保持按劳分配的原则，对于发展社会主义经济是两个重大
的原则问题，必须在全党统一认识。有些人在企图过早地'进入共
产主义'的同时，企图过早地取消商品生产和商品交换，过早地否
定商品、价值、货币、价格的积极作用，这种想法是对于发展社会
主义建设不利的，因而是不正确的。"决议要求，在 1958 年 12 月
至 1959 年 4 月对人民公社进行一次整顿。《关于人民公社若干问
题的决议（草案）》仍然反映和肯定了人民公社的许多"左"的、
超越历史阶段的东西，但它的锋芒，如毛泽东所说，主要是对着那
些性急的人。

《关于1959年国民经济计划的决议（草案）》，是根据毛泽东"压缩空气"的精神制定的，是一个压缩高指标的决议，但压得很不彻底，除对基建投资、钢铁产量作了压缩，其他指标大体保持北戴河会议提出的高指标。

　　从第一次郑州会议到中共八届六中全会，毛泽东连续主持召开三次中央会议，历时一个多月。他是在用心研究和纠正工作中的缺点、错误，并力图从理论上、政策上解决这些问题。但这只能说明是纠"左"的开始。问题还没有更多地暴露，有的已经暴露，也还没有进入毛泽东的认识领域，或者没有引起他的重视。毛泽东反对作假，但仍被某些假象蒙蔽。他一方面纠"左"，另一方面在他的头脑里仍然有不少"左"的东西。纠"左"的任务仍然严峻地摆在毛泽东和中共中央面前。

　　1959年初，"大跃进"和人民公社化运动带来的问题更多地暴露出来。全民大炼钢铁严重影响了农业和整个国民经济全局的正常发展。农业发展速度变得明显缓慢，粮食、副食品和日用消费品供应十分紧张，农村劳动力极大浪费，国民经济比例严重失调。

武钢高炉（资料照片）

对此，毛泽东感到很烦恼，睡不着觉。他百思不得其解的是：为什么 1958 年农业大丰收，但从 1959 年年初开始，全国就发生了缺粮、缺油风潮，大中城市蔬菜供应很少，肉也很少？

正在这时，一份材料送到他手里，是中共广东省委转发的省委书记处书记赵紫阳关于雷南县（今广东省湛江市徐闻县）干部大会解决粮食问题的报告。赵紫阳 1959 年 1 月 27 日的这一报告说，雷南县去年晚稻生产有很大跃进，年底却出现了粮食紧缺的不正常现象，结果查出瞒产私分的粮食 7000 万斤。雷南县的经验证明，目前农村有大量粮食，粮食紧张完全是假象，是生产队和分队进行瞒产私分造成的。报告说，必须反复交代两条政策：（一）粮食政策。明确宣布 1959 年夏收之前粮食消费以生产队为单位进行包干，以解除大家对粮食问题的顾虑。（二）对待瞒产干部的政策。应明确宣布瞒产是错误的，但只要坦白交代，可既往不咎；拒不交代的，要给予处分，甚至法办。广东省委的批语也说，去年粮食大丰收、"大跃进"是完全肯定的，粮食是有的。必须坚决领导和进行好反瞒产、反本位主义的斗争，才能保证完成粮食外调任务和安排好群众生活。

毛泽东看了报告，异常兴奋，认为找到了问题的症结所在。1959 年 2 月 22 日，中共中央把这个报告批转各省、市、自治区党委，毛泽东为中央写了一个批语。其中写道："赵紫阳同志给广东省委关于解决粮食问题的信件及广东省委的批语，极其重要，现在转发你们。公社大队长小队长瞒产私分粮食一事，情况严重，造成人心不安，……在全国是一个普遍存在的问题，必须立即解决。""瞒产私分是公社成立后，广大基层干部和农民惧怕集体所有制马上变为国有制，'拿走他们的粮食'，所造成的一种不正常的现象。六中全会关于人民公社的决议，肯定了公社在现阶段仍为社会主义的集体所有制，这一点使群众放了心。但公社很大，各大队小队仍怕公社拿走队上的粮食，并且在秋收后已经瞒产私分了，故必须照雷南县那样宣布粮食和干部两条正确的政策，并举行一个坚决的教育运动，才能解决问题。"[1]

毛泽东转发这个报告时，拟了一个醒目的标题：《中央批转一个重要文件》，可见他对这个报告之重视。令他十分烦恼的问题仿佛终于有了答案：大丰收年闹粮荒，原来是普遍存在的瞒产私分造成的！所以他说："我1月有点烦恼，2月更加烦恼，赵紫阳那封信给了我很大的帮助。"农村中是有瞒产私分的情况，但并不多。当时主要是缺粮而不是瞒产私分。反对瞒产私分更加重了农村缺粮的情况。但是，毛泽东从"瞒产私分"这个问题得到启发进而提出公社所有制问题，是很重要的。

为什么会发生瞒产私分的现象？怎么看待这个问题？毛泽东要追根究底地弄个明白。2月23日，毛泽东带着这个问题登专列南下。

当天晚上，在停靠在天津的专列上，毛泽东同河北省负责人刘子厚、解学恭、张明河，天津市负责人万晓塘、李耕涛等谈话，听取他们关于整社和生产情况的汇报。在谈到瞒产私分和原来的穷富社之间有矛盾的问题时，毛泽东说，瞒产"是一条客观规律，是个什么样的规律，可以分析研究一下"。"强调统一就吓住了，农民还是怕共产，……所以刚秋收后，就来个瞒产私分，怕你拿走。"

1959年4月，毛泽东在天津武清县豆张庄麦田视察
（摄影　侯波）

[1] 中共中央文献研究室.建国以来毛泽东文稿：第8册[M].北京：中央文献出版社，1993:52.

用脚步在大地上书写

毛泽东与五七车站纪事

毛泽东还指出，富社怕穷社吃"洋落"吗？就是怕共产，强调"要在有差别的基础上来搞统一，没有差别就要造反的。光讲统一就行不通"。

对于河北省委改变以前强调统一的做法，现在采用只统必要的或只统部分的做法，毛泽东比较满意，风趣地说："现在你们被农民说服了。"接着他就明确指出："现在公社的集体所有制，实际上是公社集体的所有的一小部分。生产队集体所有的大部分，也就是基本上是生产队的集体所有制。"

谈话进行了3个小时。据毛泽东说，这次谈话对他有很大启发。他是这样说的："河北省委1月9号散会的党代表大会的倾向是要一为大，二为公，想统一，想统死，作了决议。到了1月中旬、下旬，觉得不对头了，省委赶紧转，到2月就下决心，2月13日开了次电话会议，相当明确，但是还没有触及所有制。"

在调查中，毛泽东逐渐把注意力集中到所有制问题上来。他感到，那种高度集中、统得过死的大规模公社存在严重问题，必须调整。[1]

---

[1] 边学祖.驰骋版图——毛泽东专列纪事 [M].北京：中央文献出版社，2013:105-130.

（二）召开六级书记座谈会

1959 年 2 月 24 日晚，专列抵达五七车站。毛泽东在专列上同山东省委第一书记舒同、省委秘书长吴建谈话。随后，毛泽东前往山东省委交际处会议室，又同山东省和济南市的负责人谈话。他要李先念参加了这两次谈话。

毛泽东还想着昨天在天津的谈话，他给河北省省长刘子厚写信。其中谈到："昨天谈得相当舒畅，相当好，感谢你们！一月改变整社的方针政策，与党大会的想法不同，是很好的。我觉得你们的路线好。""你们有一个整社六个问题的指示文件没有？应该有吧，我极想看，有的话，送一份给我，两天内送到济南即可。我在这里有两三天住，来得及的。至祷至盼。"[1]

毛泽东的心境是透明的，与人谈话和讨论问题时真心真意，从别人那里得到一点启示他都高兴不已，从不掩饰。他从不居高临下。别人对他那种"神"的感觉是出于崇拜和敬仰的心理。

25 日 17 时至 20 时，毛泽东又在五七车站的专列上，同山东省委第一书记舒同、省委秘书长吴建、中共历城县第一书记王任之、历城县东郊人民公社党委第一书记郑松、东郊人民公社大辛管理区总支书记李兰生、东郊人民公社大辛大队支部书记张印水座谈，毛泽东称之为"六级书记座谈会"。

对这次会议，时任历城县东郊人民公社党委第一书记的郑松，曾有如下回忆：

工作人员为我们每人沏上了一杯茶。毛主席拿起一支烟，用手指在一个小烟灰缸上搓了搓，一掐两半，一半放在烟灰缸上，一半

[1] 中共中央文献研究室 . 建国以来毛泽东文稿：第 8 卷 [M]. 北京：中央文献出版社，1993:58.

围绕步在大地上书写

毛泽东与五七车站纪事

1959年2月，毛泽东在济南专列上召开六级书记座谈会（摄影　侯波）

放入象牙烟嘴里，点燃后抽了两口，对大家说："咱们把大体情况谈谈吧！"

接着，毛主席问王任之："历城县有多少人口？"

"全县农业人口 63 万，非农业人口 4 万，共 67 万人。"王任之回答。

毛主席又问："全县多少个社、多少个队、多少个生产队？"

王任之一一做了回答。

这时，舒同指着王任之说："他们县有山、有岭、有平原，还有郊区，很全面。"

毛主席沉思了一下说："作为一个社来讲，就不一定全面吧！"

"东郊公社很全面，有平原和丘陵。"舒同回答。

毛主席带有疑问的口气问："这样全面好不好？"

"这样好。"舒同回答。

毛主席把目光转向我，问："东郊公社多少人，多少户？"

"3.9 万户，12 万人。"

毛主席又抽了几口烟，端起杯子呷了几口水，自言自语地说："好大呀！"接着又问："有多少队，多少组？"

"有 15 个管理区，154 个生产队，508 个生产组。"我回答。

毛主席不解地问："别处都叫大队，你们叫管理区，是一回事吗？"

舒同解释说："管理区就是大队。"

毛主席又问："你们公社有多少干部？脱产的多少？不脱产的多少？"

我一一做了回答。

毛主席指着李兰生问："你脱产吗？"

"不脱产。"李兰生回答。

毛主席接着问："不脱产怎么吃饭？"

"我们有工资，我们的工资略高于社员。"李兰生回答。

毛主席又问："你们参加劳动吗？"

"一年至少参加 100 天劳动，其余因公开会算误工，工资是按照同等劳力评定，略加提高。"

"这样办还可以吧？"毛主席问李兰生，也是征询大家的意见。

李兰生回答说："可以。"大家也都点头表示同意。

这样一问一答的座谈，像拉家常一样。我们的紧张情绪不知不觉全没了。

毛主席问我："你们东郊公社住在什么地方？"我回答说："公社机关住在大辛庄。"

舒同插话说："他们公社里还有商朝的古迹呢。"

毛主席十分感兴趣地问："挖出些什么东西？"

"石刀、石斧、陶器等，都挖出来过。"舒同回答。

毛主席问："龙山文化遗址在什么地方？"

"在历城县东部和章丘县(今山东省济南市章丘区)搭界的龙山。"

毛主席说："龙山文化很有名啊！商纣王是很有本领的人，周武王把他说得很坏。他的俘虏政策做得不太好，所以以后失败了。他抓着俘虏就杀。我们的俘虏政策和他的不一样，是进行思想教育和改造工作的。"

毛主席端起茶杯呷了几口水，说："现在再谈谈整社吧，整社有什么问题？"

"对 1958 年'大跃进'的认识不统一。"我说。

毛主席问："是不是有的认为是'大跃进'，有的认为是'小跃进'，有的认为是'没跃进'的意思？"

"是。"我回答。

毛主席问："你们书记委员当中有这样的人吗？有多少不通的？管理区有多少不通的？"

"都有怀疑的人。"我回答。

毛主席问："这些怀疑的是好人还是坏人？"

"是好人，他们主要是心中无数，认识不清楚。"接着我就把东郊公社 1958 年的粮食收成情况做了汇报，说："东郊公社 1957 年粮食平均亩产 350 斤，1958 年亩产达到 1050 斤，实际上收到家 740 斤，其余 310 斤因为收得粗损失了。"

我说到这里，毛主席脸上的笑容消失了，十分严肃地问："怎么损失这么多啊？去年收得粗，今年你们要收得细一点。实收 740 斤，有这么多吗？你们怎么知道收这么多？又没有过秤，怎么算出来的？"

毛主席对实收 740 斤有些怀疑。1958 年秋天全国到处"放卫星"，有的甚至把几亩几十亩并成一亩，谎报成一亩的产量，对"这些卫星"，报纸上也报道了不少。山东的寿张县和高唐县(今聊城市高唐县)也放过亩产 3 万至 5 万斤玉米、亩产 3 万至 5 万斤谷子、亩产 30 万斤地瓜和亩产 1.5 万斤籽棉的"大卫星"。毛主席对这些情况早就觉察了。他在 1958 年 2 月 1 日的一次讲话中就尖锐指出："农业社放过一些'卫星'，报上吹过很多，不实在。实际上没有那么高，也没有那么多，有些是把几十亩并成一亩拼出来的。"

因此，毛主席的怀疑是有根据的。

我一笔一笔地做了详细汇报，说："这些都是经过核实计算出来的，卖给国家多少，已经吃掉多少，留了多少种子、多少饲料，

现在还有多少，是这样一笔一笔算出来的。"

"他们的仓库一个一个地都清过了。"王任之也解释说。

毛主席脸上又露出了笑容，说："你们这不是翻了一番多嘛！这样对一个跃进的认识都统一了吧？"

我回答说："都统一了。"

毛主席说："这是一个思想问题，还有什么问题？"

"对人民公社的优越性认识也不统一，有的说人民公社不优越，特别是有些富裕中农还不满意。"我又汇报了整社中解决的第二个问题。

毛主席指着张印水问："你队有多少贫农，多少中农，多少富农和地主？"

张印水一一做了回答。

舒同说："他队有个叫'铁算盘'的，还有个叫'哼一哼'的哩，他们对公社化不满意。"

毛主席对这两个人的意见很感兴趣，问："'铁算盘'叫什么名字，'哼一哼'叫什么名字，多大年纪了？"

张印水回答后，毛主席用笔记在了本子上。

这两个人都是富裕中农，一个叫陈永仁，外号"铁算盘"，非常会算计；外号叫"哼一哼"的名字叫王玉泉，他对一件事赞成或反对，不是直接说出来，而是用"哼"音来表示，赞成不赞成都是用一个"哼"字，但哼的音调不一样。

"'铁算盘'打得精，还不如王玉泉'哼一哼'。"我把大辛生产队群众中流传的话做了汇报。

毛主席听后笑了起来，问："'铁算盘''哼一哼'为什么不满意？"

"铁算盘""哼一哼"在大辛生产队是两个很有名的人物，也是整社中的两个代表性人物。整社中他们提了一些意见，经过算账，有的解决了，有的还未解决。我向毛主席汇报说："'铁算盘'说成立公社他减少了75元的收入。经过给他算账，去年他家里养的母猪死了。他的女儿快30岁了也不参加社里劳动。儿子在外边工厂里做工，寄的钱归个人。算的结果是他并没有减少收入。他才服了气。"

毛主席高兴地说："服啦，叫你们把他算服了，就得这样和他算算嘛！'哼一哼'呢？"毛主席随说随学着哼了起来，说："'哼一哼'就是这么个哼法吧？"毛主席笑了，在场的同志也都笑了。

张印水说："'哼一哼'也通了。"

我说："'铁算盘'这个人还好办，他有意见说出来。'哼一哼'有意见在心里记个账，不讲话。这回六中全会决议公布后，他讲话了，硬和队里要东西。"

毛主席说："这个人好厉害呀！"

按照党的政策，当时富裕中农在农村是团结对象，但是毛主席对这两个农民的意见是很重视的，在随后中央召开的第二次郑州会议上还谈过这两个农民。1959年3月9日，山东省委为贯彻第二次郑州会议精神召开了六级干部会议，他俩作为特邀代表参加了会议。他们听了第二次郑州会议精神的传达，表示非常拥护。"铁算盘"说："早按毛主席的指示去做就好了，只要多劳多得，等价交换，谁还不愿意拼命干呢？""哼一哼"也哼了起来，哼的是赞成的音了。

舒同说："富裕中农对人民公社有'五不满'，一是对大兵团作战不满；二是对生产秩序混乱不满；三是对大炼钢铁收了他的铁不满；四是对拆了他的破旧房子不满；五是对生活大集体让人不自由不满。"

毛主席对富裕中农的这"五不满"，一条一条地做了记录。他端起茶杯喝了两口水，稍作沉默后就一条一条地表明了他的意见，说："大兵团作战不能经常这样搞，但有时还是需要的。生产秩序混乱，不但他们不满，连贫下中农也会不满意。说生活集体不自由这个不好办。"说到这里他掰着手指头算了算，说："除冬天几个月冷，其余三、四、五、六、七、八、九、十、十一这九个月还是在集体吃饭好。"

1958 年夏初，毛泽东在天津郊区视察（摄影 侯波）

"他们的生活很不错呀，吃净粮食，还有小炒部。"舒同插话。

毛主席说："将来到你们小炒部吃顿饭。"

毛主席继续表示他对"五不满"的态度："破旧房子还是要拆的。炼钢铁用了他们的铁，能不能还他们的？"

舒同回答说："现在有困难。可是经过把算账和拖拉机联系起来，说明不炼钢铁出不来拖拉机等，都解决了。"

毛主席严肃地说："对，先记下一笔账，等于他们向国家投了点资，等两个五年计划以后再还他们，那个时候钢铁就多了，现在是还不起。去年是艰苦的一年啊！农民在这一点上是出了很大的力的。"

毛主席从烟灰缸上拿起那一支烟的另一半放在烟嘴里，点燃后吸了几口，然后又提出一个问题，说："关于收入问题谈谈吧。"

我做了汇报，说："1958 年公社平均每人收入 86.8 元。公社还有了自己的集体积累，现有拖拉机 17 台，抽水机 63 台，电力井 16 眼，自流井 10 眼，播种机 1 台，脱粒机 4 台。这些机械化半机械化农机具折价，全社平均每人 24 元。还有社办工业，每人平均 5 元。社里的中型农机和大家畜，平均每人 5 元。"这时，毛主席摆摆手说：

"慢一点说，我给你们算算这个账。"他亲自将上述几笔加了起来，共 120.8 元。然后他高兴地说："每人平均 120 多元，你们现在就超过富裕中农了。公社有了物质基础，今后会更加稳固了。你们这笔账都向社员算了吧？"

"都向社员算了。"我回答。

毛主席又问："这样一算，大家都统一了认识吧？高兴了吧？"

"都统一了认识。另外，还向社员进行了社会主义和共产主义前途教育，大家更高兴了。"我又开始汇报整社中的第三个问题。

毛主席问："共产主义是方向，这个有问题吗？"

"起初不明确。社员认为成立了公社吃饭不要钱了，就是共产主义。因此，有不分你的我的的错误思想。"我汇报说。

毛主席问："这个问题现在解决了吗？"

"经过宣传党的六中全会精神，解决了。"

这时，已是下午 6 点半，工作人员进来对毛主席说："主席，饭准备好了。"

毛主席看了看手表，合上笔记本，对我们说："好！现在请大家一起吃饭，饭后咱们再接着谈。"

座谈会用的是一张长条形桌子，毛主席坐在一边，我们大家坐在他的对面。吃饭也还是用这张桌子，我们请主席坐在桌子的上位，主席就让我坐在那里，并风趣地说："你是公社的书记，我们都是你的社员。"

这顿饭是精心准备的，是毛主席请我们吃的客饭。开始，工作人员端上两碟小菜，一碟炒苦瓜，一碟香肠。毛主席用筷子指着苦瓜说："这是苦瓜，它的味道很苦，喜欢吃的人像吃辣椒一样，越吃越想吃。大家尝尝吧。"这是我头一次听说苦瓜这个名字，更是第一次吃苦瓜。我们历城来的几个同志大概都和我一样。我吃了一口，确实很苦。看着主席挺爱吃苦瓜的，数量又不多，我们每个人都只吃了一口尝尝，其余的都让主席吃了。

接着，端上来的是四菜一汤：芹菜炒肉丝、芸豆溜肉片、雪里蕻辣椒、清炖鱼和白菜豆腐汤。还有特意为我们准备的一盘大葱和面酱。工作人员送来一瓶葡萄酒，为毛主席斟上一小杯，也为我们每人斟上了一小杯。毛主席端起酒杯请我们喝酒，我们有的陪主席饮了，有的激动得没有饮。毛主席饮了这一小杯酒之后，便开始吃饭。主食是大米饭。

毛主席对工作人员说："山东人好吃馒头，给他们拿点馒头来。"从大葱到馒头，主席为我们想得非常周到。

主席见我们不好意思动筷子，便说："你们山东人不是爱吃大葱吗？来，大家都吃。"说着他便拿起一根生葱吃了起来，我也跟着拿起了一根葱吃开了。虽然毛主席平易近人，谈笑风生，劝着我们多吃一些，但和主席在一起吃饭，我们的心情很激动，不好意思吃。

毛主席看菜下得少，就拿起汤勺为我们舀菜，把白菜豆腐汤一勺一勺地给我们往碗里舀，边舀边意味深长地说："分配是个大问题，分配不好大家就会有意见。来，我给大家分配分配。"这顿饭吃了不到半个小时。

毛主席心里时刻想着人民群众，茶余饭后想的谈的也是与人民群众生活有关的问题。在饭后谈话中，毛主席对舒同说："今天我们吃的米饭是粳米，北方产的，米粒较短，宽而厚，黏性较强，有香味，吃起来比南方产的籼稻好吃。为什么全国不能都种粳稻呢？"

毛主席还谈了南方一种叫空心菜的菜，问舒同在济南有没有种的，说这种菜很好栽培，院子里、房前房后都可以栽种，长大了用刀割着吃，割了后可以再长，方便得很。毛主席还对舒同说："你可以在院子里种一点嘛。"我以前从未听说，更没有见过这种菜，后来，在舒同的院子里看到了这种菜。

工作人员端上来一盘已切好的西瓜。当时还是寒冬季节，那个年代在那个季节能见到西瓜，我们几个人都感到稀罕。

毛主席说："这西瓜是广州那里产的。我们中国大啊，北方现

围绕毛在大地上书写

毛泽东与五七车站纪事

1958 年 10 月，毛泽东视察四川省郫县（今四川省成都市郫都区）红光农业合作社，
与社员温大娘亲切交谈（摄影 侯波）

在还很冷，广州现在的气温和济南的春天差不多。"

毛主席指着李兰生、张印水问："你们到过广州吗？"

"没到过。"

毛主席又问："你们到过泰山吗？"

"也没有。"

毛主席说："以后有机会，可以到广州看看嘛！"

毛主席又点着一支烟，一边吸烟，一边又开始了座谈。

毛主席问："关于干部作风有问题吗？"

"干部作风问题，开始认识上也不统一。有些干部认为，整社就是整干部。因此，有缺点的干部有顾虑，怕挨整。"我汇报了干部作风方面的一些情况。

毛主席问："干部有没有打人的？"

"没有发现。"我回答。

毛主席说："我不相信，那么多干部没有打人的？"

"因为贯彻了毛主席您的正确处理人民内部矛盾的指示精神。"我接着回答。

毛主席又问："干部作风上有什么缺点吗？"

"整社以前，东郊公社的区、队干部有'三大法宝'，就是辩一下、拔白旗、不管饭。"舒同说。

毛主席说："大辩论还得要，可不要当成整人；拔白旗，真的白旗还要拔；不管饭不行，对地主富农也要管饭。"

随后，毛主席又问："'三大法宝'不用了，现在用什么方法？"

我汇报说东郊公社在整社中总结了干部作风上的"八大转变"和"十大发扬"。当我汇报到听党的话、听毛主席的话时，毛主席笑着插话："还听我的话？听党的话就行了嘛！"

毛主席扔掉烟蒂，接着说："再说说分配问题好不好？"

"好！"大家异口同声地回答。

接着我汇报了公社的分配情况，说："去年公社化以后，实行了吃饭不要钱的供给制和工资加奖励的分配制度。社员是按照评定等级按月发工资。社员的劳动工资实行'上死下活'的办法，每月进行评级发工资，这样社员感到满意。"

毛主席问："怎么是'上死下活'？"

"公社按原来等级把工资发到队，队里包工定额记工分，每月按每人所得的工分发工资。"我解释。

毛主席问："群众同意不同意？"

"这是群众提出来的办法，是群众的要求。"我回答。

毛主席点点头说："这样还可以。"

随后谈到1959年社员的口粮分配问题，当汇报到全年生产计划实现后，社员的口粮可达到每人全年500斤到1000斤时，毛主席问："1000斤粮食吃得了吗？你们不是每天半斤肉吗？可以给牲畜粮食吃。牲畜吃粮食，人吃肉，还要喂奶牛嘛！"

接着，毛主席又说："工资问题解决了，伙食问题也解决了。你们再谈分配比例吧！"

大家面面相觑，谁也说不上来。

沉默了一会儿，毛主席说："你们回去好好算算吧。总收入，

围绕毛在大地上书写

毛泽东与五七车站纪事

除去生产成本，为国民经济收入。分配的问题一是国家税收，二是社里的公共积累，三是个人消费。社员消费又包括公共福利事业消费。"

分配比例问题，我们没有汇报清楚，主要是因为当时我们对此认识不足。主席谈了之后，引起了我们的重视，专门作了研究。

时间已到晚上 8 点半了，座谈会临结束时，王任之恳切地说："主席，东郊公社的党员团员和劳模都想见见您，您什么时候有机会去一趟？"

毛主席抬腕看一看表说："今天天晚了，不然我要去看看，今后有机会。"

座谈会结束后，当天夜里 11 点毛主席就乘专列离开了济南。[1]

毛泽东在这次座谈中提出，在分配制度上应以生产队为单位进行按劳分配，而不是扯平。他对这个座谈会感到很满意。

[1] 山东省档案馆.毛泽东与山东 [M]. 北京：中央文献出版社，2003:97-107.

到东郊公社视察 发现和纠正『大跃进』的错误

（三）第二次郑州会议的重要成果

1959 年 2 月 26 日，毛泽东的专列抵达郑州。当天晚上，毛泽东同河南省委负责人吴芝圃等谈话，27 日上午，又增加河南省四位地委负责人一起谈话。

这时，毛泽东考虑的问题答案已逐渐成熟，心里有了底。他一开头就从所有制讲起，说：公社有穷队、中等队、富队三种。现在的公社所有制，基本上是队的所有制，即原来老社的所有制。现在的公社，实际上是"联邦政府"。人民公社的集体所有制是要逐步形成的。调多了产品，瞒产私分，又对又不对，本位主义基本合法。一个公社，有那么多管理区、生产队，有经营好坏、收入多少不同，粮食产量多少不同，吃的多少不同。生产水平不同，分配不能一样。穷队挖富队不好，他们都是劳动者。人为地抽肥补瘦，就是无偿地剥夺一部分劳动者的劳动产品给穷队。多劳的多得，少劳的少得，就都积极起来了。"瞒产是有原因的，怕'共产'，怕外调。农民拼命瞒产是个所有制问题。本位主义是怕调，这种本位基本上是对的。"这是毛泽东一个多月来苦苦思索，经过调查研究后得到的一个认识。

2 月 27 日晚到 3 月 5 日下午，毛泽东在专列上主持召开中共中央政治局扩大会议，统称第二次郑州会议。关于这次会议的召集，毛泽东这样说过："'右倾'的不是我一个人，山西的同志也相当'右倾'。山西我没有去。我一到天津，天津的同志也'右倾'，刘子厚跟我差不多。到了山东，就听说吕鸿宾先左倾，后来'右倾'了。还有李先念，他也觉得过去'右倾'不够。我一到河南，河南的同志赞成我这个'右倾'。我 26 号晚上就见了他们，跟他们一吹，我就有劲了，我才敢于下决心召集这次会议。"

1959年3月，毛泽东在第二次郑州会议上讲话（摄影 侯波）

这次会议的参加人员是逐步扩大的。第一天的与会者为：毛泽东、刘少奇、邓小平、彭真、李先念、胡乔木，河南省委第一书记吴芝圃，山东省委第一书记舒同，河北省委书记刘子厚，山西省委第一书记陶鲁笳，陕西省委第一书记张德生。毛泽东发表长篇讲话。

他指出："我认为人民公社现在有一个矛盾，一个可以说相当严重的矛盾，还没有被许多同志所认识，它的性质还没有被揭露，因而还没有被解决。而这个矛盾我认为必须迅速地加以解决，才有利于调动广大人民群众更高的积极性，才有利于改善我们和基层干部的关系，这主要是县委、公社党委和基层干部之间的关系。究竟是什么样的一种矛盾呢？大家看到，目前我们跟农民的关系在一些事情上存在着一种相当紧张的状态，突出的现象是在 1958 年农业大丰收以后，粮食、棉花、油料等农产品的收购至今还有一部分没有完成任务。再则全国，除少数灾区外，几乎普遍地发生瞒产私分，大闹粮食、油料、猪肉、蔬菜'不足'的风潮，其规模之大，较之1953 年和 1955 年那两次粮食风潮都有过之无不及。同志们，请你们想一想，这究竟是怎么一回事呢？我认为我们应当透过这种现象看出问题的本质即主要矛盾在什么地方。这里面有几方面的原因，但是我以为主要应当从我们对农村人民公社所有制的认识和我们所采取的政策方面去寻找答案。"他批评一些领导干部，说："他们误认人民公社一成立，各生产队的生产资料、人力、产品，就都可以由公社领导机关直接支配。他们误认社会主义为共产主义，误认按劳分配为按需分配，误认集体所有制为全民所有制。他们在许多地方否认价值法则，否认等价交换。因此，他们在公社范围内，实行贫富拉平，平均分配，对生产队的某些财产无代价地上调，银行方面也把许多农村中的贷款一律收回。一平、二调、三收款，引起广大农民的很大恐慌。这就是我们目前同农民关系中的一个最根本的问题。"

关于人民公社的体制，毛泽东认为，最基本的是要承认"目前公社所有制除了有公社直接所有的部分以外，还存在着生产大队（管理区）所有制和生产队所有制"。他说："六中全会的决议写明了集体所有制过渡到全民所有制和社会主义过渡到共产主义所必须经过的发展阶段。但是没有写明公社的集体所有制也需要有一个发展过程，这是一个缺点。因为那时我们还不认识这个问题。这样，下面的同志也就把公社、生产大队、生产队三级所有制之间的区别模糊了，实际上否认了目前还存在于公社中并且具有极大重要性的生产队（或者生产小队，大体上相当于原来的高级社）的所有制，而这就不可避免要引起广大农民的坚决抵抗。"

从第一次郑州会议以来，毛泽东反复提醒各级领导注意，人民公社从集体所有制到全民所有制需要有一个过程。在第二次郑州会议上，他又进一步地提出，在人民公社内，由队的小集体所有制到社的大集体所有制，也需要一个过程。这表明他当时对这个问题的认识和思考在逐渐深化。

他说："目前的问题不是本位主义，而是领导者的平均主义和过分集中的倾向。""所谓平均主义倾向，即是否认各个生产队和各人的收入应当有所差别。而否认这种差别，就是否认按劳分配、多劳多得的社会主义原则。所谓过分集中倾向，即否认生产队的所有制，否认生产队应有的权利，任意把生产队的财产上调到公社来。""上述两种倾向，都包含有否认价值规律、否认等价交换的思想在内，这当然是不对的。"

第二天（28日）的会议，毛泽东找来另一批省、市委第一书记开会，他们是上海的柯庆施、广东的陶铸、湖北的王任重、湖南的周小舟、安徽的曾希圣、江苏的江渭清、四川的李井泉、甘肃的张仲良等。毛泽东讲的内容跟上一天大致相同，不过有些话讲得更鲜明，更尖锐。毛泽东讲到反对本位主义问题时说："我没有出北京以前，也赞成反本位主义，但我走了三个省就基本上不赞成反本位主义了。不是本位主义，而是他维护正当权利。产品是他生产的，是他所有，他是以瞒产私分的方式来抵抗你。幸得有此一举，如果不瞒产私分，那多危险，那不就拿走了？"从反对"本位主义"到赞成"本位主义"，毛泽东在思想上有了一个重要变化，这个变化来自他亲身的调查研究。

这一天的会开得不人顺利，不少人思想上没有准备，对毛泽东提出的一套主张想不通，一时转不过弯来。3月1日上午8时，毛泽东写信给刘少奇、邓小平等，建议会议再延长两天。他写道："听了昨天十位同志的意见，我感觉有一些同志对我讲的那一套道理，似乎颇有些想不通，觉得有些不对头，与他们那里的实际情况不相符合，感觉我的道理有些不妥。当然还待商量。我可以这样说，同志们的思想有些是正确的，但是我觉得我的观察和根本思想是不错的，但是还不完善。有些观点需要同志们给我以帮助加以补充、修正及发展。""我的这一套思想，是一月、二月两个月内逐步形成的。到天津、济南、郑州，跟三省同志们交换意见，对我有极大的启发。因此到郑州，我就下定了决心，形成了一套思想，这套思想还有些不完善还有些不准确，还有些需要发展和展开的地方，需待今后再观察、再交换意见，再思再想。"

3月1日下午，将27日、28日分别参会的人集中起来，继续开会。毛泽东在会上讲话，重复强调所有制问题，等价交换、按劳分配问题，肯定瞒产私分的合理性，并且做了自我批评。他说："要从所有制方面解决问题。现在是一平、二调、三收款，这样一来统统违反按劳分配原则，否定价值法则，否定等价交换。"毛泽东指出："基础是生产队，你不从这一点说，什么拉平，什么过分集中，就没有理论基础了。得承认队是基础，跟它做买卖。它的东西，你不能说是你的，同它是买卖关系。""六中全会到现在，两个半月，根本没有实行。人民公社决议没有阻止一平、二调、三收款这股风。开头我放炮，一定要那样做，要紧张一天半，不然扳不过来。原先心里想的共产多了，个人少了，就是这个弯子。（李先念插话："27日以前是反对本位主义。"）要去掉本位主义的帽子，要恢复农民的名誉。〔吴芝圃插话："他们（指参加河南省委正在召开的六级干部会议的人。——引者注）来的时候就谈本位主义，他们估计就是反本位主义。"〕现在我们是取消本位主义的帽子，反对平均主义思想、过分集中思想。这两个东西是很冒险的，它的性质是冒险主义。"又说："瞒产私分不是本位主义，瞒产私分极其正确，那股风一来，他幸得瞒产。（王任重插话："省委的责任就是政策不明确。"）我的思想就不明确。主要责任中央担，没有说清楚这个事，以为一篇决议就可以解决了。"

面对"一平、二调、三收款"这股猛烈的"共产风"，毛泽东很着急和担心，怕出现更大的问题。春耕在即，他要迅速扭转这个局面。他认为这是可能的，根据河南省的经验，就是各省立即召开六级干部会议，一竿子插到底，做出统一决定，贯彻实施。3月2日凌晨4时半，他再次写信给刘少奇、邓小平等："鉴于河南六级干部会的开法有极大利益，不集中开一次，领导不会很强调，全省、区不能迅速做出一个统一的决定，而这种统一的决定是十分必要的。已是 3 月了，春耕在即，这个大问题不在 3 月上半月解决，将遇到大损失，我担心苏联合作化时期大破坏现象可能在我国到来。我国过去几年合作化讲步骤，无破坏。这次公社化，仍然必须讲步骤，避免破坏。"上午 8 时，毛泽东又写信致刘、邓等，说："我已请恩来、陈云、陈毅、德怀、富春、一波、萧华、定一、康生等九位同志于今日到此，到即参加你们今日下午和晚上的会议，共同审定我的讲话稿和你们议定的十二句话，以昭慎重。"[1]

讲话稿是由胡乔木整理的毛泽东在 1959 年 2 月 27 日会议上的讲话。十二句话，指当时议定的整顿和建设人民公社方针的十二句话。原来有一句"多劳多得"，毛泽东认为，"多劳多得，并不等于等价交换，可以叫价值法则，等价交换"。后根据毛泽东的意见，把"多劳多得"改为"按劳分配"，又加了两句"物资劳动，等价交换"，变成十四句话："统一领导，队为基础；分级管理，权力下放；三级核算，各计盈亏；分配计划，由社决定；适当积累，合理调剂；物资劳动，等价交换；按劳分配，承认差别。"

这十四句话，成为制止"共产风"、整顿和建设人民公社的基本政策，其中最重要的是"队为基础"（即以原高级社为基础）"等价交换""按劳分配"。

1959 年 3 月 2 日晚，继续开会。周恩来、陈云、彭德怀等几位中央领导人都参加了。毛泽东发表第四次讲话，因新到会的人都看了 27 日的讲话稿，会上毛泽东就没有重复那些内容。这次会开得比前几次轻松一些，主要是研究如何传达文件和如何开好六级干部会。毛泽东说："头一天我把炮一放，他们一晚不睡觉，心里硬是斛不转，第二天就开始转过来了。河南这些干部也是这样，头一天放炮，大吃一惊，弯子转得太陡了。'倒退''右倾''不要共产

---

[1] 中共中央文献研究室 . 建国以来毛泽东文稿：第 8 册 [M]. 北京：中央文献出版社，1993:86—87.

主义'‘富农路线'这些帽子都给我安上了。"刘少奇说："他们今天的心情转变过来了，昨天还有抵触情绪。"

毛泽东讲了一个工作方法问题，是从一个三国故事讲起的。郭嘉是曹操的一名谋士。他给曹操出了一个计策：先打吕布，后打袁绍。他说，袁绍这个人多端寡要，多谋寡断，见事迟，得计迟。毛泽东解释说，所谓"见事迟，得计迟"，就是形势已经出来了他还不能判断，得不出一个方针来，就处于被动。曹操听了郭嘉的话，结果先打败了吕布，又打败了袁绍。毛泽东说："我借这个故事来讲，人民公社党委书记以及县委书记、地委书记，要告诉他们，不要'多端寡要'‘多谋寡断'。谋是要多，但是不要寡断，要能够当机立断；端可以多，但是要抓住要点，一个时候有一个时候的要点。这是个方法问题。这个方法不解决，每天在混混沌沌之中，什么没有功劳也有苦劳，什么当驴狗子，什么辛辛苦苦的官僚主义，特别是对外斗争，得计迟是很危险的。"毛泽东这段富有哲理的话，确实带给人们新鲜而深刻的启发。

1959年3月，毛泽东与邓小平在郑州（摄影　侯波）

3月5日，毛泽东主持最后一次会议。出席会议的又新增加了一些省、市、自治区的负责人，北京的刘仁、内蒙古的乌兰夫、黑龙江的欧阳钦、吉林的吴德、辽宁的黄火青、福建的叶飞、浙江的江华、江西的邵式平、广西的刘建勋、云南的谢富治、新疆的王恩茂等。毛泽东在长篇的讲话中，又说了一些分量很重的、几乎不留余地的话，强烈地表达他纠正"共产风"的决心："我现在代表五亿农民和一千多万基层干部说话，搞'右倾机会主义'，坚持'右倾机会主义'，非贯彻不可。你们如果不一起同我'右倾'，那么我一个人'右倾'到底，一直到开除党籍。"毛泽东为了迅速扭转一种形势，总是爱使用一些十分尖锐甚至是极而言之的话，觉得不如此不足以引起人们的注意，不如此不利于问题的解决。这是毛泽东的一种鲜明性格，是他的一种工作方法，在许多场合都是如此。正如他所说的："因为我要把问题讲彻底，所以一些不好听的话都讲出来了，比如什么抢产之类。整社5个月，时间过去了3个月，做了一些改良工作，没有搞出根本彻底的办法。谢谢5亿农民瞒产私分，坚决抵抗，就是这些事情推动了我。我就想一想。现在的问题是县和公社，特别是公社这一级，要使他们懂得价值法则、等价交换，这是个客观规律，违反它，要碰得头破血流。我们对农民唯一的办法是等价交换、买卖关系。公社内部买卖关系，二级之间买卖关系，社与社，队与队，买卖关系，做生意，等价交换。"又说："六中全会决议就是缺三级管理、队为基础这一部分。（胡乔木插话："等价交换没有说清楚，只说了社与社，社与国家、没有说社内的等价交换。"）这是个缺点，这个责任我得担当起来。原先这个稿子说了，我本人就没有搞清楚，有责任。"毛泽东2月27日的讲话稿中，有他作自我批评的话，也有他对公社化运动中出现的问题承担责任的话，后来，在大家的要求下删去了这些话。

在会议结束的时候，毛泽东批评"大跃进"中要几亿农民都要写诗这件事的时候说："有诗意的人才写诗，没有诗意也要他写，这不是冤枉吗？你要我在郑州写诗，我的诗意跑到九霄云外去了，不行。"这句话倒是透露出毛泽东当时的心情，同发动"大跃进"时迥然不同。在郑州的那些日日夜夜里，他的全部心思都倾注到纠正错误、扭转局势之中。他虽然没有找到导致丰年闹春荒的真正原因，却透过有些地方瞒产私分这个现象，发现了一个根本问题，即公社所有制问题，并且很快提出一套解决问题的方针、办法和理论。在从中央到地方许多干部的头脑仍然发热的情况下，毛泽东比较冷静，走在纠"左"的前列。他克服重重阻力，做了大量的说服工作，坚决贯彻自己的主张，包括纠正一些他自己曾经认可的看法。会议关于整顿和建设人民公社的十四句话，就是根据他的这些思想提出来的，这是第二次郑州会议的集中成果。纠正"一平、二调、三收款"的"共产风"，确定以生产队即原来的高级农业生产合作社为基础，在公社内部实行等价交换原则，取消一县一社的体制等，这一系列决策产生了深远的影响，是对原先设想的那个"一大二公"的大公社在一定程度上的否定。在纠"左"的问题上，第二次郑州会议比前两次会议迈出更大的步子。后来薄一波回忆说："如果不是毛主席从纷繁的事物中，找出人民公社问题的症结所在，我们的事业就可能被'共产风'葬送。"尽管如此，由于受思想认识上的局限，包括毛泽东在内，纠"左"还要走过相当长的路程。[1]

[1] 边学祖.驰骋版图——毛泽东专列纪事 [M]. 北京：中央文献出版社，2013:146.

（四）再次视察东郊公社

中央第二次郑州会议后，山东省结合实际，积极贯彻落实，并及时将贯彻落实情况向中央和毛泽东报告。山东省委的报告说：关于基本核算单位，我们的初步意见是原则上以相当于原来高级社的生产大队（管理区）或生产队为基本核算单位。关于积累和消费的比例，大体上各种扣留可约占总收入的47%左右（国家税收和上缴任务占7%左右，公社积累占18%左右，生产费用占22%左右），分配给社员部分约占总收入的53%左右。1959年3月17日下午3时，毛泽东阅中共山东省委报送的关于六级干部会议情况的第三次报告，批示："小平同志：刚才请你转发河北省委三月十六日报告，认为很有参考价值。现在又看到山东省委三月十六日下午八时的报告，认为同样有很大的参考价值，也请你迅速转发各省、市、区党委。在目前时期，积累不可太多，而且公社三级都要有积累。……"[1] 同时，毛泽东在转发山东省委的这一报告时，将报告题目改为《山东的经验》。

1959年4月13日，毛泽东履行了他的诺言，再次来到山东。他首先在兖州车站听取了舒同的汇报，之后他的专列于当天下午开进五七车站。他听取了省委书记处书记白如冰和历城县东郊公社党委第一书记郑松的汇报，然后乘车到东郊公社大辛大队看了小麦的生长情况。

以下是郑松同志的回忆：

一来到毛主席的专列上，主席一眼就认出了我，他微笑着说："郑松，今天到你们公社看看小麦可以吧？"

---

[1] 中共中央文献研究室．毛泽东年谱（1949–1976）：第3卷 [M]．北京：中央文献出版社，2013:637–638.

听到毛主席喊我的名字，我为之一惊。没想到 2 月 25 日座谈会至今已快两个月了，毛主席还记得我的名字。我顿生一种幸福感。激动地说："东郊公社的党员、团员和贫下中农都盼望毛主席到东郊公社视察。"

接着，毛主席问："你们东郊公社的情况最近有什么变化？"

"东郊公社已根据您的指示和中央第二次郑州会议精神，调整了公社体制，实行了统一领导，分级管理，三级核算，以队为基础，进行了算账退赔，强调了关心人民群众生活。经过整顿，人民公社更加巩固。"我汇报说。

毛主席亲切地问："社员群众高兴了吧？"

"社员群众都非常高兴。广大贫下中农一致反映毛主席像到他们这里看了一样，毛主席说出了他们社员群众的心里话。"我回答。

毛主席高兴地说："我是人民的主席嘛，我就是要代表人民群众讲话。"

毛主席对东郊公社的一些主要情况都还记得。多少个管理区、多少个生产队、多少人口他都记得很准确。在简单询问了东郊公社的情况后，毛主席站起来大手一挥对我说："现在就到你们那里看看吧。"于是，毛主席在白如冰和中共济南市委书记秦和珍的陪同下，驱车来到东郊公社大辛生产大队村北的麦田。

毛主席一下车，立即被在地里进行麦田管理的干部和群众认出来了。群众情不自禁地高呼："毛主席万岁！毛主席万万岁！"毛主席神采奕奕、精神焕发，亲切地与欢迎的群众一一握手。

毛主席看到一片片葱绿苗壮的小麦，非常高兴，健步迈上田埂，首先察看了插着木牌子的公社党委试验田。这片试验田共 20 亩，种的是从河南引进的优良品种。试验田里的麦子长得齐刷刷的。试验田的木牌上写着小麦品种、种植面积、管理措施，计划亩产 1000 斤。

毛主席一字一句仔细地看了看，然后严肃地问我："一亩地能收 1000 斤吗？"

用脚步在大地上书写

毛泽东与五七车站纪事

1959 年 4 月，毛泽东在历城县东郊人民公社大辛大队听取小麦管理情况介绍（摄影 原一萍）

"如果不出现特殊情况，一亩地收这些斤没有什么问题。"我回答。

毛主席说："现在我不相信，打出来的时候，我才相信哩！"

早在 1959 年 2 月 25 日座谈会上，当张印水说他们队计划亩产小麦 3000 斤时，毛主席就说过同样的话，这是我第二次听主席说这样的话了。东郊公社是省委整社的试点，省委第一书记在这里当社员。2 月座谈会上我又亲耳聆听了毛主席的指示，感到压力很大，决心做到实事求是。对一些过高的指标，回来后就作了调整。一个多月前省委在历城召开了全省小麦现场会，决定 1959 年要实现小麦亩产千斤省的目标。公社党委小麦试验田是一块很肥沃的地块，有许多有利条件。我当时认为小麦亩产千斤的目标经过努力是可以实现的，没想到毛主席看了还是不相信。后来的实践证明，毛主席的不相信是对的。

毛主席每走到一块麦田，都要仔细地察看，对我说："到小麦收获时，你们要亲自组织一批干部收割和验收，仔细称一称，看一亩地究竟能收多少斤。"

我们表示一定按毛主席的指示来办。

回过头来，毛主席又认真地对大家说："做事情一定要留有余地，要实事求是，不要空口说空话。秋后我要再来看看这亩地收的小麦到底有多少斤。"

毛主席边走边看，路边一片麦苗长得已有二十七八厘米高，长势很旺，但密不透风，显然是播种过多、密植过头了。几个社员正在疏苗。我从中拔了一棵，向毛主席汇报了小麦拔节情况。毛主席一只脚踏在畦边的泥土里，一只脚踏在灌溉的毛渠边上，侧身看着我手中的麦苗，认真听取我的汇报，然后问一亩用了多少种子，说："要合理密植，不可太稀，也不可太密。要搞好通风透光，防止倒伏。"

1959 年 4 月，毛泽东视察历城县东郊人民公社大辛大队（摄影 侯波）

大家继续向前走，路东边一片麦田引起毛主席的注意。他没有满足只听我的汇报，他要亲自看看这片麦苗。

毛主席俯下身子拨开麦苗观看，然后又亲自拔了一墩用手拿着反复地看了看，具体询问了麦田的下种量、施肥、浇水等情况，以及今后的管理措施，说："要很好地管理，氮、磷、钾肥料要很好地配合使用，要适时浇水，防止倒伏和其他灾害，搞好通风透光。"

毛主席沿着灌溉毛渠边走边看边问，往前走了几步，弯腰又从路旁拾起一墩锄掉的发黄的麦苗，细心地看起来，对小麦的分蘖、扎根情况，都看得很仔细。他随即举起这墩麦苗，微笑着对周围的社员群众说："把这墩麦子送给我吧，我把它带回北京去，好不好？"

社员们异口同声地回答："好！"

于是，毛主席郑重地把这墩麦苗交给警卫员收起来。

当天，天气晴朗，春光明媚，太阳晒在人们身上暖融融的。开始，毛主席戴着帽子，后来，就把帽子摘下了。他健步迈上了电力扬水站的主干渠，站在干渠大堤上眺望着一望无际的大片麦田。他用手指着这一方方平整的、绿油油的麦田，问："这一片有多少亩，怎么整得这样平？怎样灌溉？"

我汇报说："这一片地过去一年亩产二三百斤粮食。公社化后，组织大兵团作战，只用了一个秋季，就深翻平整，搞成了旱涝保收的丰产田。"

毛主席说："看来大兵团作战还是需要的，有时搞一搞还是可以的，但不能经常这样搞。"

毛主席沿着主干渠继续往西走，走到路口从主干渠下来后，看到一片小麦三类苗。

毛主席问："这块麦田为什么长得这样差？"

"这是三类苗，因为播种晚了，生长差。我们要采取措施，促使三类苗升级。"我汇报说。

毛主席幽默地说："这叫优厚照顾。"他又说："你们一定要很好地管理，细心地管理，争取今年的小麦大丰收。"

毛主席离开麦田前，和许多社员亲切地握了手，并连连点头。车就要开了，毛主席没有马上上车，他站在汽车旁再三挥动帽子向社员群众致意。

1959年4月，毛泽东在历城县东郊人民公社大辛大队视察时与社员亲切握手（摄影 侯波）

毛主席回北京不久，于1959年4月29日，给省、地、县、社、队、生产队六级干部写了一篇《党内通讯》，讲了6个问题，即包产问题、密植问题、节约粮食问题、播种面积问题、机械化问题、讲真话问题。在讲包产问题时他说："包产一定要落实。根本不要管上级规定的那一套指标。不管这些，只管现实可行性。"在讲密植问题时说："不可太稀，不可太密。许多青年干部和某些上级机关缺少经验，一个劲儿要密。有些人竟说愈密愈好，不对。……既然要包产，密植问题就得由生产队、生产小队商量决定。上面死硬的密植命令，不但无用，而且害人不浅。"在讲真话问题时他说："包产能包多少，就讲能包多少，不讲经过努力实在做不到而又勉强讲做得到的假话。""收获多少，就讲多少，不可讲不合实际情况的假话。""爱讲假话的人，一害人民，二害自己，总是吃亏。"在通讯的最后，毛主席说："同现在流行的一些高调比较起来，我在这里唱的是低调，意在真正调动积极性，达到增产的目的。如果事实不是我讲的那样低，而达到了较高的目的，我变为保守主义者，那就谢天谢地，不胜光荣之至。"[1]

[1] 山东档案馆．毛泽东与山东 [M]．北京：中央文献出版社，2003:107−113.

围绕步在大地上书写

毛泽东与五七车站纪事

之 捌

庐山会议之后
多次到济南调研视察

　　毛泽东在 1959 年 6 月 25 日回到了阔别 32 年的故乡，写下了"喜看稻菽千重浪，遍地英雄下夕烟"的壮丽诗句。7 月 2 日，他又登

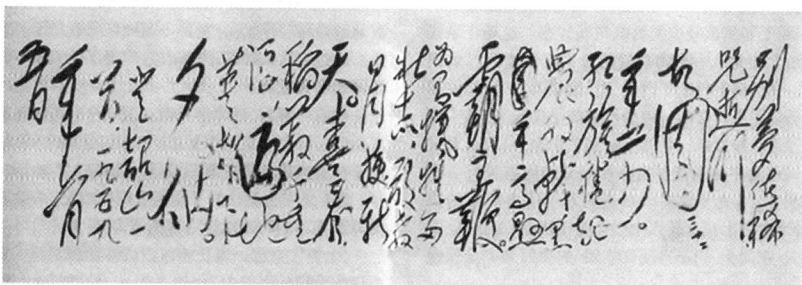

1959 年 6 月，毛泽东提笔写下《七律·到韶山》

上庐山，召开中央政治局扩大会议。毛泽东在会上发脾气说："我们的路线究竟对不对？现在有一些同志发生怀疑。他们要攻击这个总路线[1]，想要破坏这个总路线。……两个议事日程：一个改指标的问题，一个路线究竟正不正确，是否需要修改，或者另换一条路

---

[1] 指过渡时期总路线，1952 年底党中央按照毛泽东同志的建议，提出了党过渡时期的总路线，指明了中国社会从新民主主义过渡到社会主义的任务、途径和步骤。它的实质是改变生产关系，解决生产资料的所有制问题，为进一步解放和发展生产力创造条件。

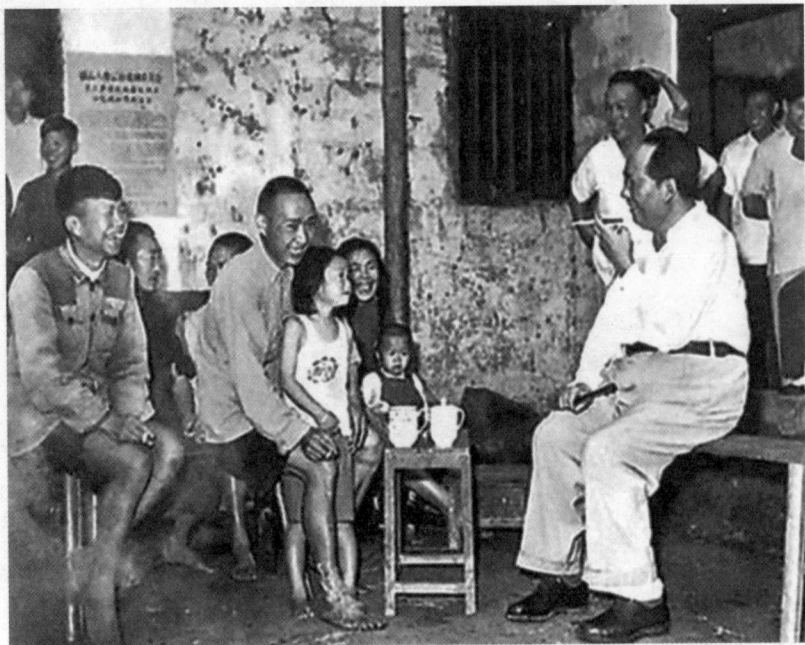

1959 年 6 月，毛泽东回韶山，在邻居家（摄影 侯波）

线的问题。请同志们讨论这两个问题。一上山，我就讲了三句话：
成绩很大，问题不少，前途光明。后头就是在这个'问题不少'上
发生了问题，可见的问题不少。他们要改换题目。问题不少是可以的，
看是什么问题。现在改换的叫右倾机会主义向党猖狂进攻的问题不
少，而不是那些别的问题。……我们反了九个月'左'倾了，现在
基本上不是这一方面的问题了，现在庐山会议不是反'左'的问题了，
而是反右的问题了。"

围绕毛在大地上书冤

毛泽东与五七车站纪事

（一）视察省农科所和大辛庄大队

庐山会议后，毛泽东憋了一口气，下决心要反右倾，鼓干劲，证明"大跃进"和人民公社的优越性。1959年9月18日毛泽东离京，开始到河北、山东、河南的农村视察。19日9时，毛泽东在天津西郊农村视察。毛泽东问当地干部："社员生活怎样？党员群众的关系怎样？"他说："当干部要多联系群众，多依靠群众。"

20日，毛泽东的专列抵达五七车站。下午，毛泽东在舒同的陪同下，第二次到洛口险段视察黄河。

21日上午，毛泽东在专列上与山东省委第一书记舒同、书记处书记白如冰、历城县东郊公社党委书记郑松谈话。当舒同谈到"三五"经济建设规划时，毛泽东说："要以农业为基础，工业为主导，农轻重为序，苏联是优先发展重工业，我们以农业为基础，工业为主导，农轻重为序，一定会比苏联搞得快，搞得好。"

当舒同汇报了过去几年来全省植树和封山造林的成绩后，毛泽东严肃地说："你们年年说植了多少树，造了多少林，封了多少山，怎么我从北京到上海，在飞机上看不到？"

当舒同汇报到秋收后，全省计划组织900万劳力上阵，大搞山水林田治理时，毛泽东问："能组织这么多人吗？"

稍顿，毛泽东又认真地说："一定要实事求是，从实际出发，统筹安排，注意群众的生活问题。"

毛泽东要郑松谈谈东郊公社的情况，郑松刚汇报了几句，毛泽东就问："大辛大队的小麦亩产到底收了多少斤？"

"全大队1700亩小麦，平均亩产400.6斤。1958年全大队平均亩产113斤，今年比去年增长了254.31%。主席视察时看的20亩试验田，平均亩产742斤。"郑松回答。

1959 年 9 月，毛泽东在历城县东郊人民公社大辛大队察看麦田管理情况（摄影 侯波）

毛泽东又问："你们东郊公社今年秋季生产如何？小麦收获后播种的什么作物？"

郑松简要汇报了东郊公社秋季生产情况，告诉毛泽东大辛生产队那片麦田，秋季全部播种的玉米和玉米间作大豆。

毛泽东问："玉米、大豆一亩能产多少斤？"

"大辛生产队的玉米亩产可达 500-700 斤，间作的大豆，每亩可收一二百斤。"郑松回答。

毛泽东说："每亩一年增产几成就是很大的成绩了，你们比过去翻一番还多，这是很大的跃进。"

21 日下午 1 点多，毛泽东在山东省委第一书记舒同、书记处书记白如冰、省委农村工作部副部长杨节等人的陪同下，来到省农科所试验田。车队径直开到试验田边，毛泽东一下车，秦杰副所长便激动地迎上前去。毛泽东问："我在哪里见过你？"秦杰急忙回答："去年 8 月 9 日我在这里迎接过主席。"

毛泽东在秦杰等人的引导下，顺着田间小路向南察看棉花试验田，沿路还先后视察了蔬菜、多穗高粱、地瓜等农作物。在一块大白菜地，毛泽东见大白菜长势很好，非常关切地问："大白菜一亩地能产多少斤？大白菜是自己包的，还是人工包的？是不是为了天冷自己包起来的，再多长些时间？"

"亩产 6000 余斤，白菜心是自己包的。"秦杰回答。

当看到高粱地里的多穗高粱时，毛泽东数了其中一株有 6 个穗，问："为什么说是多穗高粱？是不是一棵上长好几个穗子？这种高粱从哪里来的？"

"是的，是从河北来的。"秦杰说。

当看到地瓜丰产田长的 9 斤重的大地瓜时，毛泽东又问："种地瓜是否翻蔓？种的什么品种？是否是日本品种？"

"不需要翻蔓。现在我们种的有'胜利百号'，是日本品种，另外还有'一窝红''济薯一号''烟薯一号'等品种。"秦杰回答。

毛泽东指示："你们要多培育些好作物品种给农民。"秦杰等人连忙回答一定按主席的指示办。

毛泽东看到农科所的干部宋淑荣等许多同志站在靠近路边的棉田里，便问："你们在干什么？"

"干部参加劳动。"大家一起说。

当进入棉花试验田时，毛泽东问："平均每棵棉花有多少个

1959 年 9 月，毛泽东视察山东省农业科学研究所棉花试验田（摄影 侯波）

棉桃？”

"平均每棵有 30 多个棉桃。"秦杰回答。

毛泽东又问："一亩地有多少棵棉花？"

"每亩 4000 棵。"秦杰说。

当毛泽东看到有一个品种的棉花长得又高又大时问："那是什么品种的棉花？"

"那是木棉，这里是否适合其生长，还得继续观察。"秦杰回答。

接着毛泽东又继续往田间走。当他正看得高兴时，天空下起了小雨，随行人员给毛泽东撑起了伞。他看到在场的人员没有雨伞，都淋在雨里，立即说："下雨了，走吧！"

毛泽东挥手让同志们回去，他自己才上车，省农科所的干部和职工恋恋不舍地鼓掌、挥手，欢送毛泽东。

陪同视察的舒同见下起雨来，就劝毛泽东别去东郊公社了。

当毛泽东得知全县参加三级干部会议的 700 多名代表和很多社员群众在大辛庄等着他时，毫不犹豫地驱车来到大辛生产队。

毛泽东冒雨先看了一片丰产玉米，问："这是什么品种？"

郑松回答："这是'金皇后'。"

1959 年 9 月，毛泽东冒雨视察
历城县东郊人民公社大辛大队
（摄影　侯波）

毛泽东笑着说："是皇帝这个皇吧！这个名字很好。一亩能产多少斤？"

"这是一片丰产田，亩产可达800斤左右。"

毛泽东高兴地说："加上小麦，一亩就是一千好几百斤了，这是大跨进啊！"

雨越下越大，路变得湿滑泥泞。

卫士长李银桥为毛泽东撑着伞，陪同毛泽东视察的省委领导也都撑起了伞。

毛泽东问："玉米间作大豆在哪里？我们看看。"

雨下个不停，玉米和大豆的叶子上全挂满了雨水，路上也出现了一些小水坑。毛泽东全然不顾，继续察看玉米间作大豆的情况。

毛泽东问："这种种植方法好不好？有什么优越性？"

郑松回答："一高一低进行间作套种，可以更好地解决通风透光的问题，增加产量。"

毛泽东说："可以提高土地利用率，增加复种指数。"接着对陪同的省委领导说，"这种种植方法是可以总结推广的。"

路边有两间临时搭起的棚子，是大辛生产队田间管理指挥所。毛泽东得知生产队干部昼夜住在这里指挥管理时，说："他们辛苦啊！"

雨下得更大了。东郊公社的干部群众和参加历城县三级干部会议的700多名代表，站在路旁等待着毛泽东的接见。

毛泽东亲切地和东郊公社的群众握手。郑松把公社的书记向主席做了介绍。毛泽东连着和公社的四位书记握了手，当和第五位书记握手时，毛泽东笑着说："你们这么多书记！"

舒同说："这个社大，近15万人口。"

毛泽东说："比一个小县的人口还多啊，是不是大了点？"

毛泽东在接见参加历城县三级干部会议的代表时，一看路两边站的人很多，说："怎么这么多人啊！都是党支部书记吗？"

许多人都争着和毛泽东握手。见到领袖，大家感到非常幸福，有的人激动地流下了热泪……

毛泽东上车后，看到大辛庄大队一部分社员群众冒雨从村中和公路上跑过来，又两次从车里走出来，挥动着帽子，向大家致意……[1]

[1] 山东档案馆.毛泽东与山东[M].北京：中央文献出版社，2003:114-119.

（二）在五七车站专列上接见外国友人

1959 年 10 月 23 日上午，毛泽东在北京召集会议，谈国内外形势。晚上，毛泽东登专列离开北京，开始巡视工农业生产情况，研究国内国际问题。

行前，毛泽东指示要带大量书籍以备阅览。这些书籍包括：马克思、恩格斯、列宁、斯大林的主要著作，普列汉诺夫、黑格尔、费尔巴哈、欧文、傅立叶、圣西门的著作，《毛泽东选集》《鲁迅全集》，部分中国古代哲学书籍，尤金、米丁、艾思奇、冯友兰等的哲学著作，部分政治经济学书籍，《二十四史》、《中国通史简编》、西洋史等中外历史书籍，《楚辞集注》、《昭明文选》、《古诗源》、笔记小说等中国文学书籍，佛经，部分自然科学和技术科学书籍，地图集，字帖和字画等。[1]

专列自北京出发，途经河北、天津、山东、安徽、江苏、上海、浙江、江西、湖南、广东等地，于 1960 年 3 月 26 日返回北京，历时 5 个月零 3 天。在近半年的外出调查研究活动中，毛泽东可以说是日夜兼程，紧张繁忙。其中开会、谈话 59 次（在专列上 18 次），视察参观工厂、公社、部队 7 次，研究政治经济学 30 次，审订毛选 8 次，看戏 9 次，爬山 36 次，游泳 4 次。

10 月 24 日，毛泽东离开天津到济南，专列驶往山东，沿途上地龟裂，旱情严重。晚上专列抵达济南，停在五七车站，毛泽东住在专列上。

25 日，中共中央对外联络部部长王稼祥陪同巴西代表团团长普罗斯特斯和澳大利亚共产党总书记夏基等乘专机到济南。

上午，毛泽东在专列上会见了巴西共产党代表团全体成员，同

---

[1] 中共中央文献研究室．毛泽东年谱（1949–1976）：第 4 卷 [M]．北京：中央文献出版社，2013:222.

1959年10月，毛泽东在专列上宴请巴西共产党代表团团长普罗斯特斯
（摄影 侯波）

他们进行了亲切的谈话，并共进午餐，王稼祥、舒同参加。毛泽东说："拉丁美洲同志很热情，非洲、亚洲的同志也很热情，这有客观原因，都是受压迫的。中国也在受压迫，西方国家要孤立我们，我们在世界上没有合法地位。另一方面是我们国家经济落后，人民贫困。这两个原因使中国人民要努力一些，要组织起来，要依靠群众，只有这一条道路。……我们革命主要依靠农村的半无产阶级和雇农，他们少地或没有土地。我们党从其基本的社会成分来说，是无产阶级和半无产阶级的政党，直到现在，从前的贫农、雇农、下中农、农业工人是支持我们的。人民公社、总路线、'大跃进'也是得到他们的支持的。他们占农村人口的百分之七十。上中农是不可忽视的力量，占农村人口的百分之二十。我们在农村进行社会主义教育时，要用说服的办法对待中农，以便使他们走社会主义的道路，这样也可以孤立坚持要走资本主义道路的上中农。通过教育可以有百分之九十的农村人口支持我们，其余百分之十是旧地主富农和一些上中农。十年来，我们在工作中取得很大的成就。将来更要在主要工业产品的生产上超过英国，这是好事，但这点不能够解决中国的

根本问题。英国只有五千万人口，中国有六亿五千万人口，我们一定要在按人口计算的生产上同英国比，赶上或超过以后才能说解决了问题。要这样做不是几年或十几年时间的事，需要更长的时间，准备五十年，已经过了十年，还有四十年。希望你们帮助我们，有了和平的环境，在国内政策上不犯大错误，在这样的条件下可以达到上述目的。错误是免不了的，认识事物的发展要有一个过程，如你们认识巴西也要一个过程。我们现在要同自然界斗争，要搞技术革命，是新东西，就是不懂。好的是有苏联和其他社会主义国家的帮助，但不能全抄他们的，一部分可以抄，一部分不能抄。中国还是中国，历史条件不同。在根本问题上是一致的，革命也好，经济建设也好，都如一棵大树，树根、树干相同，但枝叶、花朵有些不同。各民族都是这样。个人之间也有不同，各有特点。忽略这些细节就不好办事了。"[1]

当晚，毛泽东在专列上休息。26 日上午，毛泽东在专列上会见澳大利亚共产党总书记夏基。毛泽东说："你写的材料提出了如何过渡到社会主义的问题，也提到英美的看法。你说是同意中国的同志对这个问题的看法。这是个重大的问题。作为战略问题来说，没有和平过渡。从长远看，用和平手段能够消灭资产阶级政权是不可想象的。从策略上讲，首先可以说无产阶级愿意用和平手段取得政权，表明我们不是好战的。但是如果资产阶级使用暴力，无产阶级就被迫不得不使用暴力。用和平手段也是要斗争的，其实革命的大量日常工作都是通过和平手段进行的。但作为革命家，在用和平手段进行日常工作的同时，要想到革命时机到来时怎么办。也有人拿中国和平改造资本主义工商业的政策作为和平改造的例子，其实我们是经过了几十年的战争，打倒了国民党政府，建立了强大的无产阶级领导的人民政权，发展到几百万军队，这才有了和平改造的可

[1] 中共中央文献研究室.毛泽东年谱（1949-1976）：第 4 卷 [M]. 北京：中央文献出版社，2013:223-225.

庐山会议之后 多次到济南调研视察

能。"关于国际形势，毛泽东说："国际紧张局势是帝国主义制造的，但走向了它的反面。紧张局势的一部分或大部分使他们觉得对他们不利了，不利于他们保存资本主义和消灭社会主义的目的了。他们想走出这条很窄的路，要有些改变，而且他们害怕战争。缓和对社会主义国家和资本主义国家的人民都有利，这是社会主义国家、各国兄弟党以及世界和平力量斗争的结果。再有十年和平是很好的，中国和苏联能再搞几个五年计划那好得很。但是还要看到另一方面，帝国主义为了维持军火工业和夺取外国的利益，需要一定程度的紧张局势。"[1]

当晚，专列离开济南，到达徐州。

[1] 中共中央文献研究室．毛泽东年谱（1949-1976）：第 4 卷 [M]. 北京：中央文献出版社：2013:225-226.

（三）巡视返京途经济南，听取相关情况汇报

1960 年 2 月 27 日，中共山东省委关于生活安排问题给中央及上海局写了报告。报告说：我省和全国一样，在连续两年大跃进的基础上，整个形势是很好的，生活安排的条件也是良好的。但是，还有部分县、社、队，在生活安排方面存在不同程度的问题，其中有一小部分（占核算单位的 15% 左右）问题还相当严重，生活安排没有落实，人口外流和水肿病的情况已经出现。主要原因是，在分配上包产小队和基本核算单位之间存在矛盾，去年遭受了几十年来未有过的自然灾害，一部分干部报喜不报忧等。省委决定抓住问题较大的 24 个县市突出加以解决；增拨口粮、饲料和救济款；对 12 个重点县，派出 260 余名干部坐镇包干，负责到底；省委生活福利办公室直接控制重点县的情况，加强联系，发现问题及时解决。3 月 15 日，毛泽东看了这个报告后，随即加了批语，指出："山东这个报告写得很好，有调查，有分析，有研究，有办法。抓住二十个重点落后县，派二百多个得力干部，有强的领导者率领，每个重点落后县有 20 多个干部下去帮助，办法很好。一定要把缺粮问题在短时间内彻底地认真地给予解决。中央建议：落后县、社、队领导干部实在不行的，当机立断，实行撤掉，换上好的。不要婆婆妈妈，优容养奸，贻误大事。"[1] 3 月 18 日，中共中央转发了这个报告。3 月 19 日早晨，毛泽东的专列从杭州到达上海。晚上，在上海文化俱乐部接见联华带钢厂党支部书记兼厂长孙令熙、上海工具厂革新能手朱富林、全国先进生产者上联电工器材厂工程师杨新富等，并与他们共进晚餐。毛泽东举杯说："这一次，上海工人在党的领导下，技术革命搞得很好。我请大家吃顿便饭，感谢上海的工人阶

---

[1] 中共中央文献研究室. 毛泽东年谱（1949-1976）：第 4 卷 [M]. 北京：中央文献出版社，2013:342-343.

1960年3月，毛泽东在上海宴请工人代表（摄影 侯波）

级。革命不是一件容易的事情，你们在大搞技术革命的时候，尤其要记住这条真理：不试验，不失败，不会成功，凡事都要经过试验，在失败中取得经验，然后才会成功。"

1960年3月21日，毛泽东自上海返京。22日下午，途经济南，专列开进五七车站。晚上，毛泽东在专列上听取中共山东省委负责人舒同、裴孟飞、白如冰、刘季平和济南军区司令员杨得志、第二政委梁必业的汇报。

舒同说："山东对人民公社过渡问题做了适当控制，在三十三个公社进行过渡试点。"毛泽东说："你们控制得对。要告诉下面，现在准备好条件，将来就过渡得好、过渡得快。过渡不要人为，要顺乎自然。"舒同说："下面在发展社有经济和大搞水利建设时有一平、二调的做法。"毛泽东说："调猪人家不喜欢，影响积极性嘛！水利工程太多了，控制一下，分几年搞。造林的时间要更长一些，先搞三年看看。"舒同说："下面财政部门收款，有的将公社几年的欠款都一起扣下了。"毛泽东说："这是变相的一平、二调。问题还是去年三月的那一些，贫队富队矛盾、社队矛盾，还有不等价交换，所以等价交换、价值法则问题不是一两年能教育过来的。"舒同说："还有全民和集体的矛盾，如国家机关、工厂企业等向公社调东西过多，占用公社土地。"毛泽东说："今年两次会，将国社矛盾、社队矛盾、贫队富队矛盾问题反复讲清，说明这样（指一平、二调）过渡反而慢，并会脱离群众，是不是要搞'三反'，我们在杭州决定今年上半年先作典型试验，下半年普遍搞。现在就可以讲，使有这种作风的人早收手。"当舒同谈到干部贪污的情况时，毛泽东说："现在贪污的钱多已经花掉了，可以让他们用劳动补偿，也是等价交换，只给他留下穿衣吃饭的部分，其余拿过来补偿，什么时候偿完就算。去年整风没讲'三反'这个问题，所以公社的礼堂还是盖，贪污还是贪。社会主义也有两个方面，现在主要是积极方面的，如积极搞生产、搞文化建设等，这是九个指头，但总有一个指头的问题，年年都有。"毛泽东对杨得志说："军事也要抓两头，民兵、尖端。尖端之上他们搞，你们抓常备和民兵。不仅要注意常规军，还要注意民兵。四化[1]只相信少数人，不相信多数人，就搞不起来。我们这些人原来不都是老百姓吗？要当群众代表，不要脱离他们，贪污、盖大礼堂就脱离他们。靠老百姓就有出路。"毛泽东说："今年出了一些新事情，一月会议时没有反映到我的脑子中来，那时搞国际问题了。现在发现有些新事情，如'四化'问题、城市公社化问题、食堂问题。这些问题，一月份政治局扩大会议没能解决，现在分区开会，五月中央政治局扩大会议，再做决定。"当刘季平谈到业余教育是个新事时，毛泽东说："地方要有自己的学校。地方没有大学，中学教育不会发展。"又说："你们这个省还是个手工业省，只有百分之三十机械化，要大搞机械化。"[2]

当晚，毛泽东阅山东省六级干部会议秘书处3月21日编印的《会议简报》第一期，批示："此件请各同志看看。这些问题，各省、市、区都有，如不注意处理，定会要脱离群众。山东正在开一万二千人的大会，每个公社到六人，这种办法似较好。"这个材料说："山

---

[1] 这里指机械化、半机械化、自动化、半自动化。
[2] 中共中央文献研究室．毛泽东年谱（1949-1976）：第4卷[M]．北京：中央文献出版社，2013:351-352．

东省六级干部会议反映的问题有以下一些：枣庄市反映，干部中急于过渡的思想苗头较普遍；安丘县（今山东省安丘市）一个公社调走一个大队七十头母猪，不给钱，严重影响了社员生产积极性；沾化县（今山东省滨州市沾化区）有几个公社水肿病较多，缺粮原因是卖了过头粮。会议还反映，贪污浪费比较严重，不讲真话，有的公社原来准备盖戏院、盖大礼堂，现在决定停建。"[1]

6月22日晚上，毛泽东离开济南，次日晨，到达天津。为转发山东省六级干部会议秘书处编印的《会议情况》第二期，起草中共中央给各省、市、区党委，中央一级各部委、各党组的批语。全文如下："此件请各同志阅读，并请转发到县级党委。山东发现的问题，肯定各省、各市、各自治区都有，不过大同小异而已。问题严重，不处理不行。在一些县、社中，去年三月郑州决议忘记了，去年四月上海会议十八个问题的规定也忘记了，共产风、浮夸风、命令风又都刮起来了。一些公社工作人员很狂妄，毫无纪律观点，敢于不得上级批准，'一平、二调'。另外还有三风，贪污、浪费、官僚主义，又大发作，危害人民。什么叫作价值法则，等价交换，他们全不理会。所有以上这些，都是公社一级干的。范围多大，不很大，也不很小。是否有十分之一的社这样胡闹，要查清楚。中央相信，大多数公社是谨慎、公正、守纪律的，胡闹的只是少数。这个少数公社的所有工作人员，也不都是胡闹的，胡闹的只有其中一部分。对于这些人，应当分别情况，适当处理。教育为主，惩办为辅。对于那些最胡闹的，坚决撤掉，换上新人。平调方面的处理，一定要算账，全部退还，不许不退。对于大贪污犯，一定要法办。一些县委为什么没有注意这些问题呢？他们严重地丧失了职守，以后务要注意改正。对于少数县委实在不行的，也要坚决撤掉，换上新人。同志们须知，这是一个长期存在的问题，是一个客观存在。出现这些坏事，是必然不

[1] 中共中央文献研究室.毛泽东年谱（1949–1976）：第 4 卷 [M]. 北京：中央文献出版社，
2013:355.

可避免的，是旧社会坏习惯的残余，要有长期教育工作，才能克服。因此，年年要整风，一年要开两次六级干部大会。全国形势大好，好人好事肯定占十分之九以上。这些好人好事，应该受到表扬。对于犯错误而不严重、自己又愿意改正的同志，应当采取教育方法，帮助他们改正错误，照样做工作。我们主张坚决撤掉或法办的，是指那些错误极严重、民愤极大的人们。在工作能力上实在不行、无法继续下去的人们，也必须坚决撤换。"山东的简报反映：现在有的公社对劳力、牲畜随便调，土地随便占，树也随便刨。有的公社将生产队的一部分羊群收归公社所有，也不给补偿。有的公社把生产大队的马车都集中起来，致使大队运肥运煤都得用脚力。大队支付不起运费，现在谁也不想买马车了。有的公社向生产队要劳力，竟占队里劳力的百分之二十。有的公社划了生产队一百亩地建木厂，地里有三十亩小麦公社也要收，生产队不满，夜间放水把麦子冲毁了。肥城县（今山东省肥城市）调大队的东西，有劳动力、工具、树苗、砖瓦等十几种。莒县（今日照市莒县）的一个公社，凡是生产队经营的生产，费用小、收益大的即收归公社。关于干部作风问题，有些县社有虚报浮夸现象。有些县社有盖大礼堂等非生产性建设的情况；一些社队吃喝浪费严重，个别干部作风恶劣；财贸部门存在一些贪污现象。[1]

　　3 月 26 日晚上，毛泽东回到北京。30 日，为中共中央起草《中央关于反对官僚主义的指示》，指示说："官僚主义这种旧社会遗留下来的坏作风，一年不用扫帚扫一次，就会春风吹又生了。中央在 1960 年 3 月下旬将山东六级干部会议的一期情况简报，批发给你们……曾经提道：现在就要利用六级和四级干部大会公开指出'三反'问题的严重性，提出反贪污、反浪费、反官僚主义的任务。关于'三反'，中央将在四月上旬有一个规定范围和如何处理各类

[1] 中共中央文献研究室 . 毛泽东年谱（1949－1976）：第 4 卷 [M]. 北京：中央文献出版社，2013:357－359.

上海局、各协作区委员会，各省、市、自治区党委，中央各部委、各党组。

官僚主义这种旧社会遗留下来的坏倾向，一年不用扫帚扫一次，就要春风吹又生了。中央在1960年3月下旬根据山东各级干部会议的第一期情况"简报"，批发给你们，请你们对于人民公社的许多严重情况，极宜充分加以注意，务必在三四个月间，利用省委开的六级干部会议和专县委接着召开的

1960 年 3 月，毛泽东为中共中央起草
《中央关于反对官僚主义的指示》

犯错误分子的指示，发给你们。但你们不要等候这个文件，而应利用当前正在开或准备开的六级和四级大会立即号召整风，并作典型调查，使自己心中有数。中央现在所要着重地告诉你们的，是关于官僚主义严重存在的问题。这里有一个山东省历城县的材料。历城县委在今年三月十四日报告山东省委说，他们那里有积极、消极两方面。积极方面是形势大好，这是主要的。消极方面，他们说，突出的表现是'五多五少'。就是说，会议多，联系群众少；文件、表报多，经验总结少；人们蹲在机关多，认真调查研究少；事务多，学习少；一般号召多，细致地组织工作少。他们这个文件，现在发给你们看看。其中说到会议多和文件表报多，多到什么程度呢？他们说：县委及县委各部门，自今年一月一日到三月十日，七十天中，召开了有各公社党委书记和部门负责人参加的会议，共有一百八十四次，电话会议五十六次，印发文件一千零七十四件，报表五百九十九份。同志们，这种情况是不能继续下去的，物极必反，

我们一定要创设条件，使这种官僚主义走向它的反面。历城县已经定出办法，克服'五多五少'[1]。山东省委已将历城办法推到全省施行。同志们，这种官僚主义状态，只是存在于历城一个县，或者山东一个省吗？不见得。很可能到处都存在。请你们各自调查一个县、一个市（在大城市里调查一个区），就可知道底细了。克服'五多五少'的办法，可以仿照历城办理。这种官僚主义的来源，不能只在县，还在省与中央。关于省（市、自治区）的方面，请你们注意处理。关于中央方面，我们将采取处理办法。看来一年要对这个'五多五少'问题谈两次，至少谈一次。中央几年前曾对这个问题发过指示[2]，后来没有再过问（主要指'五多'中的会议多，文件表报多），自己也有官僚主义，不能只怪别人。这个指示在当天（三月三十日）发出。"[3] 此件后以《反对官僚主义，克服"五多五少"》为题收入《毛泽东文集》第八卷。

---

[1] 山东省历城县委报告中提出的解决"五多五少"问题的具体措施是：（一）县委、公社党委以及各部门的负责干部，统统走出办公室，和大队、小队干部一起在田间会合，取得经验，树立榜样，以指导和推动全面工作。（二）干部实行"三同""五包"，即与社员同吃、同住、同劳动，对自己所在单位的思想发动、生产任务、技术革命、社员生活安排、社队经营管理等五个方面的工作，全面包干做好。（三）采取在党委统一领导下的"条条""块块""片片"相结合的做法，分管各部门的干部，既要服从中心，做好中心工作，又要做好所分工的业务工作，取得经验，全面推广。（四）精简会议，减少文件、报表，有事到下面就地解决。
[2] 指 1953 年 3 月 19 日中共中央发出的《关于解决区乡工作中"五多"问题的指示》。
[3] 中共中央文献研究室. 毛泽东年谱（1949-1976）：第 4 卷 [M]. 北京：中央文献出版社，2013:367-368.

（四）北戴河会议前，巡视来到济南

　　1960 年 3 月 26 日，毛泽东返回北京。一个多月以后，4 月 28 日，毛泽东的专列又驶出北京，到 8 月 27 日专列返回北京车站，历时 112 天。途经天津、济南、郑州、武昌、长沙、南昌、杭州、上海、北戴河等地，毛泽东再次进行了长时间的外出调查活动。

1960 年 5 月，毛泽东在郑州郊区视察（摄影 吕厚民）

　　5 月 2 日凌晨 2 时，毛泽东的专列到达济南五七车站。

　　为了解决接待工作中的困难，山东省委研究决定，在济南市南郊建设高标准的宾馆，其中，还为中央几位主要负责同志设计了专用房间。毛泽东到济南后，省委的领导要毛泽东去看看。毛泽东把手挥了挥，坚定地说："我不去！"

　　省委领导又求助于随行的中央办公厅主任杨尚昆。杨尚昆去看了看，回来告诉主席："搞得不错，是否去看一看？"毛泽东还是那句话:"我不去!"直到去世,他老人家也没有踏进为他建设的南郊七号楼一步。[1] 下午,毛泽东在专列上同中共山东省委负责人舒同、白如冰、裴孟飞等10人谈话。

因为山东遭受了严重旱灾,毛泽东第一句话就问山东省的旱情。舒同说,全省受旱面积9000万亩,严重的3000万亩。毛泽东说:"'四化',现在的提法时间太短促了,什么今年'五一'要化完,'七一'要化完。水利也是这样,要做十年的规划,而不是三个冬春的问题。"他还提出南水北调的问题,再次提出海水淡化的设想。毛泽东问:"今年会不会闹粮荒?"舒同说:"有些问题。现在正在抓这件事。有一部分县的领导,马马虎虎,本来是有问题,他们却说没有问题;有些县是原来我们认为没有什么问题的,现在暴露出了问题;有一个地区还搞了反瞒产私分。"毛泽东说:"哪个要反瞒产私分?是地委,还是县委,还是公社党委?现在那些人还在那里办事吗?这种书记就不要让他当了,要他去吃饭就完了。"毛泽东知道山东粮食困难,就问舒同:"是不是要中央调点粮食给你们呢?"舒同说:"中央答应调给一亿斤。我们今年调出去三亿五。"毛泽东希望山东把困难局面扭转过来,说:"你们搞三年(今年、明年、后年),转过这个变来。河北省转过来了。去年这一年,他们一粒粮都不要中央供应,而且现在借一亿斤粮食给中央。"毛泽东又问今年的麦子比去年是不是多一点。舒同说:"今年的麦子原来一百四十亿斤是有把握的。现在全省大旱,多则一百亿斤,少则九十几亿斤,去年是八十亿斤。"毛泽东说:"是呀,世界上的事情,天有不测风云呀。"[2]

晚上,毛泽东下车看戏,看的是山东梆子《墙头记》。

3日下午5时至7时,毛泽东在济南西郊机场接待室大院会见了正在我国参观访问的来自拉丁美洲和非洲的14个国家和地区的

[1] 山东档案馆.毛泽东与山东[M].北京:中央文献出版社,2003:141.
[2] 中共中央文献研究室.毛泽东年谱(1949-1976):第4卷[M].北京:中央文献出版社,2013:385-386.

工会、妇女代表团，并同他们进行了座谈。毛泽东说："我们都是站在同一条战线上的，你们的斗争就是对我们的帮助，谢谢你们！帝国主义还在压迫我们中国，占领我们的台湾。美帝国主义不承认我们，它说看不见人民中国。它差不多每天都说我们很坏，可见它们还是看得见我们的，否则它怎么能说我们坏？美国有钱，有枪炮、有原子弹。它说我们穷，没有钱，枪炮也少，也没有原子弹，所以欺负我们。但是我们有民兵，古巴也有民兵，民兵比原子弹还厉害。苏联不愿打仗，我们也不愿打仗，要争取和平。但是帝国主义的事情我们管不了，它们不请我们当参谋长，所以它们的事情究竟怎么办，我们很难讲。我们有一条，有人民的拥护。全世界最大多数人民站在我们一边，也站在你们一边，这要占世界人口的十分之九。历史上从来就是没有枪的人战胜有枪的人。过去是我们怕帝国主义的时代，这个时代已经过去，现在是帝国主义怕我们的时代。它们的人很少，做的事很坏。我们要区别美国人民和美国帝国主义分子，美国人民是好的，坏人就是帝国主义分子。就是帝国主义分子，我们也不是准备一万年不和他们来往。我们国家解放还只有十几年，人民正在组织起来进行建设，有一些成就，但还不算大。我们仍是很穷的国家，至少还要奋斗十年、二十年才能好一些。我们需要你们的援助和支持。"[1]

晚上，毛泽东去俱乐部看戏《张飞闯帐》。

4日下午，毛泽东来到济南珍珠泉大院，接见了山东省和济南市的党政干部，并观看了山东全省技术革新与技术革命最新成就展览和工人技术表演。

这天下午，风和日丽，晴空万里。珍珠泉大院树木葱郁，百花盛开，真是树绿、水清、花俏。下午4时，一辆黑色轿车驶进珍珠泉大院，从车上下来一位身材伟岸、气宇轩昂的长者。他身着银灰

[1] 中共中央文献研究室. 毛泽东年谱（1949-1976）：第4卷 [M]. 北京：中央文献出版社，2013:386-387.

我们的朋友遍天下。毛泽东与亚非拉青年在一起（摄影 侯波）

色的风衣，脚穿棕色皮鞋，面带笑容。人们惊喜地发现，来人是毛泽东。中共中央政治局委员、国务院副总理李先念，中共中央书记处候补书记杨尚昆以及中共山东省委第一书记舒同，书记处书记裴孟飞、白如冰等陪同。

毛泽东和省直机关 2000 余名干部照过相后，没有去看展览，对陪同的舒同、裴孟飞、白如冰说："你们济南素有泉城之称嘛，泉水保护得怎样？"

舒同说："礼堂后边就是珍珠泉，请主席看看。"

毛泽东说："1952 年 10 月，我看过珍珠泉，不知现在泉水怎样了？"

珍珠泉泉池呈长方形，四周设有汉白玉雕刻石栏。池中泉眼甚多，串串银色水泡白水底翻涌而上，日光相映，如泻万斛珠玑。清朝诗人王昶在《游珍珠泉记》中描绘道："泉从沙际出，忽聚忽散，忽断忽续，忽急忽缓，日映之，大者为珠，小者为玑，皆自底以达于面，瑟瑟然，累累然。"毛泽东漫步来到珍珠泉边，身倚栏杆，上身微微前倾，见那泉水从池底上涌，冒出亮晶晶的珠泡，喷出一串串银珠，像无数珍珠撒在水中，此起彼落，时断时续。毛泽东看着水中的壮观景象开心地笑了，对舒同、白如冰说："泉水你们保护得很好！"

1960年5月，毛泽东在
济南珍珠泉
（摄影　吕厚民）

　　随后，毛泽东缓步来到珍珠泉大院的全省技术革新与技术革命最新成就展览和工人技术表演现场。

　　距离毛泽东在珍珠泉礼堂做发扬艰苦奋斗的精神的讲话已事隔三年，三年来这种精神已在广大山东群众中开花结果了。在这期间，党中央发出了关于加强技术革新、技术革命运动领导的批示，指出："技术革新和技术革命运动现在已经成为一个伟大的运动，急需总结经验，加强领导，及时解决运动中的问题，把运动引导到正确的科学的全民的轨道上去。"而后，中共山东省委专门向中央写出《关于工业战线上技术革新与技术革命运动的报告》，要求在全省工业、交通和基本建设战线上开展以技术革新为中心的群众运动。全省人民发扬了独立自主、自力更生、艰苦奋斗的精神，大搞技术革新和技术革命，创造出丰硕的成果。为推动全省技术革新与技术革命的开展，加速工业战线上"四化"（即机械化、半机械化、自动化、半自动化）的实现，山东省政府在珍珠泉大院举办了这次全省技术革新与技术革命最新成就展览。

　　技术革新和技术革命本来是基层群众的一种创造，而毛泽东正是从这种群众的首创精神中，看到了这种群众运动的重大意义，即

"我们已经开始找到了一条采取大搞群众运动的方法，来多快好省地发展我国经济和科学技术的新道路"，便一直在积极倡导和推动。

1960 年 3 月 22 日，毛泽东正在济南视察，当晚看到了《中共鞍山市委三月二十一日关于工业战线上的技术革新和技术革命运动开展情况的汇报》，报告说：鞍山地区的技术革新和技术革命，主要特点有三：一是广大职工干劲很大，参加技术革新、技术革命的人很广泛，运动进展很快。至 2 月底，提出的革新建议达六十二万余件。二是广大职工的首创精神大大发扬，短时期内就出现了不少重大的新技术和尖端技术。三是促进了生产继续跃进。两个多月来，取得的初步经验是：第一，必须不断地进行思想革命，坚持政治挂帅，彻底破除迷信，解放思想。第二，放手发动群众，一切经过试验，最根本的问题是高度发挥广大职工群众的积极性和创造性。第三，全盘规划，狠抓生产关键。第四，自力更生和大协作结合。第五，开展技术革命和大搞技术表演赛结合。毛泽东当即为这个报告写下批语："鞍山市委这个报告很好，使人越看越高兴，不觉得文字长，再长一点也愿意看，因为这个报告中提出来的问题，有事实、有道理，很吸引人。鞍钢是全国第一个最大的企业，职工 10 多万，过去他们认为这个企业是现代化的了，用不着再有所谓技术革命，更反对大搞群众运动，只信任少数人冷冷清清地去干，许多人主张一长制，反对党委领导下的厂长负责制。他们认为'马钢宪法'（苏联一个大钢厂[1] 的一套权威性的办法）是神圣不可侵犯的。这是 1958 年大跃进以前的情形，这是第一阶段。1959 年为第二阶段，人们开始想问题，开始相信群众运动，开始怀疑一长制，开始怀疑'马钢宪法'。1959 年 7 月庐山会议时期，中央收到他们的一个好报告，主张大跃进，主张反右倾，鼓干劲儿，并且提出了一个可以实行的高指标。中央看了这个报告极为高兴，曾经将此报告批发各同志看，各同志立即用电话发给各省、市、区，帮助了当时批判右倾机会主义的斗争。

[1] 指苏联马格尼托哥尔斯克冶金联合工厂。

现在（1960年3月）的这个报告更加进步，不是'马钢宪法'那一套，而是创造了一个'鞍钢宪法'，'鞍钢宪法'在远东、在中国出现了，这是第三阶段。"[1]

3月25日，毛泽东阅聂荣臻3月16日报送的《广州、重庆两市工厂技术革命群众运动的若干情况（参观调查的简要报告）》和他写给中央及毛泽东的信。聂荣臻在调查报告和信中说，他通过对广州、重庆两市的初步了解，觉得这次大搞半机械化、机械化、自动化运动，声势浩大，发展迅速，目前技术革新和技术革命的群众运动已进入一个新的阶段。有几个好经验：（一）大搞群众运动，（二）土洋结合，（三）自力更生，（四）内外三结合。[2]（五）将解决当前的关键环节和长远、全面技术改造相结合。还说运动还要继续大发展，通过群众运动来革新技术，进行技术革命是新生事物，前途不可限量。毛泽东批示："聂荣臻同志给中央的信，对于当前的技术革命运动做了一个很好的系统的总结，发给同志们研究、参考和效仿。我国工业交通战线，农林牧副渔战线，财政贸易流通战线，文教卫生战线和国防战线的技术革命和文化革命的全民运动，正在猛烈发展，新人新事层出不穷，务请你们精心观察，随时总结，予以推广。"

4月13日晚上在钓鱼台12号楼召开中共中央相关负责人会议。毛泽东讲话，他说："技术革命过去叫了十年没有掀起群众运动，到第十一年才掀起群众运动。洛阳拖拉机厂、北京电子管厂、长春汽车厂等搞了技术革命，生产率提高了一倍以上，要继续大搞下去。今年的计划要超额完成，一靠技术革命，二靠综合利用，三靠'小洋群'，四靠大协作，五靠不断改善生产关系、上层建筑。第二季度生产要抓好，防止松劲现象。这些最现代化的工厂搞了革命，过

---

[1] 中共中央文献研究室. 毛泽东年谱（1949-1976）：第4卷 [M]. 北京：中央文献出版社，2013:353-354.

[2] 指在厂内，实行工人群众、领导干部和技术人员三结合；在厂外实行工厂和大专院校、科研机构的三结合。

去他们被'马钢宪法'束缚住了，现在打破了，我们不搞一长制，一长制同党的领导、群众路线都是对立的，党的领导、群众路线这一套要坚持。对人家的长处要学，现在有些同志只注意创造，不注意学人家或学不到底。对人家好的东西没有学完的，没有学好的要继续学，要很好地学苏联。我们学习苏联，开始由于不懂，采取搬过来的办法也很正常。现在进入第二阶段了，不是照搬而是有批判地学习，而且自己能创造了。但是要注意不要把应该学的东西丢掉不学，他们正确的技术要学习，在学会的基础上再进行创造、修改，不要马上改。鞍钢还是学了一些东西。写字先学正楷再学草体。先生比学生高明，学生最后一定比先生高明，这是辩证法。后来居上，这是规律。实力政策、实力地位，在世界上没有不搞实力的。手中没有一把米，叫鸡鸡都不来。我们处在被轻视的地位，就是钢铁不够，要继续跃进。憋口气儿有好处，十年搞一亿吨钢，卫星上天，人家能做到的，你也应该做到。人能也，我亦能也。外因通过内因而起作用，要以自力更生为主，外援为辅。世界上的事情就是这样，新事物总有人反对，搞成了就不反对，人家反对就是你还没有搞好。革命胜利人家是相信的，建设方面人家不相信。你这么一点钢，年产才1300多万吨，看不起你是应该的。等我们年产一亿吨钢，看得起的看得起，看不起的也要看得起。其实这一肚子气早已有了，一百多年来人家说我们是'东亚病夫'，中国处在一穷二白，穷者钢不够，白者科学文化落后，这要记住。反华有好处，一可以暴露敌人，二可以使我们怄气。愤怒不要表现出来，要聚成力量。三年小变，五年大变，十年更大变，总而言之，人家是要看实力的。"[1]

4月15日晚上，毛泽东在中南海颐年堂会见以主席贾尔卡赛汗为团长的蒙古人民共和国大人民呼拉尔代表团时说："中国还是一个手工业国家，所以很需要机械化，可以说机械化才刚刚开始。我

[1] 中共中央文献研究室.毛泽东年谱（1949-1976）：第4卷[M].北京：中央文献出版社，2013:373-374.

们对经济建设的经验是很不足的，我们搞了几十年革命，不会搞建设，建设才搞了十年，很多东西没有学会，我们现在并没有摆脱落后，中国是一穷二白，穷就是东西少、粮食少、油类少、钢铁少、机器少，各种东西都少。中国这么多人又这么穷，这是一个什么样子！白就是文化程度不高、不好，同时也是一个好处，一张白纸就好写字嘛！"毛泽东还说："先进的、中间的、落后的都要研究，工业中的大、中、小型的企业也都应该研究，还有一个洋法生产、土法生产的问题，洋法要研究，土法也要研究。洋法是近代的方法，是从外国学来的，土法是中国自己的。不要只搞洋的轻视土的，不要只搞大的轻视小的，小的搞起来费事少、生效快，而且小的可以变大的，这同我们人类一样，我们大人都是小孩子变的。现在我们有些小型钢铁厂，经过几年以后，它就可以变成中型钢铁厂，再过若干年以后它就可以变成大型钢铁厂，所以不要轻视小的，不要轻视土法，要大小结合、土洋结合。"[1]

4月24日，毛泽东阅薄一波4月18日报送的他在工业书记会议上作的关于技术革新、技术革命运动报告，批示："此件送各省委、各大中城市常委、各自治区党委、中央一级各部门、各党组，小平、彭真阅，尚昆办。"薄一波的报告说：从前3个半月看全年，全年工业生产肯定是继续大跃进的形势。技术革新和技术革命，在很短时间内已经成为席卷全国城乡的伟大的群众运动。我们已经开始找到了一条采取大搞群众运动的方法，来多快好省地发展我国经济和科学技术的新道路。但是，目前这个运动的发展还是参差不齐的。当前应当解决的主要问题是：第一，保证超额完成全年国家计划的第二本账，这是当前技术革新、技术革命必须实现的主要目标之一。第二，大力进行原料、材料、燃料的增产节约和综合利用，这是当前技术革新、技术革命的主攻方向。第三，加速农业的技术改造，

[1] 中共中央文献研究室．毛泽东年谱（1949-1976）：第四卷 [M]．北京：中央文献出版社，2013:375．

围绕步在大地上书写

毛泽东与五七车站纪事

是工业部门在技术革新、技术革命运动中的一项重大任务。第四，不断地改进管理工作，促进技术革新、技术革命运动的发展。[1]

正是在这样的背景下，毛泽东于5月4日下午来到济南珍珠泉大院，观看山东全省技术革新与技术革命最新成就展览和工人技术表演。

毛泽东来到珍珠泉礼堂，看到门前停着一辆公共汽车，车顶上放着一个大气包，显得很独特。他脸上露出了疑惑的神情，便问随行的舒同："这是怎么回事？"

舒同告诉他，这辆汽车不用汽油，是靠那个大气包里的沼气做燃料开动的。这时，济南匡山肥料制造厂厂长王其洪赶忙跑来说："苏联想用汽油卡我们的脖子，很多汽车没有油就停下了，我们就研究沼气代替汽油做燃料，让汽车跑起来。我们成立了沼气研究所，准备用沼气做燃料发电，用沼气做燃料烧饭等。"

毛泽东听后很感兴趣，随后他微笑着登上这辆外表并不漂亮的汽车，要亲自坐一坐不用汽油做燃料的汽车。毛泽东叫王其洪坐在身边，问他沼气包括哪些成分。王其洪很激动，竟一时说不出话来。毛泽东就亲切地启发他说："有甲烷，有乙烷吧。"

王其洪接着说："对，还有二氧化碳。"

这时，陪同的人员便示意司机启动汽车，可司机由于过于激动，怎么也启动不了汽车。毛泽东不想为难司机，正要从座位上站起来。另一位同志提醒司机，没有把锁打开。司机马上转动钥匙，汽车终于发动起来了。毛泽东在珍珠泉大院乘车转了一圈，然后高兴地走下汽车，握着王其洪的手说："以沼气代石油，这项技术好。你们要好好推广使用沼气，还要争气，创建我国的大油田！"

"我们已成立了沼气研究所，希望可以用沼气代替油料，代替电力。"王其洪回答。

---

[1] 中共中央文献研究室.毛泽东年谱（1949-1976）：第四卷[M].北京：中央文献出版社，2013:380.

在陪同人员的引导下，毛泽东沿着院内弯曲的小河，走过小桥，来到珍珠泉北边广场上，看到两辆并排停放着的载重汽车。汽车车头上有朱德题写的"黄河"两个金色大字，车身也装饰得非常漂亮。毛泽东停下脚步，问陪同人员这车是哪里制造的。这时，在一旁的省机械工业厅的同志介绍说："这两台车是济南汽车制造厂试制的样品车。"

为了满足国家经济建设的需要，济南汽车制造厂1959年底开始投入试制8吨载重汽车。当时，厂里只有30多个工程技术人员，没有大型的专用设备，试制这种汽车有很大困难。全厂职工和技术人员发扬了独立自主、艰苦奋斗的精神，土洋结合，以土代洋，进行了723项革新，突破了620多个技术难关，经过反复研制，于4月15日成功生产出"黄河"牌JN150型8吨载重汽车，填补了国家大型载重汽车的空白。

毛泽东高兴地快步走过去，同站在汽车旁的济南汽车制造厂装配工段长王志立握手以表祝贺。毛泽东问他叫什么名字。

他说："我叫王志立。"

毛泽东听后笑了，幽默地说："你的志气已立，决心制造自己的载重汽车了！"

然后，毛泽东问一天能生产多少辆汽车。站在一旁的济南汽车制造厂的副厂长邹德安说一天能装配5辆。毛泽东与邹德安、王志立等人一一握手，并说："谢谢！谢谢！这就是咱们中国人自力更生、艰苦奋斗的志气！"

毛泽东又兴致勃勃地来到安装在大院内小河道上的多种农田水利排灌机械前看操作表演。他首先来到内燃水泵前，仔细看了内燃水泵的示意图，详细听取有关这种水泵的情况介绍，满意地点点头。

毛泽东又来到以煤气锅炉为动力的水泵前，详细询问了煤气锅炉的功率和用煤情况。操作人员汇报说，这个锅炉不用煤气时，只能带一部发动机、一部水泵，后改为煤气烧锅炉，可以带两部发动机、两部水泵，功率提高一倍，操作人员也减少一半。毛泽东听后满意地笑着说："那很好！"

毛泽东又来到土发电机前。五莲县农业机械厂工人宋学林说："这个县地处沂蒙山区东部，全县共 13 个人民公社，每社都有水电站。厂里的技术人员和工人白手起家，自 1958 年以来已制造 10 千瓦的土发电机 37 台，现在正在试制 40 千瓦的发电机。零件全部是本厂加工的。"

毛泽东问宋学林土电气化在农村的功用。宋学林回答已用于公社照明和粮食、饮料加工等方面，并说五莲县一些偏僻的山村也用上了土发电机发的电。然后，毛泽东观看了该厂制造的高扬程水泵把水送上几十米高山坡地的现场表演后，紧紧握住宋学林的手说："你是个发明家，这个要好好在山区推广。"

毛泽东看完表演，对山东省领导说："你们做得对，农业的根本出路在于机械化。在我国没有现代化的农业，根本谈不上国家的现代化；只有实现了农业机械化，才能解放大批劳动力。农村把节省下来的大批劳动力转移到公社工业方面来，大力发展公社工业，是实现我国工业化的有力保证。"对于农业机械化，毛泽东在 1958 年就指出，要在继续完成政治战线和思想战线的社会主义革命的同时，把党的工作重点放到技术革命上去。他还指出，用机械装备农业，是农、林、牧三结合发展的决定性条件，农业的根本出路在于机械化。

这时，毛泽东来到尖端科学技术研究成果展览厅。在大厅前，有一株卉满白花的树，树上一群群蜜蜂在花丛中飞舞。毛泽东顺手揪着花枝，问这是什么树，并说一树白花，象征着和平。毛泽东随行的摄影记者侯波立即按动快门，拍下了毛泽东站在树下的照片。当时，毛泽东问这是什么树，在场的人没有一个能说得出树名来。陪同毛泽东的领导立即派人取了一枝树枝，驱车赶到山东省农科院请教农业专家，才知这棵树叫"香椿柳"，然后，报告给了毛泽东，他满意地点了点头。

1960 年 5 月，毛泽东在济南听取山东大学教师讲解运筹学
（摄影 吕厚民）

毛泽东走进尖端科学技术研究成果展览厅。这里展出的是山东大学、山东师范学院、曲阜师范学院、山东农业学院、山东工学院、山东科学院等科研院校的研究成果。

为了贯彻执行毛泽东关于"使受教育者在德育、智育、体育几方面都得到发展，成为有社会主义觉悟的有文化的劳动者"的教育方针，响应党中央"教育必须为无产阶级政治服务，教育必须同生产劳动相结合"的号召，这些院校纷纷组织教师和学生办校内工厂、办农场，搞生产、搞科研。同时，还组织教师与学生走出学校到工厂、农村、矿山等生产第一线搞科研，解决生产难题。

毛泽东观看山东省数学科研成果时，兴致浓厚。他详细询问了"线性规划"的应用范围，坐下来聚精会神地翻阅由曲阜师范学院数学教师编辑的一本《公社数学》。这本书讲的是如何将数学应用到农村生产第一线，为农村服务。他看完后说："搞社会主义建设离不开科研，研制出来的这些成果都是为建设社会主义现代化需要服务的，要好好地推广。"

1958 年，山东师范学院建立了半导体研究室，研究人员艰苦奋斗，研制出为国防和工业服务的自动控制、自动测量设备，并进行了批量生产。展位上摆放着当时的尖端科技产品。毛泽东走到展位前，青年教师韩爱民迎上前去，双手紧紧地握着毛泽东温暖的大手，向他问好。毛泽东和蔼地问："你多大了？"

"22 岁了。"韩爱民激动地回答。

毛泽东笑着说："你这么小也能搞科研啊！"

然后，毛泽东详细地询问了他们在科研中遇到的困难和完成项目达到的水平。当韩爱民他们汇报到要遵照毛主席的教导，打破外国人和权威的枷锁，大搞群众运动取得的科研成果时，毛泽东笑着勉励大家说："青年人就是不要怕困难，不要怕尖端，要敢想敢干，要破除迷信，解放思想。"

停了停，毛泽东打着手势说："三个臭皮匠，顶个诸葛亮嘛！

1960 年 5 月，毛泽东参观山东省技术革新与技术革命最新成就展览（摄影 吕厚民）

你们组织起来，力量就大了，尖端就不怕了。"

当山东师范学院的领导汇报按照毛泽东关于"自力更生""两条腿走路"的指示，白手起家，自制土设备来解决没有设备的困难时，毛泽东认真地说："条件差不要怕，要两条腿走路，土洋结合嘛，土设备能解决大问题啊！"

停了停，毛泽东鼓励他们说："科学研究要为无产阶级政治服

庐山会议之后 多次到济南调研视察

务，要为工农业生产服务，你们要好好学习，要对人类多作贡献。"[1]

晚上，在山东省交际处吃完饭后，毛泽东观看了吕剧《借年》。晚11时回到专列工作。

5月5日下午，毛泽东在专列上同舒同谈话后离开济南。

毛泽东离开济南后，又先后在郑州、武昌等地接见了外宾，集体会见了大量的机关干部和开会代表；在郑州、上海等地参观工业技术革新展览；在沿途几个地方召集中央负责同志开会或和当地负责同志谈话开会；在上海召集了中央负责同志和省、市委书记的会议。7月5日至8月10日，毛泽东参加在北戴河举行的有中央同志和省委、市委书记参加的中央工作会议，集中研究两个方面的问题。

1960年7月，毛泽东在北戴河会议上（摄影 侯波）

一是国际问题，既中苏关系问题。当时中苏矛盾已经激化，赫鲁晓夫迷信帝国主义，完全依赖大国协商，想控制中国。毛泽东毫不妥协，每次接见亚、非、拉各国朋友，都强调"各国人民的正义斗争都是相互支持的""世界和平的取得，主要依靠各国人民的斗争""为了战胜帝国主义的反动统治，必须结成广泛的统一战线，必须团结不包括敌人在内的一切可以团结的力量，继续进行艰巨的斗争"。[2]

苏方扬言要对中国取消援助，撤回专家，并停止钢铁、石油等

[1] 山东档案馆.毛泽东与山东 [M].北京：中央文献出版社，2003:126-136.
[2] 袁小荣.毛泽东离京巡视纪实：中卷 [M].北京：人民日报出版社，2016:817.

用脚步在大地上书写

毛泽东与五七车站纪事

重要生产资料的供应。毛泽东强调："中国人民不信邪，不怕压，也不怕逼债，就是要有这么一个志气。"[1]"我们不要忘记苏联共产党和苏联人民在历史上给予我们很大的帮助。现在不帮助了，我们只能采取自力更生、勤俭建国这个方针。非这样不可。"毛泽东到各地视察，特别重视工业"四化"和技术革新、技术革命活动的开展，倡导把党的群众路线和生产实践中的技术革新、技术革命活动紧密结合起来，调动广大群众的创造积极性。

他同时告诫全党：现在人家对我们的"大跃进"和人民公社有怀疑，这不能说没有道理。这些是新鲜事物，我们正在进行试验。我们进行各种各样的试验，无非是想把我们中国搞得好一点，发展得快一点。我们想试试，是不是只有苏联那个办法是唯一的办法。我们想，除了苏联的办法，是不是根据中国的情况还有更好一些的办法，更快一些的办法。无非是这么一个想法。国内工作决定我们在国际上的发言权。我们要埋头苦干，把国内工作搞好。[2]

二是国内问题。当时中央已经感觉到，1959年庐山会议反右倾以后，工作中一些"左"的错误不但没有得到纠正，反而更加严重了。整个1960年上半年情况很不好，国民经济计划完成得很差，特别是轻工业生产不好，而且农业又发生自然灾害，已经发生春荒，所以对1960年下半年经济计划以及1961年的国民经济计划必须调整。经过调研后，毛泽东在北戴河会议上指出，国外争论的解决，取决于国内工作。现在我们的工业、农业均未过关，必须下决心、立志气，密切联系群众，深入基层，纠正缺点，把各项工作做好。要缩短战线，集中优势兵力，打歼灭战，不能百废待兴，争取在三年到五年内，把过关的任务完成。[3]

毛泽东在讲话中特别有针对性地讲道：农村以生产队为基本核算单位的三级所有制，至少五年不变，死死地规定下来，搞一个"机

[1] 吴冷西. 十年论战 1956-1966 中苏关系回忆录 [M]. 北京：中央文献出版社，1999:337.
[2] 吴冷西. 十年论战 1956-1966 中苏关系回忆录 [M]. 北京：中央文献出版社，1999:313-314.
[3] 杨尚昆. 杨尚昆日记：上卷 [M]. 北京：中央文献出版社，2001:518-519.

械论"，不要讲三年五年从队基本所有制过渡到社基本所有制。不这样，基层干部和广大农民群众都不满意，满意的只是社干部。

在一个多月的北戴河会议期间，毛泽东的心情显得很沉重，常常一个人坐在沙发上长时间沉默不语，睡眠也不好。他曾对值班人员说，他很忙，文件多，生活上对他多照顾一下。国际上有来自苏联等方面的压力，国内出现了他始料不及的如此困难的经济局面，亟待解决的棘手问题那么多，作为党和国家主要领导人的毛泽东，在精神上承受着很大的压力。他在1960年6月上海会议提出争取主动权的问题，并没有实现。如何克服当前困难，摆脱被动局面，他在苦苦地思索着。他也确实太疲劳了。

北戴河会议决定，坚决缩短基本建设战线，集中力量保证重点产品、重点企业和基本建设项目；认真清理劳动力，充实农业战线，首先是粮食生产战线。会议形成的文件有：《关于开展以保粮、保钢为中心的增产节约运动的指示》《关于全党动手，大办农业，大办粮食的指示》《关于全党大搞对外贸易收购和出口运动的紧急指示》《关于向党员干部介绍布加勒斯特会议情况和中苏关系问题的通知》。

这次会议还决定要把全国划分为六大区，成立六个中央局，来代行中央职权，作为中央的代理机构，让中央腾出更多的时间考虑全局性的问题、世界性的问题。

毛泽东对山东济南的调研成果，已体现在上述中央的决策中。

出于对毛泽东的爱护，邓小平在会议结束时宣布："最近主席恐怕是要脱离一下工作，完全休息，就是少奇同志主持。只有一件事情，就是对苏共《通知书》的答复，我们把文件搞好了，主席过目一下，日常工作我们处理了。"

毛泽东说："我赞成，休息一个时期。"1960年8月16日晚8时，毛泽东离开北戴河回京。[1]

[1] 袁小荣.毛泽东离京巡视纪实：中卷[M].北京：人民日报出版社，2016：863-864.

毛泽东在散步 （摄影　吕厚民）

◇　庐山会议之后　多次到济南调研视察　◇

倡导调查研究
四次到济南调研纠"左"

左侧竖排文字：

用脚步在大地上书写

毛泽东与五七车站纪事

（一）组织调查组南下调查，毛泽东来到济南

从 1960 年 6 月布加勒斯特会议以来，毛泽东的主要精力一直放在国际问题方面。

10 月，迅猛刮起的"共产风"和其他几股歪风对农村生产关系和农村生产力，对农村经济以及人民正常生活造成的极大破坏和严重后果大量地暴露出来。在一些农村中，饿死人等严重情况越来越多地反映到毛泽东那里，问题的严重程度使他吃惊。毛泽东的心思和注意力又转回到国内。

10 月 21 日，中央组织部、中央检察委员会四名干部，把一份关于河南省信阳地区大量饿死人和干部严重违法乱纪的调查报告，送到了李富春手上。李富春将调查报告报毛泽东。

10 月 23 日至 26 日，毛泽东召集刘少奇、李富春、谭震林、陈正人、廖鲁言、李先念和华北、中南、华南一些省、市委第一书记陶鲁笳、

刘子厚、刘仁、陶铸、王任重、张平化、吴芝圃、刘建勋等开会，讨论情况严重且暴露比较早的山东、河南两省的问题。河南省委主要负责人汇报信阳事件，大家听后十分震惊。

26 日，有关信阳事件的材料送到毛泽东手中，毛泽东提笔批示："请刘、周今日即看，下午谈一下处理办法。"

很快，中央派出以李先念为首的中央工作组，包括中南局第一书记陶铸，第二书记王任重，赴信阳开展调查和处理事件。

调查的事实充分证明，两次郑州会议的精神，在这里一点都没有贯彻。

1958 年 11 月 21 日上午，毛泽东在武昌政治局扩大会议上就曾明确指出："过渡到共产主义的问题，现在我们乡级以上的各级干部就是要过渡得快，抢先于苏联。我们现在是一穷二白，还有一个一穷二弱。现在吹得太大了，我看是不合事实，没有反映客观实际。建设社会主义，我们没有经验，现在吹得那么厉害，我担心我们的建设。有一种树，叫钻天杨，钻得非常快，就是不结实，建设搞得太快了，可能天下大乱。……所谓速度，所谓多快好省，是个客观的东西。客观上能速则速，不能速就还是不速。在谈到减少任务问题时他警告说：我看这样搞下来，中国人非死一半不可，不死一半也要死三分之一，不死三分之一也要死十分之一。中国五亿农民，十分之一就是五千万人。如果死了五千万人，那个时候至少我的职要撤掉，你们都可以不撤，那不是撤职问题，我这个头也没有了……我们在这一次唱个低调，把脑筋压缩一下，把空气变成固体空气。先搞少一点，如果行有余力，情况顺利，再加一点。胡琴的弦不要拉得太紧，搞得太紧了，就有断弦的危险。"[1] 从这里我们可以看出毛泽东的焦急心情和对中央、地方一些领导不接受他的意见的一种无奈。

---

[1] 中共中央文献研究室.毛泽东年谱（1949-1976）：第 3 卷 [M].北京：中央文献出版社，2013:519-522.

毛泽东在与新华社负责人吴冷西谈话中说：虚报好还是瞒产好？我看瞒产比虚报好。没有打那么多粮食，你硬是充胖子，虚报了产量，结果国家按报的产量征购，多购了过头粮，受害的是农民。瞒产了粮食还在，虚报了没有粮食。虚夸危害很大。毛泽东说，按虚报的数字来订生产计划很危险，订供应计划更危险。

第二次郑州会议上，毛泽东说："我现在代表五亿农民和一千多万基层干部说话，搞'右倾机会主义'，坚持'右倾机会主义'，非贯彻不可。你们如果不一齐同我'右倾'，那么我一个人'右倾'到底，一直到开除党籍。一平、二调、三提款，不是马克思列宁主义，违反客观规律，是向'左'的修正主义。想快反慢，武昌会议时，价值法则、等价交换已弄清，但根本未执行，等于放屁。"[1]

毛泽东警告："这样下去一定垮台。我看这样下去公社非垮台不可。非搞翻农民不可，生产就会停滞。还是这样犹犹豫豫，公社就会垮，人就会跑。"

虽然中央决定让毛泽东休息一个时期，但在这种情况下，实际上根本无法做到。他照样很忙，找人谈话，批阅文件，会见外宾。当他看到反映农村严重情况的报告时，他心情极为沉重，常常睡不着觉。从10月开始，毛泽东开始吃素，不吃肉了。他说："国家有困难了，我应该以身作则，带头节约，跟老百姓共同渡过难关。"[2]

毛泽东看到反映农村严重情况的报告越来越多，包括像"信阳事件"那样的报告，他震动极大。

11月15日早晨，看了关于抽调万名干部下放基层的报告，毛泽东写信给周恩来："在讲大好形势、学习政策的过程中，要有一段时间大讲三分之一地区的不好形势。""五个月来，一定要把全部形势都转变过来。共产党要有这样一种本领，五个月工作的转变，一定争取1961年的农业大丰收，一切坏人坏事都改过来，邪气下降，正气上升。"[3]

[1] 顾龙生.毛泽东经济年谱[M].北京：中共中央党校出版社，1993:455-456.
[2] 中共中央文献研究室.毛泽东传[M].北京：中央文献出版社，2013:1098.
[3] 中共中央文献研究室.毛泽东传[M].北京：中央文献出版社，2013:1098.

同一天，毛泽东为中共中央起草了给各中央局，各省、市、自治区党委的指示，要求"必须在几个月内下决心彻底纠正十分错误的'共产风'、浮夸风、命令风、干部特殊风和对生产瞎指挥风，而以纠正'共产风'为重点，带动其余四项歪风的纠正"。他说："省委不明了情况是危险的""现在是下决心纠正错误的时候了"要"情况明，决心大，方法对"[1]。

11月28日，毛泽东为中共中央起草了转发甘肃省委关于贯彻中央紧急指示信的第四次报告的批语。他在批语中说："毛泽东同志看了两遍这个报告，他说还想看一遍，以便从其中吸取教训和经验。他自己说，他是同一切愿意改正错误的同志同呼吸、共命运的。他说，他自己也曾犯了错误，一定要改正。例如，错误之一，在北戴河决议中写上了公社所有制转变过程的时间，设想得过快了。"[2]

1960年12月24日至1961年1月13日，中共中央在北京召开工作会议。会议议程有三项：关于农村整风整社和纠正"五风问题"；关于1961年国民经济计划问题；关于世界各国共产党和个人党代表会议决议的报告。毛泽东先后五次听取汇报，他插话说："刮'共产风'，中央是有责任的。这几年，我们在许多工作中缺乏一种谨慎和实事求是的态度，为某些现象所迷惑，值得我们注意。"

1961年3月，毛泽东到湖南时，在专列上召开省委负责人座谈会 （摄影 侯波）

[1] 中共中央文献研究室. 建国以来毛泽东文稿，第9卷[M]. 北京：中央文献出版社，1996:352.

[2] 中共中央文献研究室. 建国以来毛泽东文稿，第9卷[M]. 北京：中央文献出版社，1996:364.

1961 年 1 月 13 日，中央工作会议的最后一天，毛泽东发表了以大兴调查研究之风为主旨的讲话。

他说："这一次中央工作会议，开得比过去几次都要好一些，大家的头脑比较清醒一些。我希望同志们回去之后，要搞调查研究，把小事撇开，用一部分时间，带几个助手，去调查研究一两个生产队，一两个公社。在城市要彻底调查一两个工厂、一两个城市人民公社。去做调查，就是要使自己心里有底，没有底是不能行动的。了解情况，要用眼睛看，要用口问，要用手记。这些年来，我们的同志调查研究工作不做了。要是不做调查研究工作，只凭想象和估计办事，我们的工作就没有基础。所以，请同志们回去后大兴调查研究之风，一切从实际出发，没有把握就不要下决心。"[1]

毛泽东提出："今年搞一个实事求是年。""建国以来，特别是最近几年，我们对实际情况不大摸底了，大概是官做大了。我这个人就是官做大了，我从前在江西那样的调查研究，现在就做得很少了。今年要做一点，这个会开完，我想去一个地方，做点调查研究工作。不然，对实际情况就不摸底。现在我们看出了一个方向，就是同志们实事求是的精神恢复起来了。"[2]

1 月 14 日至 18 日，党的八届九中全会在北京举行。毛泽东在全会结束时，再一次就调查研究问题发表讲话。他说："希望今年这一年，1961 年成为一个调查年，大兴调查研究之风。调查要到实际中去调查，在实践中才能认识客观事物。"[3]

他亲自组织了三个调查组，分别到浙江、湖南、广东调查研究。

说起毛泽东重视调查研究，曾担任他的警卫员、后来一直在济南工作的高碧岑在《毛主席的农民情》一文中回忆：

[1] 中共中央文献研究室. 毛泽东年谱 1949-1976：第 4 卷 [M]. 北京：中央文献出版社，2013:523.
[2] 中共中央文献研究室. 毛泽东年谱 1949-1976：第 4 卷 [M]. 北京：中央文献出版社，2013:524.
[3] 中共中央文献研究室. 毛泽东年谱 1949-1976：第 4 卷 [M]. 北京：中央文献出版社，2013:526.

1961 年 1 月，党的八届九中全会会场（摄影　吕厚民）

毛主席在视察农村的时候，总觉得自己的所见所闻有一定的局限，感到不满足。他对身边的工作人员说："我不可能每个地方都走到，请你们也来帮帮我的忙吧。""你们每年回家了解一下家乡的情况，回来向我谈谈，或者写在纸上给我看，你们回家见到了农民，我见到了你们，也就间接见到了农民，你们都把家乡的情况告诉我，我的消息就灵通了，这对我、对中央都有帮助，对你们也是一种学习。""你们到了大城市，当了干部，不要忘记劳动人民。"

从 1955 年起，毛主席指示有关部门从全国各地选调一批干部，陆续充实到他身边工作。5 月中旬，他亲自给身边的工作人员讲话，正式提出把回家做社会调查当作一项重要的工作任务。随即亲笔题

1955 年 5 月，毛泽东为身边的工作
人员亲笔题写的《出差守则》

写了《出差守则》，规定了调查的内容、要求和纪律。从下半年开始，先后有十几个省的三十多人回乡做社会调查，回京后都写出了探家调查报告。毛主席在百忙中，先后五次抽出时间亲自听取汇报，阅批调查报告。他听汇报，要听真实情况，要听具体的人和事，要听农民的原话。如果是方言土语或者是难懂的话，他一遍听不清还要再问一遍。即使有的话是农民骂娘的，他也要听。他看调查报告，要看做调查人亲笔写的，请别人代写或代抄的他不喜欢。这样，他既可以了解原汁原味的乡情民意，又能了解做调查人的综合分析能力和思想文化水平。有的报告，他还写了批语指示，或批给中央和省的领导同志阅处。

河南籍王文礼的调查报告，一连写了六遍，反映家乡农民生活困难，吃不饱；干部在合作化工作中强迫命令。毛主席看得很仔细，帮他改了错别字，鼓励他"写得不坏"，还将这份报告批给当时中共河南省委书记吴芝圃"认真一阅"。

家在广西的凌理德，在调查报告中反映他们那里遭受了严重旱灾，农作物几乎干死了。农民没饭吃，挖野生植物充饥，有的人挖"黄狗藤"吃。毛主席看了报告面带忧愁地问他："'黄狗藤是什么东西？长在什么地方？有没有毒？对农民的身体有没有伤害？下次回家带点来我也尝尝。"

战士马维探家回来，了解到家乡人民生活贫困，还带回一个农民吃的又黑又硬的窝窝头，交给毛主席说："我们家乡的人民就是吃这种窝窝头，我讲的是实话。"毛主席接过窝窝头，立即掰开一块放在嘴里。当他咽下这块粗糙的窝窝头时，泪水溢满了眼眶。他又把窝窝头分给身边的人吃："你们都吃一点，这就是我们农民的口粮，这就是种粮食的人吃的粮食啊！"他心情沉重，喃喃自语："我们是社会主义，应该让人民过上富裕的日子。"

1961年1月25日晚9时至12时，毛泽东召集开会，谈工作布置。开完会，他带着急于了解农村真实情况的紧迫心情，立即乘专列离开北京。

1月27日专列到达济南火车站。毛泽东在专列上同中共山东省委负责人曾希圣、谭启龙谈话，了解山东的整风整社和生活安排情况。在谈到山东有7个县的领导干部"烂了"时，毛泽东说："河北'烂了'八个县。必须认识到这是反革命分子的复辟，死官僚主义是他们的同盟军，是破坏社会主义建设的。对第三类人（死官僚主义分子），一定要从领导岗位拿下来，第四类人（糊涂人）如果不认真改正错误也不能当第一书记。干部教育工作很重要，要向干部大讲什么是共产主义，什么是社会主义，什么是全民所有制，什么是集体所有制，什么是三级所有、队为基础等问题。"谈到"五风"（指官僚主义、强迫命令、瞎指挥、浮夸风、"共产风"）问题时，毛泽东说："反'五风'问题，党内认识是不断提高的，也是不一致的，经过三年现在是否基本一致了呢？在郑州会议时反对'一平二调'，没有坚持退赔，以后上海会议决定要退赔，但实际上大多数还是没有退赔，就是认识不一致。这就是不懂得农民。不懂得农民，怎么能搞社会主义呢？这实际上是反马列主义的。"[1]

1月29日专列到达南京，毛泽东在同江苏、南京的负责人谈话时再次强调："干劲还要鼓，要是实事求是的干劲，实事求是就是调查研究。水是浑的，有没有鱼不知道，就是要大兴调查研究之风。要把浮夸、官僚主义、不摸底这些东西彻底克服掉。过去这几年不大讲调查研究了，是损失。不根据调查研究来制定方针、政策是不可靠的，很危险，心中也无数，数字也许知道，实际情况并不知道。成绩、缺点要两面听，两点论嘛，正面、反面，成绩、缺点，光明面、黑暗面，已经认识了的世界和未被认识的世界等等，一万年也是这样。"[2]

[1] 中共中央文献研究室.毛泽东年谱（1949-1976）：第4卷[M].北京：中央文献出版社，2013:533、534-535.

[2] 中共中央文献研究室.毛泽东年谱（1949-1976）：第4卷[M].北京：中央文献出版社，2013:533、534-535.

1961年3月，中共中央在广州召开会议，讨论制定《农业六十条》（摄影 侯波）

　　1961年2月25日，毛泽东在广州召开相关人员会议，讨论起草农村人民公社工作条例问题，要求3月10日起草好。3月4日晚上，在广州小岛招待所，毛泽东主持召开中共中央政治局常委扩大会议，讨论国际形势问题和农村人民公社工作条例草案初稿。3月5日晚上，中共中央政治局常委扩大会议继续召开。毛泽东主要谈了人民公社体制等问题。他说："我这次出来之后，沿途和河北、山东、江苏、上海、浙江的同志谈了一下，也和江西、湖南的同志谈了一下。他们反映的问题和你们了解的情况差不多。他们普遍感到社、队太大了，要求划小一点。我们搞了3个调查研究组。目前他们来在这里起草一个农村人民公社各级的工作条例。初稿已经起草好了，准备让几个省来几个同志参加讨论修改。修改后让他们带回去广泛征求意见，研究讨论是否可行。"关于人民公社划小的问题，毛泽东再次强调："这个原则是肯定了的。今年不划小，明年得划小，后年一定得划小，横直是要划小就是了。"[1]

　　1961年5月13日傍晚，毛泽东由南方返京途经济南，专列停靠五七车站。谭启龙到专列上向毛泽东汇报工作。毛泽东问：山东党内关系怎么样？县级思想解决了没有？如何解决基层干部的思想作风问题？谭启龙一一做了回答。毛泽东说，写信的方法很好（当

[1] 中共中央文献研究室.毛泽东年谱（1949-1976）：第4卷[M].北京：中央文献出版社，2013:548-550.

时要求各省第一书记给主席写信）。许多事情只有到群众中去才能找到正确的结论。[1]

在这次调查研究过程中，毛泽东着重强调，要按照群众的需要办事，否则就要垮台。给农民自留地，规定队为基础 7 年不变，自留地 20 年不变，再反复就是你们说的包、病、逃、荒、死。如果按有些干部的意见，社员自留地也不能留，平调的东西也不要退赔，生产指挥权也不能下放，那我们就得不到群众，就不能取信于民。要坚决走群众路线，一切问题都要和群众商量，然后共同决定，作为政策贯彻执行。各级党委，不许不做调查研究工作。绝对禁止党委少数人不做调查，不同群众商量，关在房子里，做出害死人的主观主义的所谓政策。[2]

[1] 山东档案馆 . 毛泽东与山东 [M]. 北京：中央文献出版社，2003:608.
[2] 中共中央文献研究室 . 毛泽东年谱（1949-1976）：第 4 卷 [M]. 北京：中央文献出版社，2016:586.

（二）庐山中央工作会议前，到济南等地调研

1961 年庐山中央工作会议前，即 7 月 6 日，毛泽东离开北京沿京沪线南下视察。

专列途经天津。河北省委书记刘子厚向毛泽东汇报工作。

刘子厚谈道："保定地区唐县一个公社，各生产大队实行粮食'分配大包干'。生产队生产的粮食，统由生产队支配，按照劳动工分分给社员，鼓励社员的生产积极性。这个公社粮食连年增产，向国家交售的粮食连年增加，猪羊肥壮。在困难时期群众生活安排得比较好，没有发生浮肿病。河北省委认为这是一个很有说服力的典型，准备推广。但在三级干部会上，绝大多数同志赞成，少数同志有怀疑和顾虑。"毛泽东认为"分配大包干"是个好办法，指示河北省委继续试行下去。

7 月 7 日下午专列到达济南火车站，毛泽东在专列上同中共山东省委负责人谈话。毛泽东提出河北主张以生产队为基础，即以生产队为基本核算单位。山东省委负责人说他们都这么办了。

8 月 23 日，毛泽东在庐山召集中央常委和大区负责人开会。毛

1961 年 8 月，庐山
中央工作会议现场
（资料照片）

跟着毛泽东在大地上书写

毛泽东与五七车站纪事

泽东先问了各地的收成，又问到贯彻公社工作"六十条"及农村情况。中南大区的同志讲到"六十条"解决了生产队的问题，但土地、耕畜、劳力等归生产队所有，而分配则是以生产大队为单位，这样，所有制与分配有矛盾。这正是毛泽东长时间反复考虑的一个问题，他说这个问题应当加以研究。

毛泽东说："我们有把握的、有成套经验的还是民主革命。民主革命搞了几十年，经过了陈独秀的错误，三次'左'倾错误，又经历抗日战争时期的右倾错误，碰了许多钉子，最后经过了整风，才搞出了一套包括理论和具体政策的为大家所公认的教科书。""讲到社会主义革命，则不甚了了。公社工作'六十条'，讲的是所有制、分配、人与人的关系，都是社会主义。这个问题究竟如何？你们说有了一套，我还不大相信。……会不会遭受许多挫折和失败？一定会。现在遭了挫折和失败，碰了钉子，但还碰得不够，还要碰。再搞两三年看看能不能搞出一套来。对社会主义，我们现在有些了解，但不甚了了。我们搞社会主义是边建设边学习的。搞社会主义，才有社会主义的经验。'未有学养子而后嫁者也'。说有经验，已经搞了十二年，也有些，但也只有十二年。我们现在还处在斯大林时代即苏联两个五年计划时期。我们还没有原子弹。这不能怪我们，因为我们时间还短。"[1]

1961年9月26日，毛泽东的专列到达邯郸。下午，毛泽东在专列上召集河北省委、山东省委及河北省部分地委的负责人举行了座谈会。毛泽东开门见山地问河北省委代理第一书记刘子厚："你们想扯什么问题？"

刘子厚说："还是上次谈的大包干问题。"

当时人民公社实现的是"三包一奖"的分配方式，即社员对生产队的土地实行包工、包产、包投资和超产奖励。河北唐县某公社未按惯例实行统一分配，而是实行了"分配大包干"的新方式，就

[1] 中共中央文献研究室. 毛泽东传 [M]. 北京：中央文献出版社, 2013:1168-1169.

1961年8月，毛泽东在庐山（摄影 吕厚民）

是对于国家的粮棉、油料和其他农产品的征购任务，国家包到生产大队，生产大队包到生产小队，由生产小队包干完成国家征购任务。这种方式与农民的实际利益结合紧密，计算简便，很受农民欢迎。

毛泽东说："这是一个大问题。不以脚为基础，以腰为基础，腰在分配，闹平均主义。"毛泽东问山东是怎么做的，周兴介绍了山东一些地方搞大包干的情况。

毛泽东说："噢！那就是交公积金、公益金、管理费，还有征购粮。我过济南时说，河北唐县有一个公社几年来连年增产，并不闹大队统一核算，统一分配，他们分配大包干，年年增产，生活好，也能完成征购任务，真正调动积极性靠这一条。三包一奖，算账算不清，强迫命令定局，搞平均主义。三包一奖搞了六年之久，从来没有搞清楚这个问题。"

刘子厚说："三包一奖太麻烦，保定有个调查，37道工序，49个百分比，1128笔账。"

毛泽东说："这是烦琐哲学嘛。"

刘子厚说："三包一奖年年吵个一塌糊涂，一年至少吵四次，一次吵多少天。最后没有办法了，来个强迫命令算了。"

毛泽东提议："对于大包干的试点你们应该多一些，普遍试办嘛。"

刘子厚汇报了河北省研究实行大包干的过程后，毛泽东说："广州会议时，河北要在全省实行小队核算。山东开了个座谈会，提出来这个问题：生产在小队，分配在大队，这不是矛盾吗？在广州开会时，我批了一个文件，让大家议一议，大家议的结果是都不赞成。农村现在二十户左右的生产队，有人说规模太小。二十户不小了，山里头更小一些也可以，十来户，七八户搞一个核算单位。二十户有八九十人，三四十个整半劳动力，不算少了。生产队有四十来个劳动力，就是个大工厂嘛，再大了管不好。河北平均四十二户，有八九十个整半劳动力，已经很大了。这个工厂难办，它是生产植物、动物的工厂，是活的，钢、铁是死的。"

刘子厚说："今春在北京开会讨论生产队为基本核算单位问题的时候，有人开玩笑说，你们退到初级社了；有人说对基本建设不利；第三是说征购辫子多了，头绪多了；第四是说有的队遭灾，不利于互相支持；第五是说不利于向机械化发展。"

毛泽东对这五个问题，逐一做了回答。他说："整风整社，'六十条'是根据，可是'六十条'就是缺这一条。"

针对"退到初级社"的说法，毛泽东说："问题是搞不搞积累。大队、公社有一部分积累，这就没有退到初级社。"

针对"有人说对基本建设不利"，毛泽东说："是否不利？定一条，要抽些劳力，搞好积累。有些基本建设大队可以不干涉，如打井小队也可以搞嘛，全县和全社规模的基本建设应由县、社来办。"

针对"征购辫子多了、头绪多了"，毛泽东说："你还是抓大队嘛。"

针对"不利于向机械化发展"，毛泽东说："你现在哪一年才能实现机械化，还是遥遥无期嘛。现在主要是靠人力劳动。"

刘子厚又汇报到按劳分配问题，毛泽东说："按劳分配就是搞

嘛。"……

最后毛泽东总结说："什么叫队为基础，就是以现在的生产队为基础，就是过去的小队。三级所有，基础在队，这样搞上十年、八年，生产发展了就好办了。大队、公社有了积累，可以办些赚钱的事业，大队、公社兴修水利可以采用出工的办法。三级所有，土地还是放在大队为好。大牲畜、农具可以有两种办法，一是归小队，二是固定作价给小队。这两个办法由小队选择。土地名义上归大队所有，实际上归小队使用。许多手工业应下放给小队，小队搞就有利，大队搞就赔钱。"

刘子厚说："过去大队管了些不应管的事。"

毛泽东说："公社、大队、生产队各管些什么，应该有个细则。"

刘子厚说："生产队的八条权利，被大队'统一'给咬住了。"

毛泽东说："应该有个解释，统一是统一什么。大包干以后，大队并不是没有工作了。如征购、管理直属企业、学校，搞基建，发放救济、补助等。还有党的工作、政治工作，这些工作以前都不管了。还有民兵，治安保卫。小队的八权，再加上两个：一是耕畜、农具，二是分配权。同时要把大队的权定死。统一领导就统一这些。还有个农作物安排，不然人们就不种棉花了，要有个计划管理。像河北种 1200 万亩棉花，你们搞 800 万亩，中央就不干。大队有 4 个人就够了，支部书记、生产大队长、民兵队长、会计 4 个人就不少了，把人放下去加强小队的领导。过去中央、少奇他们到前方组织了个工委，我们在西北有个小司令部，有我，有恩来，有任弼时，此外还有陆定一同志等共 6 人。人不要多，多了不好办事。发号施令，无非是那些事，现在中央机关那么多人，省级也不少。人多不好办事。地委有多少人？"

保定地委（今河北省保定市）第一书记李悦农说："200 多人。"

毛泽东说："减少十分之九就好办事了。"接着山东省委书记处书记周兴汇报了山东的灾情，刘子厚汇报了河北的年景。

晚上10时38分，毛泽东带着调查得来的收获离开邯郸返回北京。

9月29日上午8时，毛泽东为解决农村基本核算单位问题给中央常委和有关同志写了一封信：

常委及有关各同志：

送上河北深县（今河北省衡水市深州市）五公公社耿长锁的一封信，山东省委一九六一年三月关于大小队矛盾问题座谈会材料一份，湖北省委九月二十五日的报告一份，九月二十六日邯郸座谈记录一份，另有河北的一批材料，请你们一阅，并和你们的助手加以研究。然后我们集会讨论一次。这些材料表明：我们对农业方面的严重平均主义的问题，至今还没有完全解决，还留下一个问题。农民说，"六十条"就是缺了这一条。这一条是什么呢？就是生产权在小队，分配权却在大队，即所谓"三包一奖"的问题。这个问题不解决，农、林、牧、副、渔的大发展将仍然受束缚，群众的生产积极性仍然要受影响。如果我们要使一九六二年的农业比较一九六一年有一个较大的增长，我们就应在今年十二月工作会议上解决这个问题。我的意见是："三级所有、队为基础。"即基本核算单位是队而不是大队。所谓大队"统一领导"要规定界限，河北同志规定了九条。如不做这种规定，队的八权有许多是空的，还是被大队抓去了。此问题，我在今年三月广州会议上，曾印发山东一个暴露这个严重矛盾的材料，又印发了广东一个什么公社包死任务的材料，并在这个材料上面批了几句话：可否在全国各地推行。结果没有被通过。待你们看了湖北、山东、广东、河北这些材料，并且我们一起讨论过了之后，我建议：把这些材料，并附中央一信发下去，请各中央局，省、市、区党委，地委及县委亲身下去，并派有力调查研究组下去，做两三星期调查工作，同县、社、大队、队、社员代表开几次座谈会，看究竟哪样办好。由大队实行"三包一奖"好，还是队为基础好？要调动群众对集体生产的积极性，要在明年一年及以后几年，大量增

产粮、棉、油、麻、丝、茶、糖、菜、烟、果、药、杂以及猪、马、牛、羊、鸡、鸭、鹅等类产品，我以为非走此路不可。在这个问题上，我们过去过了六年之久的糊涂日子（一九五六年，高级社成立时起），第七年应该醒过来了吧。也不知是谁地谁人发明了这个"三包一奖"的糊涂办法，弄得大小队之间，干群之间，一年大吵几次，结果瞒产私分，并且永远闹不清。据有些同志说，从来就没有真正实行过所谓"三包一奖"。实在是一个严重的教训。

毛泽东

一九六一年九月二十九日上午八时[1]

10 月 4 日凌晨 5 时，毛泽东又为解决农村"队为基础"问题给邓小平、彭真写了一封信：

小平、彭真同志：

索性请柯老、井泉、澜涛、任穷四同志，于五日来此一谈，使这个"队为基础"的大问题，弄个明白。如大家同意进行调查，使省、地、县三级在两个月内都有所酝酿，十二月就可做出决定。如同意，请彭真同志即办。五日到，晚上即可谈一下，六日会毕，七日他们即可回去。

毛泽东

十月四日五时[2]

7 日，在毛泽东同几个大区书记谈话后，中共中央发出了《关于农村基本核算单位问题给各中央局，各省、市、区党委的指示》，要求各级党委就这个问题进行认真的调查研究，以便中央做出决定。

[1] 中共中央文献研究室.毛泽东年谱（1949-1976）：第 5 卷 [M].北京：中央文献出版社，2013:33.

[2] 中共中央文献研究室.毛泽东年谱（1949-1976）：第 5 卷 [M].北京：中央文献出版社，2013:35.

（三）七千人大会前，到济南等地调研

1961 年 9 月 27 日，毛泽东回到北京后主要抓了两件大事：一是组织了在苏共二十二大前后的斗争；二是改变人民公社基本核算单位的讨论。他于 11 月 12 日听取了中央局第一书记会议的情况汇报后，提出要召集县委书记开个会，总结这几年的工作教训，即后来所说的七千人大会。毛泽东说："要把这次会议当作小整风。近几年来中央在工作上犯了什么错误，要讲。全局观念、纪律，先整体后局部后个人，要讲。现在小天地太多，一个县也是一个小天地。中央的账要讲清楚。我们交了心，才能要求他们交心。"毛泽东表示他要在会上讲话，还要中央各同志和中央局的同志也讲一讲。"各省只讲自己的错，不讲中央的错，要用这次会议讲清楚。不要怕鬼。现在气不壮，很沉闷。收购不到东西，粮食状况不好，要两三年转过去。庐山会议[1] 说一九六三转，明年要改观。要鼓气，就是总结经验，鼓足干劲八个字，总结经验就是讲清道理，好坏经验都找。"[2]

11 月 30 日晚 10 时 10 分，毛泽东在颐年堂召开常委会议，12 时会议结束以后，毛泽东离开中南海，登上了南下的专列。毛泽东先后到上海、杭州、无锡等地视察。1961 年 12 月 16 日傍晚，毛泽东离开无锡返京。12 月 17 日 15 时途经济南，专列停靠五七车站。毛泽东在专列上听取了中共山东省委负责人谭启龙和裴孟飞、白如冰、苏毅然等的工作汇报。毛泽东有一些谈话和插话。

毛泽东说："灾有轻重之分。重灾的 500 万人，国家供应吃饭，给 12 亿斤粮食。究竟是否有那么大的灾？救灾粮是否都到了老百姓手里？公社、大队、生产队是否都扣一点？大人、孩子每人每天

[1] 指 1961 年 8 月 23 日至 9 月 16 日在庐山召开的中央工作会议。
[2] 中共中央文献研究室. 毛泽东年谱（1949–1976）：第 5 卷 [M]. 北京：中央文献出版社，2013:47.

1961年11月，毛泽东在杭州视察时办公（资料照片）

平均吃四两，是不是吃得到？"

毛泽东说："1959年我有六条通知（党内通讯），要下边干部不要管上边那一套。上边那一套是瞎指挥。指挥过高，估产过高，收购过高，死人过高，这几个过高就吃不消。山东去年解散食堂、权力下放，搞得最早。"

毛泽东说："权力下放，实行大包干后，生产队三十户是否大了？可以搞十几户。山区里三户五户的怎么办？二十户规模就是大的。"

毛泽东说："粮食和经济作物的统算，省地县都要部署一下，哪里种棉花、哪里种花生，都要有个布局。如何收购，也要研究。这样，权力下放，"大包干"，以生产队为基本核算单位，收购上既不是高指标，也不是低指标，干部和群众就定了心。要是多生产多收购，多生产和少生产都是一样，那群众何必生产呢？"

毛泽东说："管农民油吃就没有油吃，不管农民油吃就有油吃，

所以我们就是半无为而治。"

毛泽东说："去年今年两年每年进口粮食 100 亿斤，就是 500 多万吨，需要几亿美金。把外汇用到买粮食上，特殊钢材就不能进口。这些问题要向群众讲清楚。粮食要自己多生产，自己设法解决。"

毛泽东说："基本核算单位下放到生产队，牲口就不会死，农具破坏也不会那么严重。大平均主义六年没有解决，现在解决了。有人说，这是不是退步？是不是社会主义？这不是退步，按劳分配就是社会主义。照顾五保户、困难户，有共产主义因素。还有积累，还有征粮，有了前途。这是整个人民的利益。"

毛泽东说："城市没有马牛羊、鸡犬豕，不长稻粱菽、麦黍稷。公路两旁有点树，但靠城市长的树，修房子、搞桌椅板凳、搞坑木，都是不行的。发展森林不是三年五年的问题。山林所有制问题，是十二年没有解决的问题。"

毛泽东说："评五好社员的问题。马牛羊、鸡犬豕增加了多少，稻粱菽、麦黍稷增加了多少，上交公粮多还是少，群众健康状况好或坏，村庄是否绿化了，就可以看出队的好坏了。"

毛泽东说："山东应当上调些粮食。"又说："怎么搞社会主义，我们没有经验，要总结；刮'五风'，我们也没有经验；浮肿病、干瘦病，我们也没有经验。过去大计划，高指标，不要轻信。生产队为基础，多年没有解决。'三包一奖'是从河北来的，全国推广。我也没有看，使生产受损失。'三包一奖'是大平均主义，是粮食下降的主要原因，使牲口、农具损失这么大。"[1]

谈完话，毛泽东应邀到省交际处参加舞会。当晚，毛泽东离开济南继续北上。

毛泽东这次视察，一路感慨良多，说："现在搞社会主义，这还是一个未被认识的必然王国，要想使人的认识从必然王国飞跃进自由王国，这里有很多条件，就像你们游泳也有个规律，也要有条

---

[1] 袁小荣 . 毛泽东离京巡视纪实：中卷 [M]. 北京：人民日报出版社，2016:961-962、964-965.

件一样。比如，要想游泳，必须一定要有水，不能旱游；二是水要有一定的深度和广度，在碗里、缸里不能游；三是不能在滚开水里游。学游泳必然要喝几口水，只有喝上几口水，才能认识水的特点和掌握游泳的规律。搞社会主义也是这个道理。"

毛泽东说："人们常说：虎死了留皮，人死了留名。我这个人啊，只要为人民留点文就行了。"[1]

1962 年 2 月 13 日，中共中央发出了《关于改变农村人民公社基本核算单位问题的指示》，决定人民公社一般以生产队（即小队，相当于初级社）为基本核算单位。

以农村最基层的生产队为基本核算单位，毛泽东在 1958 年底就已经认识到并开始做工作，但三年后才被中央接受。如果没有这三年，我们在农业上的被动和困境可能会好得多。从这时开始到1965 年，农业基本复苏用了三年时间。

[1] 袁小荣. 毛泽东离京巡视纪实：中卷 [M]. 北京：人民日报出版社，2016:961-962、964-965.

（四）南下召开军事会议，返京途中拐向济南

七千人大会后，毛泽东到上海、山东、杭州、武汉等地视察，听到一些负责人讲的都是形势去年比前年好，今年又比去年好。参加完"五一"庆祝活动，1962 年 5 月 2 日毛泽东离京，一路南下到上海、杭州，研究应对蒋介石反攻大陆。5 月 5 日下午，专列到达上海，毛泽东住在上海郊外。奉命到湖南调查的田家英赶到上海向毛泽东汇报。田家英认为："有领导地搞包产到户，集体经济还可能保留相当一部分。否则放任自流，集体经济可能被搞垮。"

毛泽东表示："我们是要走群众路线的，但有的时候，也不能完全听群众的，比如要搞包产到户就不能听。"后来田家英回到韶山，没有传达毛泽东的意见。

1962 年 5 月 18 日，毛泽东在武汉听取了武汉军区司令员陈再道、政委谭甫仁关于战备工作、部队入闽备战和民兵工作的汇报。

1962 年 5 月，毛泽东在武昌东湖驻地阅读《解放军报》
（摄影 吕厚民）

6月，田家英回京途经武汉，毛泽东让他回北京修改"六十条"，田家英不想修改。

毛泽东后来说："我经过河北、山东，到了上海，又到了浙江、江西，到了长沙、武汉。走了一圈。在武汉，把柯庆施叫去，大家谈到要修改'六十条'，田家英不想修改。他主张百分之四十搞集体，百分之六十有领导地下放包产到户，否则生产就要破坏。"

6月24日，田家英回到北京，连续和中央一些领导人谈包产到户问题。6月30日，毛泽东离开武汉，7月1日专列途经郑州，河南省委书记刘建勋上专列向毛泽东汇报工作。2日，专列途经邯郸，毛泽东就人民公社管理体制调查研究。毛泽东在邯郸期间，田家英打长途电话，要求面陈意见，电话那边说："主席说不要着急嘛！"[1]

1962年7月2日下午3时20分，毛泽东离开邯郸。根据田家英的电话和他了解到的情况，毛泽东知道了包产到户在中央的影响，也意识到问题的严重性。他没有"直返北京，而是拐向济南"。

3日零时29分，专列途经济南，停靠五七车站。上午，毛泽东在专列上休息，下午2时30分，山东省委领导谭启龙、裴孟飞、周兴到专列上向毛泽东汇报工作。毛泽东十分关心河北、河南、山东三省的农业情况，说这三省人口多。他问："听说你们夏收能增产十亿斤？"谭启龙说："八亿斤稳当一点。"毛泽东说："八亿也很好嘛！留一点余地，也是好的。"毛泽东问到分配方法，谭启龙说："分配办法不要规定死，可以有几个办法，走群众路线。"毛泽东说："对，有差别就好。"谈到财贸问题时，毛泽东说票子多了。谭启龙说："不能一概而论。山东票子少了，东西没人买，影响生产，工厂停产。实际是商品少，但却好像是多了，商业部门无钱收购。我省应放宽一点，有利生产。"毛泽东说："好嘛，应

[1] 袁小荣.毛泽东离京巡视纪实：中卷[M].北京：人民日报出版社，2016:989.

围绕步在大地上奔跑

毛泽东与五七车站纪事

该这样。"谈到灾区和困难队的问题怎么解决时，谭启龙说："办法是机动的，如自留地、包产到户先不动它，保留自由市场，免几年征购等。"毛泽东说："这个好，你们自己解决。"毛泽东最后问："人心是否安定？"谭启龙说："比较有把握，人心还是安定。"[1]

3 日晚，毛泽东到天津。在与河北省委书记刘子厚谈话时，两次谈到山东，毛泽东说："留机动粮，县、社、大队都有，多了不合适，放到哪一级好，需要研究。山东主张留在生产队，其他都不留了，中南也是这样。"

关于粮食自由市场，毛泽东说："你又让他包干，你又不准他卖，这不是自相矛盾吗？农民完成征购任务以后，可以自由交易。不仅在当地可以搞，也可以到外省去搞，事实上也是这样搞了。山东有三种形式：一是义务交售；二是低价对低价，高价对高价；三是自由市场。"[2]

6 日，毛泽东回到北京后，陈云、田家英分别向他谈了主张分田到户的意见。8 日，毛泽东在他的住处召开由刘少奇、周恩来、邓小平、陈伯达、田家英等人参加的会议，批包产到户问题。

会上，毛泽东介绍了河南、山东两省的夏收情况，说形势并不是那么坏，建议刘少奇等找河南、山东、江西的同志谈谈，了解一下农村的形势。他指定陈伯达为中央起草关于巩固人民公社集体经济、发展农业生产的决定，准备交中央工作会议讨论通过后执行。

---

[1] 中共中央文献研究室.毛泽东年谱（1949-1976）：第 5 卷 [M]. 北京：中央文献出版社，2013:109-110.

[2] 中共中央文献研究室.毛泽东年谱（1949-1976）：第 5 卷 [M]. 北京：中央文献出版社，2013:110.

逐步转向抓阶级斗争
到山东调研社教等问题

（一）主持起草"前十条"前，到济南调研社教工作

1963 年 4 月 9 日，毛泽东的专列徐徐进入五七车站。中共山东省委书记处书记、省长白如冰，原济南军区司令员杨得志，政委袁升平，省委秘书长杨岩，到专列上向毛泽东汇报社教工作。

毛泽东这次到山东巡视社教工作是有时代背景的。

经过 1961 年的调查研究，解决了人民公社体制中的若干过"左"的问题。但包产到户的兴起，却成为毛泽东在七千人大会后重提阶级斗争的直接导火索。

1962 年 7 月 25 日至 8 月 24 日，毛泽东在主持召开第二次北戴河工作会议期间，对相关负责同志讲："我周游了全国一遍，找各大区的同志都谈了一下，西南区云南、贵州、四川各省的同志谈到这样的问题：一搞包产到户，一搞单干，半年的时间就看出农村阶

用脚步在大地上书写

毛泽东与五七车站纪事

级分化很厉害。有的人很穷,没法生活。有卖地的,有买地的,有放高利贷的,有讨小老婆的。他们说,贫困户、中间户、富裕户各占三分之一。"在8月6日下午召开的中央工作会议全体大会上,毛泽东讲话谈了阶级、形势、两类矛盾、阶层等问题。毛泽东批评有些同志一有风吹草动,就发生动摇,那是对社会主义革命没有精神准备,或者没有马克思主义。没有思想准备,没有马列主义,一有风就顶不住。大家分析一下原因,这是无产阶级和富裕农民之间的矛盾,地主、富农不好讲话,富裕农民就不然,他们敢出来讲话。上层影响要估计到。有的地委、省委书记,就要代表富裕农民。要花几年工夫,对干部进行教育,把干部轮训搞好,办高级党校,中级党校,不然搞一辈子革命,却搞了资本主义,搞了修正主义,这怎么行?[1]

北戴河会议和八届十中全会以后,毛泽东到南方视察。1962年12月11日下午,专列途经济南,停靠五七车站。谭启龙到专列上向毛泽东汇报了党的问题,训练干部问题,整风整社问题。后毛泽东又到南京、上海、杭州、长沙等地调研。

12月13日下午,毛泽东在南京人民大会堂接见中共江苏省第四次代表大会全体代表以及省市机关、部队和厂矿企业的干部。毛泽东勉励他们:"团结起来,努力奋斗,克服困难,争取胜利。"

1962年12月,毛泽东在南京人民大会堂接见江苏省市机关、
部队和厂矿企业的干部(摄影 吕厚民)

[1] 袁小荣.毛泽东离京巡视纪实:中卷[M].北京:人民日报出版社,2016:1005.

1963 年 2 月 11 日至 28 日，中央工作会议在北京召开。会议决定，在全国范围内开展增产节约和"五反"运动，制定了《中共中央关于厉行增产节约和反对贪污盗窃、反对投机倒把、反对铺张浪费、反对分散主义、反对官僚主义运动的指示》。"五反"运动，是社会主义教育运动的方式之一，只限定在城市中进行。农村中如何进行社会主义教育运动，会议没有什么决定。而毛泽东所关心的恰恰是农村的社会主义教育。15 日和 20 日，毛泽东批转了湖南、河北关于进行社教和整风整社的报告。

25 日，在中央工作会议上，刘少奇作《关于反对现代修正主义的斗争问题》的报告。毛泽东在插话中说：出不出修正主义，一种是可能，一种是不可能。现在有的人三斤猪肉，几包纸烟，就被收买。只有开展社会主义教育，才可以防止修正主义。首先是跟贫下中农结合，然后就有可能团结上中农，就可以挖修正主义的根子。

2 月 26 日，毛泽东在召集中央局第一书记谈农村工作问题时说："贫下中农组织一定要搞，第一步找贫下中农开会，然后建立贫下中农的组织。在农村要加强无产阶级的民主集中制，要有一套制度防止修正主义。"[1]

2 月 28 日，会议最后一天，毛泽东专门讲了社会主义教育问题。毛泽东指出："要把社会主义教育好好抓一下。社会主义教育，干部教育，群众教育，一抓就灵。"又说："国内的修正主义也不少，要反对我们自己内部的修正主义、资产阶级这些牛鬼蛇神。"毛泽东说："真正的马克思主义者要团结起来，教育那些不懂或不大懂马克思主义的干部和群众，目前的农村进行社会主义教育的重大意义在此。"

毛泽东说："我跑了这么多省，两个省的同志（王延春同志在长沙，刘子厚同志在邯郸）突出地给我讲了这个问题。干部教育中，

田纳尔步在大地上书写

毛泽东与五七车站纪事

---

[1] 中央文献研究室 . 毛泽东年谱（1949–1976）：第 5 卷 [M]. 北京：中央文献出版社，2013:196–198.

要保护大多数，使百分之九十以上的同志把包袱放下来，也不是洗冷水澡，也不是洗滚水澡，而是洗温水澡。然后，他们去和贫下中农积极分子结合，团结富裕中农以及或者已经改造或者愿意改造的那些地主残余、富农分子，打击那个猖狂进攻的湖南人叫'刮黑风'的歪风邪气，牛鬼蛇神。"[1]

刮"共产风"那几年，毛泽东曾批评过基层干部不懂社会主义，主要是指他们不懂按劳分配原则和价值法则，违反和破坏了这些原则。现在又说基层干部绝大多数不懂社会主义，主要是指他们不懂阶级斗争。

毛泽东嘱咐大家，要抓紧社会主义教育同今年的经济工作。

会议后，各地纷纷行动起来，把农村社教运动当作一件大事来抓，并且初步总结了一些典型经验，上报中央。毛泽东对这些经验报告极为重视，选其重要者，及时批转各地，催促参照实行。

4月7日晚，毛泽东离开北京到了天津。8日，毛泽东在同河北省委负责人谈话时说："我们的绝大多数干部不懂什么是社会主义，我们要教育干部、教育群众，怎么搞社会主义。"

毛泽东在天津看到了保定地委4月4日关于"四清"工作给河北省委的报告。

报告第一次提出"四清"（清理账目、清理仓库、清理工分、清理财务）问题。报告针对农村干部中大量存在的多吃多占、账目不清、贪污盗窃等现象，认为这些都是损害社会主义、损害集体经济的行为。报告中说："事实再一次证明阶级和阶级斗争确实是存在的。两条道路的斗争是激烈的。在生产队开展'四清'实际具有农村'五反'性质。这是又一次反击资本主义向集体经济进攻的社会主义革命斗争。"毛泽东当即予以肯定，说不搞"四清"怎么搞社会主义？毛泽东路过济南、南京时，向山东省委和江苏省委负责人推荐了这个报告。

[1] 袁小荣.毛泽东离京巡视纪实：下卷[M].北京：人民日报出版社，2016:1029-1030.

4月9日，毛泽东的专列来到五七车站。毛泽东问白如冰："你们山东的工作怎么样？"白如冰就全省开展农村社教、"五反"的工作情况做了汇报。

毛泽东一边听一边做指示。当白如冰汇报到省里召开先进集体代表会议时，毛泽东问："你们这里有个吕鸿宾，现在怎么样？"

吕鸿宾是莒县爱国大队的党支部书记，1951年他在山东省第一个创办了农业生产合作社，作为劳动模范曾受到毛泽东的接见。1953年吕鸿宾又出席了维也纳第一次世界人民和平大会，获得了"世界和平战士"的光荣称号。白如冰把吕鸿宾和爱国大队的情况做了简要介绍后，毛泽东点点头，接着问道："谭启龙同志下去是看一看，还是帮助下面解决实际问题？"

当时，中共山东省委第一书记谭启龙正在曲阜县指导社教，并帮助基层解决社教中出现的一系列问题。

"是帮助下面解决问题。"白如冰回答。

毛泽东听了很高兴，说："那很好嘛！"

白如冰汇报说，在省里召开的先进集体代表会议上揭发出很多严重问题，不仅有地下工厂，还有地下医院。

毛泽东问："还有地下医院？"

白如冰说："某地方修家庙，地主坐在上面，许多党员、团员和群众向他进行三拜九叩。"

毛泽东不解地问："为什么呀？"

"是他以族长的身份要人家叩头。"白如冰回答。

毛泽东严肃地说："这是封建复辟活动。"

当白如冰讲到有些地方进行社会主义教育，有些干部思想有抵触，有点怕时，毛泽东说："究其原因何在？其原因是群众没有发动起来。"

白如冰在汇报农业生产和农民生活时，毛泽东问道："你们今年小麦怎么样？"

白如冰回答说："1962年小麦实际产量是41亿斤。"

毛泽东听后笑了笑，说："你们不是说只有三十几亿斤吗？"

白如冰说考虑到受灾等因素，留了一点余地。毛泽东说："留有点余地好。"

当白如冰讲到1963年全省小麦播种质量和麦苗生长情况都很好，今年有可能收获50亿斤和计划征购13亿斤小麦时，毛泽东说："你们是大省，要增加一点库存，要把经济搞上去嘛！"

这时，毛泽东又突然问白如冰："舒同同志到哪里去了？"

"调到陕西工作了。"白如冰回答。

毛泽东又问："做什么工作呀？"

"省委书记处书记。"

毛泽东说："换个地方好。"

当白如冰谈到全省还有一部分社队的生产生活存在困难时，毛泽东把目光转向大家，深情地说："首先要帮助基层解决生产上的困难，生产上有困难帮助解决，等于增产。"

当白如冰汇报到社会秩序比以往任何时候都好，群众生产积极性很高的情况时，毛泽东说："总的说来，我们的政策上了轨道。共产党把事情办不好，我就不相信。办错了事，就改嘛。"由此不难看出毛泽东知错就改的一贯作风。

当白如冰讲到山东灾区群众现金很困难和目前货币流通量过少，对群众生产、生活产生了不利影响时，毛泽东说："这样的大省只有4亿多的货币太少了，解决这些问题要快。"

当白如冰讲到1962年全省人口净增一百五十六十万时，毛泽东说："人口增长得太快了，要想个办法，同劳模商量一下嘛。"

白如冰汇报讲到农村干部和群众经过社会主义教育，阶级觉悟有很大提高时，毛泽东说："如果我们不整风，哪个县都要出修正主义。地主坐在上面，党员、团员跪在下面叩头，那算什么主义呀？"

毛泽东一贯强调实事求是，只有调查研究才有发言权，对一时拿不准的问题，从不表态。当白如冰讲到山东省的林木遭到了严重破坏，省委要当作一件大事来抓时，毛泽东说："听说山东的树木比河南的破坏得轻一些，是谭震林、陈正人他们说的，我没亲自看。"言下之意，他不了解情况，没有发言权。

当白如冰汇报增产节约和"五反"时，毛泽东说："'五反'要有步骤地去搞。"

当白如冰讲到大办钢铁遗留的问题还很多时，毛泽东说："那是老账了。"

当白如冰讲到大办水利、救灾、防汛的粮和款及物料都发生了贪污和疏漏情况后，毛泽东反复追问："究竟漏到谁的手里呀？"

"主要是漏在干部手里。"白如冰回答。

毛泽东严肃地说："只要是救灾、防汛，不管共产党、国民党，总有人在打主意。"

对贪污、腐败现象，毛泽东历来深恶痛绝。大家都记得，1951年，河北省揭露出原天津地委书记刘青山、专员张子善贪污腐化的严重罪行，尽管二人战功赫赫，党组织对其也决不姑息迁就，毛泽东亲自批准依法处决。

当白如冰汇报到各个试点区揭发出大量浪费事实后，毛泽东说："抓浪费问题，大有文章可做。增产节约运动要先搞起来，先搞节约，才能增产。"

当白如冰讲到"五反"要注意的一些政策时，毛泽东说："'五反'不要搞到工人当中去，但工人要进行社会主义教育，提高工人的阶级觉悟。小偷小摸，主要是正面教育。要洗温水澡，百分之九十的干部，要使他们心情愉快。"

当白如冰讲到要发动群众、大鸣大放时，毛泽东说："群众揭发的有些不一定正确，要经过调查研究，不忙作结论和处理。"

当讲到山东省正准备在"五反"中对一些犯有严重贪污盗窃和其他罪行的人进行严肃处理时，毛泽东问大家："要不要杀人呐？"

白如冰说："个别罪恶极大的看来是要杀的。"

毛泽东说："要不要杀人？可不可以不杀人？你们好好研究一下。坦白不好的，下次再来，何必一定要杀呢？劳动改造可以嘛！人杀了以后就没得杀了，杀人是比较简单的事，一会儿就杀掉了。何必那样急呢？"

白如冰讲到，有一个16级干部，犯有严重贪污盗窃罪行，被揭发后，又行凶、杀人、放火，这种人不杀群众意见很大。毛泽东说："有血债、民愤大，不杀群众很不满意，脱离群众，属于这样的，又另当别论。"

当白如冰问毛泽东进行"五反"的范围时，毛泽东说："民主党派不搞，他们没有什么责任，主要整共产党。"

白如冰汇报完毕后，毛泽东问杨得志和袁升平："军队如何搞呀？"

当杨得志汇报了有关开展"四好连队"和"五好战士"运动，要注意防止死人时，毛泽东说："不要逼死人，人总是要死的，尽量少死点，要实事求是、调查研究，不要逼供信。"

汇报工作结束时，毛泽东讲："这次汇报有军队参加很好，要有文，也要有武呀！"

当大家将要离开毛泽东的会客室时，毛泽东到房间里拿出两份文件，交给白如冰，说："河北保定地委开展社会主义教育进行'四清'工作的报告很好，这个地委是河北的一个好的地委，请你们很好地研究一下，替我再印十五份。"[1]

随后，毛泽东又到了南京、上海、杭州进行调研。在调研中毛泽东很快觉得，指导全国农村社会主义教育运动，仅仅依靠一个一个地批转典型材料还不够，需要中央做出一个决定，全面阐明指导整个运动需要解决的一系列思想认识问题和具体的方法、政策，使全党统一认识，保证社教运动有步骤、有秩序地进行。他指定彭真（后

[1] 山东档案馆. 毛泽东与山东 [M]. 北京：中央文献出版社，2013:138-143.

加陈伯达）具体主持决定的起草工作。这个决定后来定名为《中共中央关于目前农村工作中若干问题的决定（草案）》（即《前十条》）。为此，毛泽东召开座谈会、讨论会，就社会主义教育运动的基本观点、基本方法反复进行阐述。

在转发浙江省七个关于干部参加劳动的好材料的批语中，他明确写道：这一次社会主义教育运动是一次伟大的革命运动，不但包括阶级斗争问题，而且包括干部参加劳动的问题，而且包括用严格的科学态度，经过实验，学会在企业和事业中解决一批这样的问题。看起来很困难，实际上只要认真对待，并不难解决。这一场斗争是重新教育人的斗争，是重新组织革命的阶级队伍，向着正在对我们猖狂进攻的资产阶级势力和封建势力作尖锐的针锋相对的斗争，把他们的反革命气焰压下去，把这些势力中间的绝大多数人改造成为新人的伟大的运动。又是干部和群众一道参加生产劳动和科学实验，使我们党进一步成为更加光荣、更加伟大、更加正确的党，使我们的干部成为既懂政治，又懂业务，又红又专，不是浮在上面，做官当老爷、脱离群众，而是同群众打成一片、受群众欢迎的真正好干部。这一次教育运动完成以后，全国将会出现一种欣欣向荣的气象。[1]

1963 年 5 月 10 日和 11 日，毛泽东集中两天时间修改《中共中央关于目前农村工作中若干问题的决定（草案）》，先后修改了四稿，后来形成的文件差不多是由毛泽东口授、陈伯达整理的。决议草案共 10 个问题，毛泽东对第十个问题即用马克思主义的科学方法进行调查研究的问题，加写了一段话："我们现在还有一些处在领导工作岗位的同志和许多从事一般工作的同志，并不懂得马克思主义的革命的认识论，他们的世界观和方法论还是资产阶级的或者还有资产阶级思想的残余。他们常常自觉地或者不自觉地以主观主义（唯心主义）代替唯物主义，以形而上学代替辩证法。既然这样，那他们的调查研究工作就不可能做好。为了做好我们的工作，各级党委

[1] 中央文献研究室.毛泽东年谱：第 5 卷 [M]. 北京：中央文献出版社，2013:221-222.

围绕步在大地上书写

毛泽东与五七车站纪事

应当大大倡导学习马克思主义的认识论，使之群众化，为广大干部和人民群众所掌握，让哲学从哲学家的课堂上和书本上解放出来，变为群众手里的尖锐武器。"[1]5 月 11 日，毛泽东将决议草案改好后，在驻地召集第三次会议，再次进行讨论。

关于社会主义教育运动的做法，他说，不要性急，横竖准备搞它一年、两年，两年搞不完就三年。有的地方一时还搞不了，就不要勉强搞。可以允许两个办法，一个搞，一个暂时不搞。这样一来，就防止了急。总之，这一次要搞得稳一些，分期分批，一个县也要分期分批，先搞试点，可以有先有后，允许参差不齐，这样就做得好。

晚上，毛泽东一夜未睡。12 日凌晨，毛泽东又把各中央局书记找来谈了一次。中心意思是：不要性急，要搞稳一点，不要乱了。毛泽东强调指出：对于 95% 以上的人，要实行不抓辫子，不打棍子，不戴帽子这一条。手脚不干净的要检讨，要讲清楚。第二批、第三批铺开的不算不名誉，不然他力争上游，一哄而起，就怕伤人，搞过了头。毛泽东说，干部行不行，好不好，"这次是一次大考哩！"[2]

18 日，在周恩来的主持下，中央政治局举行会议，通过了《中共中央关于目前农村工作中若干问题的决定（草案）》，5 月 20 日正式下发。

逐步转向抓阶级斗争 到山东调研社教等问题

---

[1] 中共中央文献研究室 . 毛泽东年谱（1949-1976）：第 5 卷 [M]. 北京：中央文献出版社，2013:224-225.

[2] 中共中央文献研究室 . 毛泽东年谱（1949-1976）：第 5 卷 [M]. 北京：中央文献出版社，2013:221-222.

（二）了解"双十条"贯彻情况，到济南调研

1964年5月12日，毛泽东的专列开进五七车站。上午，毛泽东在专列上休息，下午3时，毛泽东听取了山东省委书记谭启龙的汇报。毛泽东这次巡视，主要是了解"双十条"的贯彻情况。

杭州会议以后，各地开始进行农村社会主义教育运动的试点，城市的"五反"运动进一步展开。毛泽东最担心的是在农村运动中出乱子，搞过了头。尽管对此三令五申，但在"以阶级斗争为纲"的错误思想指导下，乱子还是不可避免地发生了。在试点过程中普遍产生了混淆两类矛盾、打击面过宽的问题。为此，中央决定起草《中共中央关于农村社会主义教育运动中的一些具体政策的规定》，这个文件也写了10条，简称"后十条"。毛泽东反复修改并南下中南、华东，找中央局和各省委领导同志讨论后，肯定"后十条"是一个重要文件。

1964年3月27日晚，毛泽东离开北京，南下视察，先后到邯郸、郑州、武昌、长沙、南昌、杭州、上海、南京、蚌埠等市。5月10日、11日，毛泽东先后在停靠在南京、蚌埠的专列上听取国家计划委员会领导小组汇报关于第三个五年计划的初步设想。汇报由李富春主讲，李先念、谭震林、薄一波、陈伯达等补充，江渭清、谭启龙等参加。5月12日下午，毛泽东的专列从南京来到济南五七车站。在专列上，毛泽东继续听取国家计划委员会领导小组汇报关于第三个五年计划的初步设想。汇报到"六十条""双十条"和农村社会主义教育起了很大作用时，毛泽东说："'六十条''双十条'为什么能调动人的力量呢？因为它解决了人民内部矛盾，改善了领导和被领导的关系，把力量组织起来。"汇报到依靠贫下中农时，毛泽东说："要依靠大多数，依靠贫下中农，把他们组织起来。我们这一辈子忘不了贫下中农，有时只是提醒一下就行了。干部子弟恐怕就会忘记了。我们许多人中间，地委书记也忘记了，他们现在丰衣足食了。全国各级有工会，就是没有农会，我赞成省一级开贫下中农代表会议。贫下中农代表会议也要有一部分中农的积极分子参加，使他们感到也有他们的份。湖南就是这样开的。"在讲到划阶级有必要时，毛泽东说："阶级成分和本人表现要区别，主要是本人表现，划阶级主要是把坏分子清出来。"汇报到工业、农业时，毛泽东说："工业上要从外国引进一些尖端技术。至于农业，我们要依靠陈家庄和大寨。"汇报到学习好的典型时，毛泽东说："对干得好的典型不能完全推行，要看具体情况。"汇报到读书问题时，毛泽东说："现在被书迷住了，我一辈子想把二十四史都读完。现在正在读南史、北史。旧唐书比新唐书好，南史、北史又比旧唐书好些。明史看了我最生气。明朝除了不识字的明太祖、明成祖还稍好些以外，其余的都不好，尽做坏事。特别是后期当上进士的，都没有一个干好事的。"[1]

5月13日下午，毛泽东在停靠天津的专列上继续听取国家计划委员会领导小组汇报关于第三个五年计划的初步设想时说："搞好社会主义教育的标准是什么？第一，要看贫下中农是真正发动起来了，还是没有发动起来；第二，要看是增产，还是减产；第三，发现地、富、反、坏是将矛盾上交，还是留在那里就地改造；第四，干部是参加了劳动，还是不参加劳动。干部不参加劳动，永远四不清，懒、馋、占、贪，都是由懒而来。"[2]

根据调研的情况，5月15日–6月17日，中共中央工作会议在北京举行。会议讨论了第三个五年计划期间的农业发展规划和当前农村工作的几个问题及社会主义教育运动，第三个五年计划的初步设想，建立各个系统特别是公交系统的政治工作和财贸方面的问题。

[1] 中共中央文献研究室.毛泽东年谱（1949–1976）：第5卷[M].北京：中央文献出版社，2013:349.
[2] 中共中央文献研究室.毛泽东年谱（1949–1976）：第5卷[M].北京：中央文献出版社，2013:350.

1964 年，毛泽东作出一个重大
决策，建设大三线
（摄影 吕厚民）

会议对毛泽东提出的关于三线建设 [1]、关于社会主义革命与防修反修、关于军事方面的战略方针、关于培养接班人问题进行了讨论。

　　1964 年 6 月 15 日下午和晚上，毛泽东和刘少奇、董必武、朱德、周恩来、邓小平等在北京西部射击场等场地观看北京部队、济南部队"尖子分队"和民兵的射击、部队的捕俘等项汇报表演。毛泽东说："要注意多搞夜战，搞近战，训练部队晚上行军，晚上打仗。"在观看半自动步枪快速精度射，四名射手都是四十发四十中时，毛泽东说："要练习，要注意普及。"

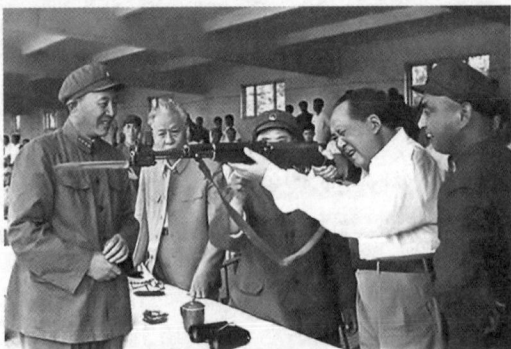

1964 年 6 月，毛泽东检阅
北京部队、济南部队，观看
军事训练时，罗瑞卿（左一）
向毛泽东介绍我国自制步枪的
性能（资料图片）

[1] "三线建设"是中共中央和毛泽东于 20 世纪 60 年代中期做出的一项重大战略决策。它是在当时国际局势日趋紧张的情况下，为加强战备，逐步改变我国生产力布局的一次由东向西转移的战略大调整，建设的重点在西南、西北。所谓"三线"，一般是指当时经济相对发达且处于国防前线的沿边沿海地区向内地收缩划分的三道线。一线地区指位于沿边沿海的前线地区；二线地区指一线地区与京广铁路之间的安徽、江西及河北、河南、湖北、湖南四省的东半部；三线地区指长城以南、广东韶关以北、京广铁路以西、甘肃乌鞘岭以东的广大地区，主要包括四川（含重庆）、贵州、云南、陕西、甘肃、宁夏、青海等省区以及山西、河北、河南、湖南、湖北、广西、广东等省区的部分地区，其中西南的川、贵、云和西北的陕、甘、宁、青俗称为"大三线"，一、二线地区的腹地俗称为"小三线"。

用脚步在大地上书写

毛泽东与五七车站纪事

（三）到外地视察"四清"运动，在济南会见外宾

　　1964年9月1日，毛泽东离开北京，到外地视察"四清"运动[1]。在武汉，毛泽东调查"四清"运动情况。毛泽东说："15年了我们的经济工作还没有总结出经验，主张中央有个领导小组，加上各大区书记，来实现计划经济的统一领导。"在长沙，毛泽东对湖南的同志说："你们为什么对中央不批评？中央的人也是一分为二，有比较好的，有比较不好的，越到中央，越脱离实际，越没有知识。制度不合理，不违反是错误的，错误的东西要顶住。一切正确的东西是从下面来的，工人、农民、技术干部、支部书记，我们请教了他们，才有一点知识。正确的东西就是从他们来的嘛。有的人自以为什么都懂，其实什么都不懂。无论中央、省委，都要提倡下面批评上面，主要从老百姓那里找知识。机关里的年轻人，要他们做那样多的工作？搞半天工作，半天学习或劳动，不读一点书、学一点本领，"四十、五十而无闻焉？不足畏矣！"他们只知道扫地、倒茶水，招呼老爷。这些服务人员有几百万，一个县有几百上千人。搞这么多人做什么？领导不办事，科员当政。我的文章，一定自己写。害病就自己讲，别人记，记后再修改。不要搞那么多的秘书、公务人员。我过去官也不小，中共中央的委员，国民党中央的候补委员，宣传部副部长代部长。我曾经从广州到长沙，一个人也不带，经过坪石，雇了一个挑夫。从长沙到上海，从上海到广州，也都不带一个人。公务人员还得大批精简下去，或者去读书。不然，人多了，吃了饱

---

[1] "四清"运动，是指1963年至1966年上半年，中共中央在全国城乡开展的社会主义教育运动。运动的内容，前期在农村中是"清工分，清账目，清仓库和清财物"，后期在城乡中表现为"清思想，清政治，清组织和清经济"。1965年1月14日中共中央印发《农村社会主义教育运动中目前提出的一些问题》。这个文件是1964年12月中央工作会议讨论制定的。它纠正了在农村社教运动中打击面过大等问题。首次提出了要整党内那些走资本主义道路的当权派。文件规定城市和乡村的社会主义教育运动，后简称"四清"运动。

饭要革命，就多搞报表，多开会，打电话。"[1]

1964 年 9 月 20 日晨，专列开进五七车站。毛泽东在专列上会见了阿尔及利亚政府经济代表团，同他们进行了谈话。

在谈到中国经济建设的经验时，毛泽东说："我们是吃过亏的，例如尽搬外国经验，工厂要越大越好，其实不然。过去有一个时期我们不重视农业和轻工业，就发生许多问题，粮食不够，轻工业品不够，吃、穿、用都不够，恰好这些是广大人民生活的必需品。同时，这两个方面是积累资金的主要来源，要自力更生，非积累资金不可，靠帝国主义是不行的。有些兄弟国家把专家撤走，这一来我们不得不自己干。"

"技术、资金从哪里来？任何国家不贷款给我们，我们也不愿向外借。技术从哪里来？都得靠自己。当然从外国购买一些技术，如我们从英国、法国、西德、意大利、日本进口一些技术，但是要付款，不然他们不给，只好把建设拖长一些。要很快建设先进的工业、农业、国防、科学技术是困难的，把时间放长一些就可能了。"

毛泽东说："中国现在还不行。中国经济上还没有站起来。大概再有一百年，那个时候他们就可以区别中国人和日本人是不同的，看起来中国人和日本人都是黄脸皮，但是两个民族。"[2]

下午，专列离开济南继续北上。

[1] 袁小荣. 毛泽东离京巡视纪实：下卷 [M]. 北京：人民日报出版社，2016:1112.
[2] 顾龙生. 毛泽东经济年谱 [M]. 北京：中共中央党校出版社，1993:611-612.

—— 之拾壹 ——

酝酿发动 "文化大革命"
到济南调研三线建设

1964 年 12 月至 1965 年 1 月，在中央工作会议上，刘少奇的 "四清" 工作路线受到了批评，通过了毛泽东主持起草的《农村社会主义教育运动中目前提出的一些问题》，即 "二十三条"。

中央工作会议之后，毛泽东对怎样具体地推进 "四清" 运动很少再谈起。这是一个值得注意的变化。出现这种变化，并不是由于他认为 "四清" 运动所要解决的问题已经基本得到解决，恰恰相反，随着 "四清" 运动的深入发展，运动中暴露出来的种种问题使他对不少干部严重脱离人民群众以致同群众相对立的问题感到越来越忧虑。他十分担心：这种状况如果不改变，继续发展下去，中国的社会主义制度便不能巩固，甚至存在资本主义复辟的严重危险。

在中央工作会议闭幕时的讲话中，他透露出这种想法："你只要不触及全面问题，枝枝节节、修修补补不行。"也就是说，他在考虑单靠城乡 "四清" 运动仍不足以使问题得到全面解决，需要寻找出一种能够全面解决问题的新途径和新方法。

1965 年 3 月，毛泽东在武昌东湖
（摄影 钱嗣杰）

　　会议结束的第二天，他阅读了在洛阳拖拉机厂蹲点的第八机械工业部部长陈正人给薄一波的信。信中说：经过蹲点，"开始发现了厂里从不知道的许多严重问题。这些问题，如果再让其继续发展，就一定会使一个社会主义的企业有蜕化为资本主义企业的危险。""特别值得重视的是：一部分老干部在革命胜利有了政权以后，很容易脱离群众的监督，掌管了一个单位就往往利用自己的当权地位违反党的政策，以致发展到为所欲为。而像我们这些领导人，官僚主义又很严重，对下面这些严重情况又不能及时发现。这就是在夺取了政权之后一个十分严重的危险。"薄一波在旁边批道："这是个问题。所以成问题，主要是由于我们多年来没有抓或很少抓阶级斗争的缘故。"毛泽东接着就批了一段分量更重的话："我也同意这种意见。官僚主义者阶级与工人阶级和贫下中农是两个尖锐对立的阶级。"

　　陈正人在信中还写道："干部特殊化如果不认真克服，干部和群众生活距离如果不逐步缩小，群众是必然会脱离我们的。"毛泽东又写了一些批语："如果管理人员不到车间、小组搞'三同'（指同吃、同住、同劳动——引者注），拜老师学一门至几门手艺，那

就一辈子会同工人阶级处于尖锐的阶级斗争状态中，最后必然要被工人阶级把他们当资产阶级打倒，不学会技术，长期当外行，管理也搞不好。'以其昏昏，使人昭昭'，是不行的。"

然而，当时主持中央一线工作的领导人和许多大区、省级的领导人对此却没有做出相应的反应。这使毛泽东非常不满。自1959年以来，党内高层领导中对形势估计、农村"包产到户"等意见分歧，一步步积累起来，更使他认定问题首先出在党的上层。他对身边的护士长吴旭君说：

"我多次提出主要问题，他们接受不了，阻力很大。我的话他们可以不听，这不是为我个人，是为将来这个国家、这个党，将来改变不改变颜色、走不走社会主义道路的问题。我很担心，这个班交给谁我能放心。我现在还活着呢，他们就这样！要是按照他们的做法，我以及许多先烈们毕生付出的精力就付诸东流了！

我没有私心，我想到中国的老百姓受苦受难，他们是想走社会主义道路的。所以我依靠群众，不能让他们再走回头路。"

建立新中国死了多少人？有谁认真想过？我是想过这个问题的。"

毛泽东逐渐形成了这样的想法：中国会不会放弃社会主义而走上资本主义道路，关键还不在城市基层，而是在上层，尤其是中央。如果在中国自上而下地出修正主义，它的危险比自下而上地出修正主义大得多，也快得多。他对如何巩固社会主义制度、防止资本主义复辟的关注重点产生了很大变化。他在中共中央政治局扩大会议上说："杜甫有一首诗，其中有四句是：'挽弓当挽强，用箭当用长。射人先射马，擒贼先擒王。'这四句，通俗明了，就是搞那个大的，大的倒了，那些狐狸你慢慢清嘛。群众就怕搞不了大的。""二十三条"中规定"这次运动的重点，是整党内那些走资本主义道路的当权派"，也是点出了这个问题。

但对采取这样严重的步骤，毛泽东并不是很快就能下定决心，他还需要时间，需要继续观察和反复思考。所以，在中共中央政治局扩大会议上他只是含蓄地提出问题，并没有把他的全部想法说得更明白。"二十三条"虽然提出要"整党内那些走资本主义道路的当权派"，大多数人并不清楚他指的是哪一级的"当权派"，更不知道他指的是什么人。[1]

1965 年 9 月，毛泽东在中央常委扩大会议上郑重提出："中央出了修正主义，你们怎么办？很可能出，这是最危险的。"毛泽东还提出："必须批判资产阶级的反动思想。"10 月 10 日，在有各中共中央局第一书记参加的会议上，毛泽东说："天天讲战争，他又不来打，那不变成周幽王起烽火？这是我叫起来的，你不叫，打来了怎么办？现在这么搞大三线、小三线，我看比较主动。……小三线很重要。有人说分散了怕造反。我看两条：准备化为水；不怕造反。如果中央出了修正主义，应该造反。如果中央搞得不对，不是讲小的不对，而是讲大的不对，如果出了赫鲁晓夫，那有小三线就好造反。一定要准备美帝国文义、修正主义整我们；要准备我们内部出修正主义、法西斯，地富反坏复辟，整贫下中农，反对老百姓不赞成，搞造反。"[2]

10 月 12 日，在中共中央工作会议第二次全体会议上，毛泽东说："中央出了修正主义，你们地方不出，不要紧。地方出了，中央照样出，那就不好了。中央如果出了军阀也好，修正主义也好，总而言之不是马克思主义，不造反就犯错误，要准备造反。"[3]

毛泽东这些话，是 10 多个月来，经过深思熟虑提出来的。他决心发动一场革命。

11 月 10 日，上海《文汇报》发表江青几个月前在上海秘密组织，由毛泽东多次修改定稿的《评新编历史剧〈海瑞罢官〉》。文章发表后，

[1] 中共中央文献研究室. 毛泽东传，[M]. 北京：中央文献出版社，2013:1388-1391.
[2] 中共中央文献研究室. 毛泽东年谱（1949-1976）：第 5 卷 [M]. 北京：中央文献出版社，2013:534.
[3] 中共中央文献研究室. 毛泽东年谱（1949-1976）：第 5 卷 [M]. 北京：中央文献出版社，2013:535.

用脚步在大地上书写

毛泽东与五七车站纪事

◀ 北京出版社出版的吴晗著历史剧《海瑞罢官》
（资料照片）

▼ 1965 年 11 月 10 日上海《文汇报》发表的姚
文元撰写的《评新编历史剧〔海瑞罢官〕》
（资料照片）

在全国引起强烈震动。这篇文章成为发动"文化大革命"的导火索。

11 日晚上，毛泽东乘专列离开北京。13 日，专列途经济南，停靠五七车站。毛泽东在专列上同山东省委负责同志谭启龙、杨得志、苏毅然、刘秉琳谈话。

苏毅然回忆：

1965 年 11 月 13 日，毛主席去南方视察路过济南。我和谭启龙、杨得志、刘秉琳同志接到通知：毛主席要听取我们关于山东年景、第三个五年计划期间的工作重点以及山东的三线建设、军事工作等情况的汇报。我们临去车站的时候，谭启龙对我说："主席要专门听取你关于三线建设情况的汇报，你最好带上一张地图。"我觉得启龙说得有道理，就随身带了一张地图。

我们来到车站，其他 3 位同志都顺利地上了火车，我却被汪东兴拦住了去路。他表情严肃地看着我，用手指了指我携带的那张卷着的地图问我："这是什么？"

"这是给主席汇报工作用的地图。"我边解释边把地图递了过去。汪东兴接过地图，慢慢展开，仔细地看了看，又慢慢地卷起来还给我，笑着说："请进去吧。"

　　来到车厢后，我们4人和主席相对而坐。主席随和地问道："山东今年的年景怎么样？是不是还是5个（丰收区）包4个（灾区）？今年全省共收了多少斤粮食？"

　　谭启龙回答说："今年的年景不错，虽然遇到了大旱，但粮食总产可以达到250亿斤，去年是228亿斤。"

　　主席接着问："大旱之年还能丰收？"谭启龙详细地向主席汇报了山东的旱情，以及山东人民进行抗旱斗争的有关情况。

　　主席听后，比较满意，说："嗯，河北省井陉县有个抗旱丰产沟经验也很好。领导班子思想作风建设，你们是怎么抓的？"主席在听了我们解决领导班子思想作风问题的一些措施后，说："关于领导方法有两条，一是一般号召和个别指导相结合，二是领导和群众相结合。我们无论进行什么工作，都要采取这两个方法。

　　"任何工作没有一般号召，就不能动员群众行动起来。但只限于一般号召，领导人员没有将所号召的工作深入实施，突破一点，取得经验，然后再利用这种经验去指导其他单位，就不能验证自己提出的一般号召是否正确，也不能充实一般号召的内容，一般号召也就有落空的危险。

　　"工作之中，只有领导骨干的积极性，而没有与群众的积极性相结合，这种工作就将成为少数人的空忙。如果只有群众的积极性，而没有有力的领导去组织群众的这种积极性，群众的积极性不可能持久，也不可能再提高到更高的程度。我们在工作中要注意从群众中来，到群众中去，集中起来，坚持下去。我了解到，河北省开会就检查了三条：自上而下的多，自下而上的少；一般号召多，个别指导少；从领导到群众的多，从群众到领导的少。这些都要引起我们的注意。"

用脚步在大地上书写

毛泽东与五七车站纪事

主席问："你们山东的后方在哪里？"

我回答说："在沂蒙山区。"

主席从我手里要过地图，我和杨得志马上帮助毛主席把地图摊在地毯上，我面对主席，席"地"而坐。

主席问道："沂蒙山区大体在什么位置？"我说在津浦铁路以东。

主席又问："这个地方到津浦路具体多少公里？"

"具体多少里路我不大清楚，大约100多公里。"

"离胶济铁路有多远？"主席继续问我。

"离胶济铁路就更远一些了。"我回答。

"为什么没有莒南、莒县？"我们几个静静地听着，还没等我回答，毛主席的目光离开地图，抬头又问："敌人进来了怎么办？"

"这个地方不容易进来。"我说。

"这个地方就真的进不来吗？"主席反问道。

"这个地方确实不容易进来，如果敌人要进来，除非他们想当张灵甫。"我语气坚定地说。

"这里有个孟良崮？"主席问道。

"孟良崮就在沂蒙山的里头。"我回答说。

主席面对地图，沉思了一会儿，似是自言自语："这个地方是不大容易进来。"

在汇报到我们已试制出半自动步枪时，主席问："你们三七高射炮有没有？其他炮有没有？"

杨得志回答："炮都是由华东统一安排生产的。"

主席看着我们，语气坚定地说："将来真的打起仗来，不要靠中央，要自力更生。中央既没有粮，也没有布匹，现在还有点枪炮，打起仗来枪炮也没有了。我们历史上，就是抗美援朝、中印边界冲突这两次靠后方供应了点枪炮。真正打起来，中央什么也没有，只有发号施令！"

接着主席又让我继续汇报山东三线建设的有关情况。

主席听完汇报，明确指示：“要争取快一点把后方建设起来，把大、小三线搞起来。后方建设起来，如果敌人不来，浪费不浪费？我看没有什么浪费的。粮食储存一些，有好处，反正要吃。棉布存一点，也反正要穿。枪炮子弹如果用不着，就当废铁用。挖洞不过用了点劳动力。”

后来，据我所知，从这天起到 11 月 19 日，毛主席在安徽、江苏、上海等地视察的过程中，都反复强调要做好备战的准备，强调打起仗来不要靠中央，要靠地方自力更生。要把粮食和棉布多储备一些，要自己搞点钢，制造武器。要修工事、设防，多挖些防空洞。军队须恢复过去的三大传统，不仅要打仗，还要做群众工作。搞地方工作的要管军事，搞军队工作的也要管地方工作等。

毛主席之所以十分关注备战和三线建设的情况，是与当时的国际大背景以及毛主席一贯的战略思想紧密相关的。我们这些老同志都清楚地记得，20 世纪 60 年代，我国面临的国际环境是：美国在

20 世纪 60 年代，毛泽东对着
世界地图略有所思
（摄影 吕厚民）

朝鲜战争失败以后，又发动了侵略越南的战争，把战火烧到了我国的南大门，严重地威胁着我国的领土安全；印度政府在中印边境东、西两端同时向我国发动大规模的武装进攻；苏联除在经济上对我国实行制裁外，还在中苏边境地区陈兵百万。作为党和国家主要领导人的毛主席，面对如此现实，绝不可能等闲视之。毛主席一生的战略思想有其独到之处。对于敌对势力，他采取"人不犯我，我不犯人，人若犯我，我必犯人"的策略；他重视有备无患，但不强调"御敌于国门之外"，而主张"诱敌深入，关起门来打狗"。只要我们了解了当时的国际大背景和毛主席一贯的战略思想，就不难理解毛主席当时为什么那样重视备战和大、小三线的建设了。

当时，毛主席十分关心山东的钢铁生产。在谭启龙说明山东准备将一万多吨钢铁，再发展到三五万吨时，毛主席赞许道："搞三五万吨，那好，那好。"

讲到这里，主席突然向谭启龙问道："粮食问题你们解决了没有？"谭启龙回答："'三五'期间我们将主要解决粮食问题。""是吗？打起仗来，没有粮食是不行的。打仗要有饭吃。解放战争时期，胡宗南占领了延安，我们退出延安，在山里转，还有饭吃，有粮食，有酸菜。后来，我们一个旅一个旅地消灭他，他就不要延安了，我们也全国解放了。"

当时，我们还向主席汇报：这几年山东在改造自然方面摸索到了一些经验。1965年夏季，省委常委、各部委负责人以及地、市委书记集中起来学习了主席的4篇哲学著作，并到现场参观、座谈，总结了22条经验做法；在治山方面，出现了厉家寨、下丁家那样自力更生、艰苦奋斗的典型。

毛主席说："你们还有个22条？下丁家在什么地方？"谭启龙回答说在黄县。毛主席说："黄县。我记得吴佩孚是登州人，张宗昌是莱州人。"

毛主席历来重视对河流的治理和涝洼地的改造。中华人民共和国成立以后，他老人家对于大江大河的治理就曾做过不少重要指示。

毛主席关切地问："南四湖是哪几个？北四湖是哪几个？"我们说南四湖是微山湖、昭阳湖、独山湖、南阳湖；北四湖在抗战时还存在，现在已经变成了耕地。毛主席根据我们说的情况，仔细地在地图上做了记号。

"金乡、鱼台今年怎么样？"

"不错，今年济宁整个地区的粮食产量将达到 7 亿斤。"刘秉林讲。

"怎么搞的？"

"是因为进行了稻改。"

"亩产多少斤？"

"四五百斤。"

"过去多少？"

"过去颗粒不收，或者100多斤。"刘秉林一一作答。

"从颗粒不收或100多斤，到四五百斤，那很好嘛！"毛主席非常满意地称赞道。

当汇报汶河治理情况时，毛主席风趣地说："汶河分流南北，北让黄河，南入长江。'三分朝天子，七分下江南。'"

"三分朝天子，七分下江南"之说，始于清朝乾隆年间。据说，乾隆做皇帝的时候，对于汶河的治理颇费了一番脑筋。当时有人提出了让汶河水向南大部分流入长江，少部分向北流进黄河的治理方案。为了把这一治理方案说得形象且使乾隆皇帝高兴，当事人就把这一治理方案称为"三分朝天子，七分下江南"。

汇报完治水和改造涝洼地的情况以后，毛主席又了解了山东多种经营的情况。在汇报到"三五"期间山东多种经营要达到人均收入增加 20 元时，毛主席反问道："20 元吗？"当时我说，现在全省只有一个栖霞县(今山东省烟台市栖霞市)达到了多种经营收入人均20元。毛主席听了之后，语调比较缓慢地说："只一个？独一无二？

有一个也好嘛。"

谭启龙接着对主席讲："现在群众干劲发动起来了，比 1958 年要扎实，但也发现有的干部在工作中表现出急躁情绪，贪多、贪大、求快、平调。"听到这里，毛主席有些气愤地说道："又在瞎指挥！"谭启龙同志还就当时的社教、军事工作等问题向主席做了汇报。[1]

---

[1] 山东档案馆．毛泽东与山东 [M]．北京：中央文献出版社，2003:427-433．

动荡年月
毛泽东两次到济南

（一）南下了解九大精神落实情况到济南

1966 年 5 月以来，毛泽东在考虑一个根本性的问题。他觉得，单靠发表一些政治批判文章（不管它写得怎样尖锐），单靠采取一些组织措施（不管它牵动到多么高的层面），都还远远不够。许多人对这些仍不那么注意，仍不足以形成一股势不可当的巨大冲击力量，不足以解决他深深忧虑的中国出不出"修正主义"的问题。怎样才能做到这一点？他的突破口又在哪里？ 1966 年 6 月 1 日，正在杭州的毛泽东阅康生报送的北京大学聂元梓[1]等七人的大字报《宋硕、陆平、彭珮云[2]在文化革命中究竟干些什么？》[3]，大字报写

[1] 聂元梓，当时任北京大学哲学系党总支书记。后来任北京大学文化革命委员会主任、首都大专院校红代会核心组组长、北京市革委会副主任。
[2] 宋硕，当时任中共北京市委大学科学工作部副部长。陆平，当时任北京大学校长、党委书记。彭珮云，当时任北京大学党委副书记。
[3] 这张大字报于 1996 年 5 月 25 日下午在北京大学大饭厅东墙贴出。康生报送毛泽东的是《红旗》杂志、光明日报总编室 5 月 27 日编辑的《文化革命简报》第 13 期刊载的这张大字报。

道："革命人民必须充分发动起来，轰轰烈烈、义愤声讨，开大会，出大字报，就是最好的一种群众战斗形式。"毛泽东觉得，如果公开发表这张大字报，可以成为一个有效的突破口，可以打乱原有的秩序，使群众的手脚放开。他当即写了批示："康生、伯达同志：此文可以由新华社全文广播，在全国各报刊发表，十分必要。北京大学这个反动堡垒，从此可以打破。请酌办。"当晚，中央人民广播电台全文广播这张大字报。6月2日在《人民日报》等媒体发表，《人民日报》还发表评论员文章《欢呼北大的一张大字报》和社论《触及人类灵魂的大革命》。同日，《人民日报》发表陈伯达主持起草的社论《横扫一切牛鬼蛇神》。[1] 社论提出要"横扫盘踞在思想文化阵地上的大量牛鬼蛇神"和"破四旧、立四新"[2]。

由此，轰轰烈烈的"文化大革命"拉开了序幕。毛泽东说："关于文化大革命，要放手，不怕乱。放手发动群众，要大搞，这样把一切牛鬼蛇神揭露出来……这是任何人压制不住的一场革命风暴。这次运动的特点是来势凶猛，'左'派特别活跃，右派也在顽抗、破坏，但一般不占优势。打击面宽是必定的，不可怕，今后分类排除。""要在运动中把'左'派领导核心建立起来，使这些人掌握领导权。不要论什么资格、级别、名望，不然这个文化阵地我们还是占领不了的。在过去的斗争中出现了一批积极分子，在这场运动中涌现了一批积极分子，依靠这些人把文化革命进行到底。"毛泽东还说："这场运动，是一次防修反修的演习。我们的青年人，没有经过革命战争的考验，缺乏政治经验，应该让他们到大风大浪中去经经风雨，见见世面，让他们得到一个锻炼的机会，使他们成为坚定的无产阶级革命事业接班人。我想通过运动练练兵。"[3]

1966年7月16日，73岁的毛泽东在武汉畅游长江。他从武昌

[1] 中共中央文献研究室. 毛泽东年谱（1949-1976）：第5卷 [M]. 北京：中央文献出版社，2013:289.

[2] 四旧，指旧思想、旧文化、旧风俗、旧习惯。四新，指新思想、新文化、新风俗、新习惯。

[3] 袁小荣. 毛泽东离京巡视纪实：下卷 [M]. 北京：人民日报出版社，2016:1207-1208.

1966 年 7 月，毛泽东
在武汉横渡长江上船
后向群众挥手
（摄影 钱嗣杰）

大堤口顺流而下，游到武汉钢铁公司附近，一个小时多一点，游程近 30 华里。毛泽东边游边说："长江又宽，又深，是游泳的好地方。长江水深流急可以锻炼身体，可以锻炼意志。"

毛泽东原设想"文革""一年开张，二年见眉目，三年结束"，但是，烈火一旦烧起来，许多事情是不以人的意志为转移的，更不用说还有人要利用"文化大革命"达到自己的目的。随着"文化大革命"的全面展开，社会上逐步形成两大派，一派是以党员、团员和干部、工人的大多数为主，他们拥护毛泽东，要相信和依靠群众，相信和依靠人民解放军，相信和依靠干部的大多数，"要抓革命，促生产"，主张按"十六条"来开展"文化大革命"；另一派打着"怀疑一切，打倒一切"的旗号，到处围攻冲击党政机关、乱批乱斗，到处"夺权"，大搞打、砸、抢，破坏"抓革命，促生产"。毛泽东也担心"文化大革命"会失去控制，无法按原来的设想在两三年里结束。他首先想到的就是两派斗争尖锐、矛盾特别突出的武汉，

用脚步在大地上书写

毛泽东与五七车站纪事

想通过解决武汉的问题，解决全国的问题。

1969 年 5 月 29 日，已经一年多没有外出的毛泽东，在九大结束后，心情轻松地登上南下的专列。他要到南方转一圈，看看九大精神的贯彻落实情况。他经邯郸、郑州到武汉。在武汉，他看到到处张贴主席像，连吃饭、睡觉都要搞"早请示，晚汇报"，立刻下令停止了到处泛滥的"忠"字化运动，要求把注意力更多地转移到经济形势方面来。他说："人是要吃饭穿衣的。湖北这个地方盛产粮食和棉花，你们要抓住不放，人民有饭吃、有衣穿，事情就好办了。"他积极解放干部，让把监护的人统统放了，不管他职务大小。他批评专案小组很危险。毛泽东说："有一种做法我不赞成，就是动不动就抓人，把人关起来，有的关在什么'牛棚'里，关在地下室里，报纸也不给他们看，这就与世隔绝了。世界上干了些什么，他们都不知道。这实际是一种'推一推'的办法，不是拉一拉的办法，对于干了些坏事的人，推一推就过去了，拉一拉就过来了。干部不让他与群众见面，家里人还要靠他养着吃饭呢。"[1]

1969 年 9 月 22 日 11 时 35 分，毛泽东的专列自南京到达济南五七车站。毛泽东在专列上听取了原济南军区司令员杨得志、政委袁升平、山东省革委会主任王效禹的汇报。毛泽东就正确处理"文化大革命"中的群众组织、"坚持文斗，不要武斗"、工农业生产、落实政策问题等作了指示。事实上，1969 年 5 月 19 日下午，毛泽东在召集李先念、叶剑英等开会听取周恩来关于中央解决内蒙古、山东和贵州等地闹派系、清理阶级队伍搞扩大化等问题的情况汇报时，就严厉批评了这些地区的主要负责人在清理阶级队伍的运动中搞扩大化，独断专行，拉一派打一派等错误。在 5 月 25 日审阅的山东省革委会负责人王效禹、杨得志、袁升平 5 月 24 日给中共中央的报告和中央的批示稿中，毛泽东批示："照办。"王效禹的报

[1] 袁小荣.毛泽东离京巡视纪实：下卷 [M]. 北京：人民日报出版社，2016:1203-1204、1262.

告检讨了在山东发起"反复旧"运动的错误，提出 10 条改正措施。中央的批示指出，山东个别领导在全省进行所谓"反复旧"运动，犯了严重错误。这种错误是带方向性的。[1]

[1] 中共中央文献研究室.毛泽东年谱（1949-1976）：第 6 卷 [M].北京：中央文献出版社，2013:250、252.

（二）战备疏散到武汉，回京途经济南

1969 年 9 月 11 日，中苏两国总理在北京机场进行了缓和局势的会谈，达成了口头谅解，但苏联总理柯西金回国后，苏方却拒绝换文。根据两国总理达成的原则协议，两国政府随后商定，从 10 月 20 日起，在北京举行边界谈判。中方估计，这次谈判可能为缓和紧张局势达成某些协议，也可能是发动大规模突然袭击的烟幕。毛泽东明确指示，在北京的党和国家领导人以及中央党政军领导机关必须于谈判开始前紧急疏散。1969 年 10 月 14 日，毛泽东乘火车南下武汉，15 日到达武昌。毛泽东这次在武汉的时间较长，一直住到 1970 年 4 月 11 日。1970 年 4 月 26 日 11 时 50 分，返京途中，毛泽东的专列到达济南五七车站，济南军区司令员杨得志、政治委员袁升平在专列上向毛泽东汇报了工作。杨得志汇报到王效禹阻碍谭启龙出来工作时，毛泽东说："谭启龙老老实实，现在好几个省都要他去工作。准备叫他去陕西工作，换换地方也好。"毛泽东询

1969 年 10 月，毛泽东在南下途中（摄影 钱嗣杰）

问白如冰、苏毅然的情况，杨得志答："白管财贸，苏管工业。"
毛泽东说："好，这就树立了榜样。完全搞青年班子不好，还是老、中、青，军、干、群，但是要重视青年。二月逆流几个老帅、老干部，都是九大的中央委员，就谭震林不是。政治局里有叶剑英、李先念，搞多了通不过。组织处理要慎重些，王效禹这个人不好，王效禹的问题早有个别同志向中央反映，你们党委也不好说。这个人不能用了，你们不选他（指济南军区党的代表大会——编者注），我也不选他了。"[1]

下午 1 时 10 分，专列离开济南北上。

这是毛泽东最后一次到济南听取工作汇报。

[1] 中共中央文献研究室 . 毛泽东年谱（1949-1976）：第 6 卷 [M]. 北京：中央文献出版社，2013:294.

附录：

毛泽东巡视济南行程表

1952 年

10 月 26 日下午 6 时，毛泽东休假乘专列由北京到达济南，专列停靠西郊专用线（五七车站刚开始修建）。毛泽东在山东省交际处同中共中央山东分局负责人许世友、高克亭、王卓如等谈话。27 日游览了济南的名胜古迹并视察了黄河。晚上，听取中共中央山东分局分管水利的负责人汇报黄河山东段情况。28 日上午乘专列前往曲阜。

1953 年

12 月 25 日 10 时，毛泽东去杭州起草宪法时途经济南，专列停靠济南火车站。中共中央山东分局第二书记并代理书记向明上车，向毛泽东汇报工作。

1955 年

1 月 4 日夜，毛泽东调查农村情况到达济南，专列停靠西郊专用线。5 日，毛泽东在专列上与中共山东省委第一书记舒同、第二书记谭启龙谈话。

11 月 2 日上午 10 时 43 分，毛泽东去杭州主持起草《中共中央关于资本主义工商业改造问题的决议》，商讨农业发展规划，途经济南，专列停靠五七车站。毛泽东同中共华东局负责人谭震林，中共山东省委书记舒同，中共济南市委书记、副书记，市长谈话。

1957 年

3 月 18 日凌晨 0 时，毛泽东专列到达济南，专列停靠五七车站。下午，在专列上毛泽东同山东省委负责人舒同、赵建民、李广文、师哲、夏征农等谈话。当天晚上，在珍珠泉礼堂为山东省直机关处以上党员干部作了《思想问题》的报告。

12 月 8 日下午，毛泽东乘飞机由北京到达济南，在山东省委交际处同中共山东省委负责人舒同、师哲、谭启龙、林铁谈话。9 日上午，同谭启龙、师哲谈话。下午 1 时 15 分，乘飞机离开济南飞往南京。

1958 年

2 月 5 日上午 10 时，毛泽东乘飞机由北京到达济南，在山东省委交际处同中共山东省委书记夏征农、省委农村工作部部长谢华、莱阳和聊城地委书记、寿张和泰安县委书记、历城县的一个农业生产合作社社长、寿张县的一位社干部谈话。6 日上午，同夏征农和中共济南市委书记、莱阳地委书记谈话，下午回到北京。

8 月 9 日上午 5 时 10 分，毛泽东专列由泰安到达济南，专列停靠五七车站。下午毛泽东同中共山东省委书记处书记谭启龙、裴孟飞和济南军区司令员杨得志及山东省委秘书长吴建、历城县委书记吕少泉谈话。谈话后，视察历城北园农业合作社，后到山东省农科所（现山东省农科院）视察。晚上，乘飞机离开济南北行。

1959 年

2 月 24 日晚，毛泽东专列到达济南，专列停靠五七车站。25 日凌晨 0 点，毛泽东在山东省委交际处同中共山东省委、济南市委的部分负责人谈话，李先念参加。下午，在停靠五七车站的专列上，召开了有中共山东省委第一书记舒同、省委秘书长吴建、历城县委第一书记王任之、历城县东郊人民公社党委第一书记郑松、东郊人民公社大辛管理区总支书记李兰生、东郊人民公社大辛大队支部书记张印水参加的座谈会，毛泽东称这是"六级书记座谈会"。

4 月 13 日下午，毛泽东专列由兖州到达济南，专列停靠五七车站。在专列上毛泽东听取东郊人民公社党委第一书记郑松的简单汇报，中共山东省委书记处书记白如冰参加。汇报后，由白如冰、郑松陪同，乘汽车视察东郊公社大辛大队。14 日晨，由济南抵达天津。

8 月 25 日，毛泽东专列由上海到达徐州。毛泽东在专列上听取中共山东省委第一书记舒同、书记处书记谭启龙汇报工作。26 日晨，到达济南。

9 月 20 日，毛泽东专列由天津到达济南，专列停靠五七车站。20 日下午，毛泽东在中共山东省委第一书记舒同的陪同下视察了黄河大堤。21 日上午，毛泽东在舒同、白如冰的陪同下，视察了山东省农科所，后冒雨视察了东郊人民公社大辛大队。14 日晨，由济南抵达天津。

10 月 25 日上午，毛泽东专列由天津到达济南，专列停靠五七车站。在专列上毛泽东会见巴西共产党代表团，并共进午餐，中共

中央对外联络部部长王稼祥、中共山东省委第一书记舒同参加。26日上午，毛泽东在专列上会见澳大利亚共产党领导人，并共进午餐，王稼祥、舒同参加。当晚离开济南前往徐州。

1960 年

3月22日下午，毛泽东专列由徐州到达济南，专列停靠五七车站。晚上，毛泽东在专列上听取中共山东省委负责人舒同、裴孟飞、白如冰、刘季平和济南军区司令员杨得志、第二政委梁必业汇报。

5月2日凌晨2时，毛泽东专列由天津到达济南，专列停靠五七车站。下午，毛泽东在专列上同中共山东省委负责人舒同、白如冰、裴孟飞等十人谈话。3日下午，在西郊机场接待室会见非洲、拉丁美洲的十四国外宾。4日下午，在专列上同李先念、舒同谈话。谈话结束后，到珍珠泉大院参观山东全省技术革新、技术革命最新成就展览，参观工人的现场技术表演。5日下午，在专列上同舒同谈话后于16点30分离开济南。

1961 年

1月27日，毛泽东专列由天津到达济南，专列停靠济南火车站。毛泽东在专列上同中共山东省委负责人曾希圣、谭启龙谈话，了解山东的整风整社和生活安排情况。

5月13日，毛泽东专列由南京到达济南，专列停靠五七车站。中共山东省委书记谭启龙到专列上向毛泽东汇报工作。

7月7日下午，毛泽东专列由天津到达济南，专列停靠济南火车站。毛泽东在专列上同中共山东省委负责人谈话。毛泽东提出河北主张以生产队为基础，即以生产队为基本核算单位。山东省委负责人说他们都这么办了。

12月17日下午，毛泽东专列由无锡到达济南，专列停靠五七车站。中共山东省委领导谭启龙、裴孟飞、白如冰、苏毅然到专列上向毛泽东汇报工作。晚上，毛泽东下火车到省委交际处参加舞会。当晚离济返京。

1962 年

7月3日0时29分，毛泽东专列由邯郸到达济南，专列停靠五七车站。下午2时40分，中共山东省委领导谭启龙、裴孟飞、周兴到专列上向毛泽东汇报工作，至下午5时结束，毛泽东就相关问题分别做了重要指示。

12月11日，毛泽东专列由天津到达济南，专列停靠五七车站。中共山东省委第一书记谭启龙，到专列上向毛泽东汇报了工作。

1963 年

4月9日，毛泽东专列由天津到达济南，专列停靠五七车站。中共山东省委书记处书记、省长白如冰，原济南军区司令员杨得志、政委袁升平到专列上向毛泽东汇报农村社教等工作。

1964 年

5月12日上午，毛泽东专列由南京到达济南，专列停靠五七车站。中共山东省委第一书记谭启龙到专列上向毛泽东汇报工作，李富春、李先念、谭震林、薄一波、陈伯达参加。下午6时，专列离济返京。

9月20日晨，毛泽东专列由南京到达济南，专列停靠五七车站。当天中午，毛泽东在专列上接见了阿尔及利亚代表团全体成员。下午，离济返京。

1965 年

11 月 13 日，毛泽东专列由天津到达济南，专列停靠五七车站。中共山东省委第一书记谭启龙、济南军区司令员杨得志、中共山东省委书记处书记苏毅然、刘秉林到专列上向毛泽东汇报工作。

1969 年

9 月 21 日，毛泽东专列由南京到达济南，专列停靠五七车站。11 时 35 分至 13 时 15 分，毛泽东在专列上接见了济南军区司令员杨得志、政委袁升平、山东省革委会主任王效禹，并听取了他们的汇报。

1970 年

4 月 26 日 11 时 50 分，毛泽东专列由苏州到达济南，专列停靠五七车站。济南军区司令员杨得志、政委袁升平到专列上向毛泽东汇报了工作。13 时 10 分，毛泽东的专列离开济南北行。

参考文献

中共中央文献研究室编．毛泽东年谱（1949-1976）（共 6 卷）．北京：中央文献出版社，2013.

袁小荣编著．毛泽东离京巡视纪实（1949-1976）．北京：人民日报出版社，2016.

顾龙生著．毛泽东经济年谱．北京：中共中央党校出版社，1993.

边学祖编著．驰骋版图——毛泽东专列纪事．北京：中央文献出版社，2013.

边学祖编著．中流击水——毛泽东游泳纪事．北京：中央文献出版社，2013.

边学祖编著．极目天舒——毛泽东登山纪事．北京：中央文献出版社，2013.

谢静宜著．毛泽东身边工作琐忆．北京：中央文献出版社，2015.

曲琪玉，高风主编．忠诚——在毛泽东身边的日子．北京：中央文献出版社，2015.

孟庆春著．毛泽东的辉煌人生和未了心愿．北京：当代中国出版社，2011.

刘继兴编著．魅力毛泽东．北京：新华出版社，2013.

韩毓海著．伟人也要有人懂，一起来读毛泽东．北京：北京大学出版社，2016.

山东档案馆编．毛泽东与山东．北京：中央文献出版社，2003.

王东溟主编．开国领袖毛泽东与山东．济南：山东人民出版社，2009.

逄先知，金冲及主编．毛泽东传（1949—1976）．北京：中央文献出版社，2003.

中共中央文献研究室编．建国以来毛泽东文稿（共 13 册）．北京：中央文献出版社，1998.

中共中央文献研究室编．毛泽东文集（共 8 卷）．北京：人民出版社，1999.

胡哲峰，孙彦著．毛泽东谈毛泽东．北京：中共中央党校出版社，2000.

中共中央马克思恩格斯列宁斯大林著作编译局编译．列宁选集．北京：人民出版社，2000.

中共中央马克思恩格斯列宁斯大林著作编译局编译．斯大林选集．北京：人民出版社，1979.

房维中编．中华人民共和国经济大事记．北京：中国社会科学出版社，1984.

李凯城著．向毛泽东学管理．北京：当代中国出版社，2010.

龚育之，逄先知，石仲泉著．毛泽东的读书生活．北京：生活·读书·新知三联书店，2014.

一部传承红色基因的好作品

孙黎海

希才同志的新作《用脚步在大地上书写——毛泽东与五七车站纪事》，题材重大、内容翔实、意义深远、耐品耐读，是一部传承红色基因的好作品。

作品以济南五七车站为切入点，叙写了开国领袖毛泽东在中华人民共和国成立后，到山东济南巡视调研的历史事实。不仅具体详细地写明了毛泽东到济南巡视调研的时间、背景、内容、经过、成效及与之相关的重大历史事件等，还将这一叙写放在了一个更宏大的背景下，即将其作为毛泽东对新中国社会主义改造和建设道路艰辛探索的一部分。由此，读者通过阅读本书不仅可以了解到毛泽东在济南开展巡视调研活动的相关情况，还可对中华人民共和国成立后毛泽东整个离京巡视调研活动的动因、脉络、思考、收获、影响等有些初步了解，进而感知毛泽东在各个时期思想的一些变化、发展及我们党各个时期的政策制定的变化情况。

希才同志多次到五七车站实地调研参观，采访了包括毛泽东当年的警卫员、身边的工作人员、五七车站站长、济南火车站负责人、省警卫局退休干部等在内的许多相关人士和亲历者；查阅、阅读了一大批有关毛泽东的档案、资料、书籍，特别是毛泽东到五七车站的档案史料。作品内容翔实，出处明确，史料真实严肃，十分宝贵难得。

作品以《用脚步在大地上书写——毛泽东与五七车站纪事》为题，旨在通过毛泽东在中华人民共和国成立后到山东济南巡视调研的鲜活史实，让人们学习、了解毛泽东这位一生用心用情、唯真求实、调查研究的楷模；这位忠诚为民、坚持走群众路线的楷模。毛泽东是我党群众路线的主要创立者，他倡导大兴调查研究之风。在全党上下大兴调查研究之风的今天，本书的出版，更有特殊意义。欣闻济南市和槐荫区正以此书出版为契机，拟将五七车站打造成红色文化研学基地，并以"重走毛泽东在济南的调研路"为题，在济南打造一条红色旅游精品线路。这更是一件意义重大、功德无量的事情。

作品论述清晰、语言生动、行文流畅，加之视角独特、选材新颖，饱含激情，十分耐读耐品。

期盼这部优秀作品尽快出版，以飨读者。

（作者为山东省社会主义学院副院长）

伟人足迹，意义深远

黄清源

朱希才同志的《用脚步在大地上书写——毛泽东与五七车站纪事》，记叙了中华人民共和国成立后毛主席多次视察山东的具体翔实的情况，题材重大，意义深远，读后使我们深受教育。

中华人民共和国成立后，毛主席乘火车到全国各地视察达72次，到山东多次。不坐飞机乘火车出行可以沿途观察，更"可以掌握主动权，想停就停，想走就走"，便于实地考察和深入群众。毛主席历来十分重视调查研究，"没有调查就没有发言权"，早在1927年毛泽东就用了一个多月的时间考察了湖南湘潭等五个县，写出了《湖南农民运动考察报告》，成为我党早期最重要的革命文献，其指导意义一直贯穿于中国革命之历程。中华人民共和国成立后，毛主席多次巡视实地了解国情、民情，各省区经济形势、生产状况，以制定和调整大政方针。坐在列车上，毛主席视察沿途庄稼，时喜时忧。他一路风尘，博大的胸襟装着辽阔的国家和亿万人民。有一次他看到车窗外麦田中，一位挑担农妇边走边将麦穗往口袋里装。随行人

员惊呼这是个偷麦子的，而毛主席看到的是"农民的粮食还是不够吃啊"。之后，他长时间沉默不语。这是汇报中一般不容易听到的、飞机上更看不到的民情。

毛主席巡视大多与重大的历史事件相关联，有着深刻的时代背景。

中华人民共和国成立之初，百废待兴，但又发生了不可抗拒的天灾：淮河决口，淮北地区一片汪洋。毛主席看到了灾情报告，流下了眼泪。他在督促治理淮河工程的同时，更担心历史上洪灾不断的黄河两岸的安危。他借休假来济南，实际上是"冲着黄河来"。他视察泺口，构思着引黄灌溉济卫工程；面对奔腾而下的黄河，毛主席还具体指示，要引黄河水把岸边"不结荚、不爬秧"的卤碱地改造成稻田。当地干部遵照毛主席的指示，引黄稻改，使这片卤碱涝地产出了优质的黄河大米。

1956年9月党的八大召开，会议提出，当前国内大规模的阶级斗争基本结束，社会主义改造基本完成。在这历史转折时期，由于国内外原因，有些地方出现了闹事现象，毛主席及时提出了"敌我矛盾和人民内部矛盾"这一概念。1957年初，毛主席到济南，在珍珠泉大礼堂给山东干部做报告，深入浅出地重点讲解了如何正确处理人民内部矛盾问题。毛主席的精辟论述，一直影响至今。毛主席又告诫各级干部，不能为个人利益争比，只要有饭吃，就要全心全意为人民服务，共产党就是要奋斗！毛主席再一次为党员敲响警钟。

"大跃进"中浮夸风、"共产风"盛行，毛主席对此很快察觉。1959年初在济南六级书记座谈会上，毛主席以拉家常的方式，调查有关问题，涉及多个话题，为第二次郑州会议做准备。郑州会议后仅一个多月，毛主席再到济南，深入田间，观察小麦生长情况，内行地指示密植要合理，要通风透光等。这实际上是对当时一味求高产不讲科学种田的警示。在1959年初召开的六级书记座谈会上，大队支书汇报他们的小麦计划亩产三千斤，毛主席不信；二次郑州

会议后主动降为一千斤，毛主席仍表示怀疑。1959年9月份毛主席再来，关心地问那片小麦到底亩产多少。基层干部汇报，每亩平均实产四百多斤，二十亩实验田平均亩产七百四十二斤。上一年小麦亩产一百多斤。毛主席信了，称赞这已"是很大的跃进"。毛主席一再告诫各级干部，一定要实事求是，从实际出发，关心人民生活，反复教导中蕴蓄着令人感动的忧国忧民之情。"大跃进"中出现了一些不正常现象，毛主席把实地考察化为智慧和政策，通过各种文件发往全国，改偏纠误，有效地制止了浮夸风、"共产风"等不良倾向。

1960年前后，中苏矛盾激化，苏联停止对中国的援助，撤回专家。在此背景下，毛主席巡视的重点放在了自力更生、工业四化、技术革新和科技发展上。1960年5月，毛主席到济南，高兴地坐上以沼气为动力的公交车，参观黄河牌载重汽车和土发电机，对技术上进行土洋结合的科技人员进行表扬和鼓励。之后走进山东科技成果展厅，很感兴趣地坐下翻阅曲阜师院的《公社数学》；到山东师院展台，参观山师研制的科技产品，再一次提出了要破除迷信、两条腿走路，不要怕"尖端"的科研之路。山东高校和科研单位备受鼓舞，遵循毛主席的科研要为政治服务、为工农业生产服务的教导，不断向科学高峰进军。

毛主席巡视各地，深入群众，谈笑风生，话题不仅是当前的大政方针，还涉及当地人文地理、历史典故，充分显示了毛主席知识的渊博和纵观古今的博大胸怀。在济南，他谈地名来历、名山涌泉、文化遗存，历数齐鲁先哲才俊、英豪雄杰、名流骚客，导引山东人民更加热爱人杰地灵的齐鲁大地。毛主席还多次谈到山东革命历史、英杰先烈，使我们倍感胜利来之不易，激励我们自觉地投入改天换地的新中国建设中去。

书中对毛主席纪实的叙写，使我们看到的是"走下神坛"的毛泽东，是感情丰富、平易近人、幽默诙谐的人民主席。

1952年秋，毛主席到济南南郊四里山看望长眠的烈士。在当年属下黄祖炎墓前，他深深鞠躬，抚摸着墓碑上"黄祖炎"三个字，"泪水顺着他的脸颊流淌下来"，许世友等在场干部无不动容。毛主席说："有这么多的英烈长眠在这里，四里山就成英雄山了。"后来，人们就把四里山称为英雄山。毛主席还多次深情地回忆早期战友王尽美，嘱咐山东省领导好好照顾王尽美的母亲，让她过个幸福的晚年。甚至说"你们如果有困难，就把老人给中央送去"。多么深厚悠远的战友情、革命情！

基层干部、科技人员和群众，初见毛主席，兴奋中难免有些紧张，毛主席往往用一两句风趣的话，便立刻改变了气氛。1958年毛主席视察山东省农科所，问副所长的名字，他说叫秦杰。毛主席没听清楚，问"是秦还是陈"。副所长说是"秦始皇的那个秦"。毛主席风趣地说："噢，秦始皇时代还留下你呀！"在场的人都笑了，气氛马上轻松起来。秦副所长可能一时紧张忘了秦始皇并不姓秦，所以毛主席说"秦始皇时代"，接着开了个玩笑"还留下你呀"，幽默中带着亲切的戏谑，一下子便拉近了与谈话者的距离。之后，两人轻松地围绕着棉花的长势交谈。毛主席对秦杰有表扬、有鼓励、有引导，还夹杂着玩笑，大家都体会到了毛主席的风趣和平易近人。

1959年初，在济南六级书记座谈会上，一位生产队干部向毛主席汇报，他们队有两个富裕中农对公社化不满。一个外号"铁算盘"，一个外号"哼一哼"。当地流传"铁算盘打得精，不如王玉泉哼一哼"。这位王玉泉，不论赞成或反对，都用一声"哼"来表示，只是音调不同。毛主席听了还学了他的两种哼法，把大家都逗笑了。毛主席没有把这当作笑话听，也没有把这两人看成落后分子，而是重视他们的意见和利益，在二次郑州会议上还谈到了这两位农民的需求，作为政策制定的参考。后来，王玉泉听了二次郑州会议的精神，满意地"哼"了起来。

《用脚步在大地上书写——毛泽东与五七车站纪事》通过对毛主席多次巡视山东的纪录，展现了毛主席的思想、感情、胸怀、文采、精神和追求。材料丰富翔实，文笔流畅，饱含情感。作者按时间顺序叙写这些事情，脉络清晰地再现了伟人在山东的足迹，再现了中华人民共和国成立后一个个历史事件中或者形势变化时伟人的智慧和所带来的重大影响。每个事件都有侧重点，多角度、多层次、立体化地再现了人民主席的神采风貌。全书通俗易懂、可读性强，不但启人警悟，而且浅中寓精微，受众面广。

本书即是大众读物，又是品位高、有留存价值的著作，有助于人们进一步了解我们的开国领袖和他领导我们走过的革命征途，是党员干部和群众进行思想教育的好教材。

（作者为原曲阜师范大学中文系教授、《大学语文》执行主编）

问询步在大地上书写

毛泽东与五七车站纪事

后　记

　　当写完本书最后一行文字，我的心情仍久久不能平静。感谢家乡济南，至今还完好地保存着五七车站这样一个红色文化的阵地和窗口，让我有机会走近毛泽东、了解毛泽东、学习毛泽东、颂扬毛泽东。

　　我自青少年时代起，就对毛泽东崇拜有加，也阅读了不少有关他的文字资料，常常浮想联翩、夜不能寐。尽管后来也出版过几本被称作散文集、小说集的册子，但却从未曾想过，有朝一日自己能写出一部有关毛泽东的作品。毛泽东是一位应时代而生的历史巨人。他的伟大，非笔墨所能形容，他的境界非常人所能企及，值得我们用一生的时间去慢慢品味。

　　我之所以如今有幸提笔写出这部作品，既是受了单位和组织的委托与鼓励，更是隐隐听到了内心深处"故土"和"圣土"的呼唤所致。济南槐荫是我的家乡故土，我一直生活工作在这里，这里有我和父老乡亲的家国情怀。隐在家乡的五七车站，是开国领袖毛泽

东来过 20 余次的地方，是毛泽东驻足、休息、思考、工作过的地方，是毛泽东的气息、思想、品德和精神熔铸过的地方——属一方圣土。正所谓故土是根，圣土是魂。我正是以从故土的根中汲取力量，从圣土的魂中强壮心志的心态，用心灵虔诚地构筑这部作品的。尽管我只是写了毛泽东生平事迹的冰山一角，但在写作过程中却愈来愈深刻地感觉到，有关毛泽东的题材是挖掘不尽的。它不会因岁月的流逝而褪色，它会历久弥新，在不同的时代中折射出光芒四射的魅力。

有学者说，毛泽东不仅是伟大的政治家、思想家、军事家，还是了不起的诗人、文学家、史学家、书法家，在许多领域都有着无比辉煌的建树。放眼历史，几千年来很少有人可与毛泽东比肩。历史选择了毛泽东，毛泽东点亮了历史的天空。

习近平总书记说："毛泽东同志属于中国，也属于世界……毛泽东同志的革命实践和光辉业绩已经载入中华民族史册。他的名字，他的思想，他的风范，将永远鼓舞我们继续前进。"

关于毛泽东，有说不尽的话题。本书只是从毛泽东来山东济南巡视调研这样一个小的角度，来阐释一点切身感受——毛泽东是一位忠诚于人民的时代伟人。他的忠诚是超越民族、超越肤色、超越党派、超越国界的对人民的大忠诚。正是这种大忠诚，使他在人生舞台上，演出了一幕幕威武雄壮、高情致远、风流蕴藉、催人奋进的剧目。

在我写作本书的过程中，毛泽东当年的警卫员王继红、五七车站站长宋允祥、原济南火车站副站长陈家秋等同志提供了许多珍贵的资料和史料，对袁小荣、边学祖、王东溟等先生的著作也多有借鉴。济南市槐荫区的领导更是多方支持，区委、区政府几任领导都对五七车站的宣传推介及保护性开发利用，做了大量基础性工作。山东省政协党组成员、省社科联主席唐洲雁亲撰序言。山东省社会主义学院副院长孙黎海、原曲阜师范大学中文系教授黄清源、济南市党史研究院还写了推荐文章。书中选用了侯波、吕厚民、钱嗣杰、王世龙、张崇元、吴文华、傅百君等先生的摄影作品，在此一并致以诚挚的谢意！有些摄影作品因一时联系不到作者，因此稿费未付，有联系者稿费即付。

　　由于才学所限，本书难免有一些不足之处，请广大读者检阅指正，本人将不胜感激。

朱希才

2020 年 8 月